大数据+

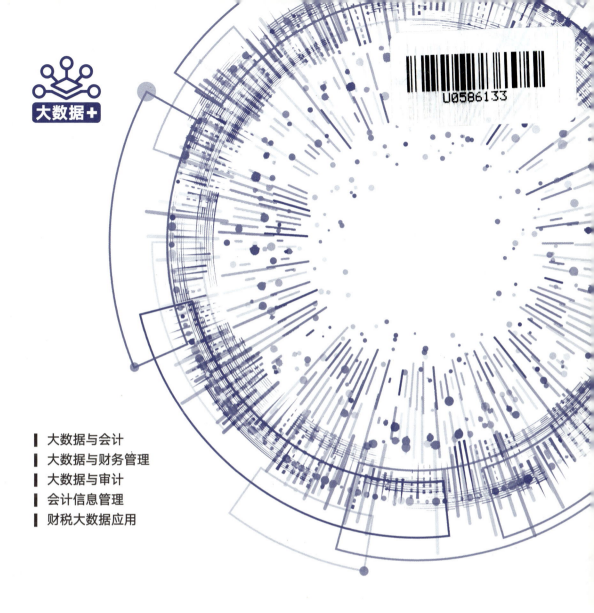

- 大数据与会计
- 大数据与财务管理
- 大数据与审计
- 会计信息管理
- 财税大数据应用

高等职业教育财经类专业群 **数智化财经** 系列教材

iCVE 智慧职教 高等职业教育在线开放课程新形态一体化教材

Python财务应用

李德建　石林艳　主编
贾瑞敏　副主编
中教畅享（北京）科技有限公司　组编

高等教育出版社·北京

内容提要

本书是高等职业教育财经类专业群数智化财经系列教材之一，也是高等职业教育在线开放课程新形态一体化教材。

本书包含8个项目，以工作任务为导向，以财务应用场景为主线，以企业财报数据、业务数据为素材，由浅入深地讲解Python财务应用基础、Python财务数据分析及Python财务数据综合应用。其中项目一至项目五是Python财务应用基础，从Python开发环境搭建、利润的计算——变量应用、应收账款计算——数据结构应用、固定资产的计算——流程控制语句应用和财务指标计算——函数应用五个部分讲述Python的基础语法知识与操作，旨在培养学生的基本编程能力。项目六财务数据处理——pandas应用和项目七财务报表数据可视化——pyecharts应用，从获取、清洗、规整、计算和可视化呈现数据入手，讲述Python数据分析应用的基本知识和技能。项目八Python财务数据综合应用全流程展示数据分析，帮助学生运用Python解决财务问题，并利用数据分析结果为企业决策提供支持。

本书配有教学课件、参考答案、软件安装包、代码包，以及二维码视频资源等教学资源，学习者可以通过移动终端随扫随学。具体获取方式参见书后“郑重声明”页的资源服务提示。

本书可作为高等职业教育专科、本科院校及应用型本科院校财经商贸类专业的教学用书，还可以作为社会从业人员学习Python语言和从事企业财务工作的参考用书。

图书在版编目（CIP）数据

Python财务应用 / 李德建，石林艳主编 ; 中教畅享（北京）科技有限公司组编. -- 北京 : 高等教育出版社, 2022.11（2024.8重印）
ISBN 978-7-04-059215-3

Ⅰ. ①P… Ⅱ. ①李… ②石… ③中… Ⅲ. ①软件工具-程序设计-应用-财务管理-高等职业教育-教材
Ⅳ. ①F275

中国版本图书馆CIP数据核字(2022)第139277号

Python财务应用
Python CAIWU YINGYONG

策划编辑 武君红 马 一　责任编辑 黄 茜　封面设计 李树龙　版式设计 马 云
责任绘图 黄云燕　责任校对 马鑫蕊　责任印制 耿 轩

出版发行	高等教育出版社	咨询电话	400-810-0598
社　址	北京市西城区德外大街4号	网　址	http://www.hep.edu.cn
邮政编码	100120		http://www.hep.com.cn
印　刷	鸿博昊天科技有限公司	网上订购	http://www.hepmall.com.cn
开　本	787mm×1092mm 1/16		http://www.hepmall.com
印　张	18.5		http://www.hepmall.cn
字　数	350千字	版　次	2022年11月第1版
插　页	2	印　次	2024年8月第3次印刷
购书热线	010-58581118	定　价	48.80元

本书如有缺页、倒页、脱页等质量问题，请到所购图书销售部门联系调换

物 料 号 59215-00

HBHT

前　言

随着经济的发展和信息技术的进步，大数据时代已经到来。大数据技术直接影响着企业经营管理方式的变化，企业对财务岗位职能的要求越来越高。2021 年，教育部印发《职业教育专业目录（2021 年）》，将财务会计类专业进行了全面更名，这标志着财务会计类专业的升级与数字化改造势在必行，培养既具备财务专业知识，又掌握大数据分析与处理技术的新型高端技术技能型财务人才成为高职财务会计类专业新的人才培养目标。

为了更有针对性、更合理科学地构建专业转型背景下的财务会计类专业教学策略，实现专业教育与大数据技术的深度融合，培养适应企业需求的新型会计人才，编者运用大数据技术，从线上招聘网站抓取 300 多万条企业用人需求，据此形成企业用人需求分析报告。报告显示，企业希望未来的会计人才除了掌握财会专业知识，拥有较强的沟通能力、团队合作能力外，还应该能够具备大数据分析与处理能力。因此，会计人员除了具备财会专业知识外，还需要将大数据加工技术应用融入日常工作中，掌握数据收集、数据保存、数据加工、数据统计、数据分析等技能，提升工作效率和成果。

伴随着人工智能的兴起及快速发展，Python 语言日益受到了广泛的关注，且 Python 语言具有广泛的生态系统，能够应用到不同的专业领域。本书以工作任务为导向，以财务应用场景为主线，将 Python 语言作为财务数据处理与分析的工具，由浅入深地讲解 Python 财务应用基础、Python 财务数据分析及 Python 财务数据综合应用，旨在培养学生利用 Python 进行财务数据核算与分析的能力，培养学生的计算机思维、数据思维及动手能力。本书主要有以下特点：

1. 对标新专业目录，搭建丰富的财务应用场景

为积极响应新专业目录背景下高职财务会计类专业升级与数字化改造，本书引入大数据编程语言 Python，搭建财务应用场景。本书在讲解理论知识的同时，结合具有财务应用特色的案例进行理论知识的讲解，让抽象的理论知识变成解决专业问题的工具，从而提升学生的学习兴趣，达到知行合一。

2. 项目任务驱动教学，以解决问题为导向

本书采用项目化方式编写，将工作项目转化为学习项目和学习任务，通过

设置翔实的任务分析，帮助学生梳理任务流程，培养逻辑思维。本书针对不同任务的知识点采用“提出问题—分析问题—解决问题”的思路，逐步引申出Python基本语法规则，并以解决问题为导向，通过逐步解决问题来实现学生对Python语法知识点的理解。

3. 先立志，后问学，坚持立德树人

教材作为课堂教学的重要载体，承载着传授专业知识、培养学生道德素养两大重要任务。本书通过“素养目标”“立志问学”等内容设计将“教书”和“育人”进行有机统一，激发学生的学习动力，树立学生的民族使命感与科技素养，培养学生的职业素养、问题探究能力与创新能力，促进学生国际观、大局观的养成。

4. 校企合作，多元协同育人

本书由院校教师、中教畅享（北京）科技有限公司及多家用人单位有关人员共同组成多元协同育人编写团队，体现学校在教学模式、课程体系、实践环节、教学运行、认证就业、管理机制和教学组织形式等多方面与企业的紧密合作。

本书依据企业用人需求分析报告，结合大数据背景下财会类岗位对会计人才大数据应用技术新的需求编写而成，确保教材内容对接职业标准，岗位需求，突出实践性与实用性。

5. 课程资源配套完备，便利教师开展教学

本书同步建设了微课、动画、视频、课件、软件安装包、代码包等类型丰富的数字化教学资源，并精选优质资源以二维码形式标注在教材中，提高了学习的便利性和趣味性，方便学习和教学。同时配套开发了实训平台，提供免安装的代码在线编辑环境、案例和题库，搭建了教、学、练、测全方位立体化教学体系。

本书内容安排合理，重点突出，深入浅出，既适合作为大数据与会计、大数据与财务管理、大数据与审计、会计信息管理等相关专业的教学用书，又可以作为企业财务从业人员的参考用书。

本书由贵州财经职业学院李德建教授、石林艳副教授担任主编，山东经贸职业学院贾瑞敏担任副主编，中教畅享（北京）科技有限公司组编。

由于认知水平有限，书中难免存在一些不足之处，期待各位专家学者及广大读者批评指正。

编 者

二〇二二年九月

目 录

项目一
Python 开发环境搭建

大数据时代的到来，给各行各业带来了新的机遇和挑战。立足企业的财务工作领域，面对内容丰富、数量庞大、来源广泛的财务数据，如何快速、及时地获取数据，如何对这些数据进行精准、可靠的分析以支持企业的经营管理和发展决策，是企业管理者面临的首要问题。Python 技术的应用使得财务数据分析工作效率有了极大的提升，为财务精细化管理以及财务管理水平的提高提供了良好支撑，对市场发展和企业良好运行起到了积极的促进作用。

学习目标 >>>

知识目标

1. 了解 Python 语言的优点
2. 了解 Python 语言中常用的模块
3. 掌握 Python 开发环境 Anaconda 的安装流程

技能目标

1. 能根据操作步骤进行 Anaconda 的安装和环境配置
2. 能根据应用场景及模块功能安装、导入 Python 中的模块

素养目标

1. 通过 Anaconda 的安装和环境配置，培养严谨的工作作风
2. 熟悉 Python 语言与 Excel 的区别，学会创新的工作方法

立志问学 >>>

工欲善其事，必先利其器

古人云："工欲善其事，必先利其器。"说明做好一件事，准备工作非常重要。使用 Python 语言编写代码之前，也需要做好准备，就是选择一款好用的编辑器。就像编辑文档需要使用 Office 工具一样，编写代码也需要编辑器，好的编辑器能提高学习和工作的效率，起到事半功倍的效果。

不管是学习还是生活，作为新时代的中国青年，要时刻做好准备，努力学习马克思主义立场、观点、方法，努力掌握科学文化知识和专业技能，努力提高人文素养，在学习中增长知识、锤炼品格，在工作中增长才干、练就本领。

思维导图 >>>

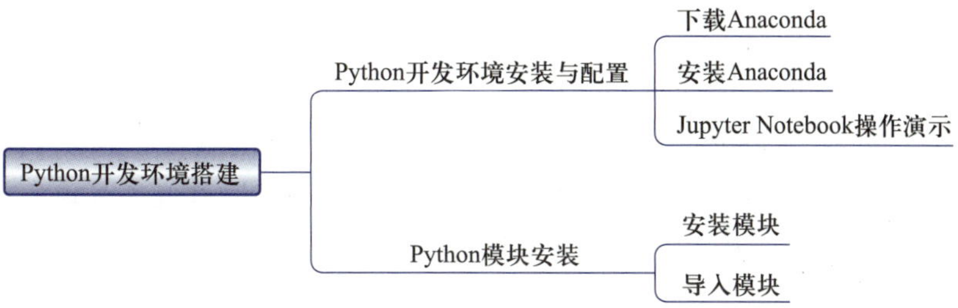

任务一　Python 开发环境安装与配置

【任务描述】

在正式学习 Python 前，需要先搭建 Python 开发环境。本书没有选择下载官方 Python 版本，而是下载 Python 的一个开源版本 Anaconda，因为它对 Python 的初学者很友好。通过本任务的学习，需要掌握 Anaconda 的下载、安装以及简单应用。

【任务分析】

在程序运行过程中，首先需要一个编辑器来编写代码，就像使用 Word 编辑文字，使用 Excel 编辑数据一样。编写完代码后需要一个解释器把编写的代码解释成计算机能读懂的语言，让计算机执行。在编写代码的过程中，可能还需要调用第三方工具包，例如数据处理工具 pandas、数据可视化工具 pyecharts 等。Anaconda 是一个大而全的套件，里面已经安装好了 Python 的编辑器、解释器和各种常用的库包，所以只需要下载安装一个 Anaconda 就可以满足我们的基本的需求。

Anaconda 可通过 Anaconda 官方网站或清华大学建立的镜像下载站点进行下载。下载完成后，首先需要进行 Anaconda 的安装，安装完成后需要验证是否安装成功。Anaconda 安装成功后，就可以使用其包含的编辑器 Jupyter Notebook 进行代码编写。Jupyter Notebook 是一个基于网页、界面化、即时反馈结果的编辑器，后期在做数据分析时，它的可视化功能也非常强大。

【知识准备】

一、Python 语言的优点

认识 Python

2016 年 3 月，能下围棋的计算机程序 AlphaGo 以 4∶1 的成绩战胜世界冠军李世石。AlphaGo 背后的原理就是大数据分析。通过不停地进行机器训练与深度学习，AlphaGo 在积累了海量数据后，逐渐掌握了大量围棋技巧，并凭借高速的计算能力击败了顶级围棋选手。机器学习便是模拟或实现人类的学习行为，以探寻大数据背后的规律。机器学习在某种程度上可以说是人工智能的核心。

除了围棋领域，大数据分析在其他领域也有很大的应用空间。例如在财务领域的应用，通过运用大数据分析工具与方法，融合财务专业技能，进行业务、财务分析，为经营管理层提供专业建议，做好决策参谋。

常用的数据分析工具有 Python、R 语言、MATLAB 等，但在大数据分析领域，Python 是最受欢迎的主流程序语言。

Python 是由 Guido van Rossum 于 20 世纪 80 年代末、90 年代初在荷兰国家数学和计算机科学研究所设计出来的。Python 是一种面向对象的解释型计算机程序设计语言，它具有以下优点。

（1）简单、易学、免费、开源。Python 语言语法和结构相对简单，便于专注于数据分析的新手快速上手。使用者可以自由发布其复制版本，阅读、修改其源代码，将其（部分）用于新软件中。

（2）解释型。Python 语言是边解释边执行的，Python 解释器会将源代码转换为中间字节码形式，然后将其解释为机器语言并执行。

（3）可移植。Python 解释器已被移植在许多平台上，Python 程序无须经过修改就可以在多个平台上运行。

（4）代码规范。Python 所采用的强制缩进的方式，使得其代码具有极佳的可读性。

（5）面向对象。与 C++ 和 Java 等语言相比，Python 以强大而简单的方式实现了面向对象编程。

（6）胶水语言。胶水语言是用来连接软件组件的程序设计语言，Python 之所以可以称为胶水语言，是因为标准版本的 Python 可以调用大多数主流编程语言。

（7）丰富的库。Python 拥有与数据分析相关的大量开源库和分析框架，可直接使用，非常方便。

（8）动态类型。Python 不会检查数据类型，在声明变量时不需要指定数据类型。

正是由于具有比其他数据分析语言更多的优势，Python 成为数据分析中的最佳选择。

二、Python 与 Excel 的比较

在实际工作中，财务人员常用 Excel 进行财务分析。Python 在数据分析领域是一个和 Excel 类似的数据分析工具，二者实现的功能相似。但是，相较于 Excel，Python 具有以下优点。

（一）效率高

在处理大量数据时，Python 的效率高于 Excel。当数据量很小的时候，Excel 和 Python 的处理速度基本相近，但是当数据量较大或者公式嵌套较多时，Excel 的处理速度会变得很慢，这种情况下就可以使用 Python。Python 对于海量数据的处理效果要明显优于 Excel。

（二）自动化

Python 可以轻松实现自动化。虽然 Excel 的 VBA 也可以实现自动化，但是 VBA 主要还是基于 Excel 内部的自动化，一些其他方面的自动化 VBA 就无法实现了。比如要针对本地某一文件夹下面的文件名进行批量修改，VBA 就不能实现，但是 Python 可以。

（三）可建模

Python 可以用来做算法模型。Python 可以让使用者在懂一些基础算法原理的情况下就能搭建一些模型，比如可以使用聚类算法搭建用户分类模型，对用户进行分类。

三、Anaconda 介绍

一提到环境的搭建，很多使用者都有过痛苦的经历，除了需要安装一堆软件外，还要执行一系列复杂的步骤和“天书”般的配置命令，稍有不慎，就会运行失败。而 Anaconda 搭建 Python 开发环境的方法则简单易上手。

Anaconda 是最受欢迎的数据科学 Python 发行版之一，它集成了 Python 环境，包含了 1 000 多个 Python/R 语言数据科学包，并能有效地管理包、依赖项和环境。在数据处理、分析和可视化的领域，Anaconda 是首选之一。相对于官方发行版本，Anaconda 开源的第三方发行版本具有以下优势。

（1）Anaconda 预置数据处理、分析和可视化的模块，避免因烦琐的配置出现的各种错误，这对于编程新手来说很友好。

（2）Anaconda 可以轻松创建多种虚拟环境，方便管理各种 Python 版本及第三方工具包。

（3）Anaconda 可以便捷地创建、保存、加载和切换多种环境。

四、Jupyter Notebook 介绍

Jupyter Notebook 是基于网页的用于交互计算的应用程序。其可被应用于全过程计算：开发、文档编写、运行代码和展示结果。Jupyter Notebook 是以后端服务的形式运行，可以在浏览器中以网页形式打开，在网页页面中直接编写和运行代码，代码运行结果直接显示在代码块下。如在编程过程中需要编写说明文档，可在同一个页面中直接编写，便于做及时的说明和解释。

【任务实施】

一、下载 Anaconda

下载 Anaconda

通过 Anaconda 官方网站（见图 1–1）或清华大学开源软件镜像站（见图 1–2）下载 Anaconda。

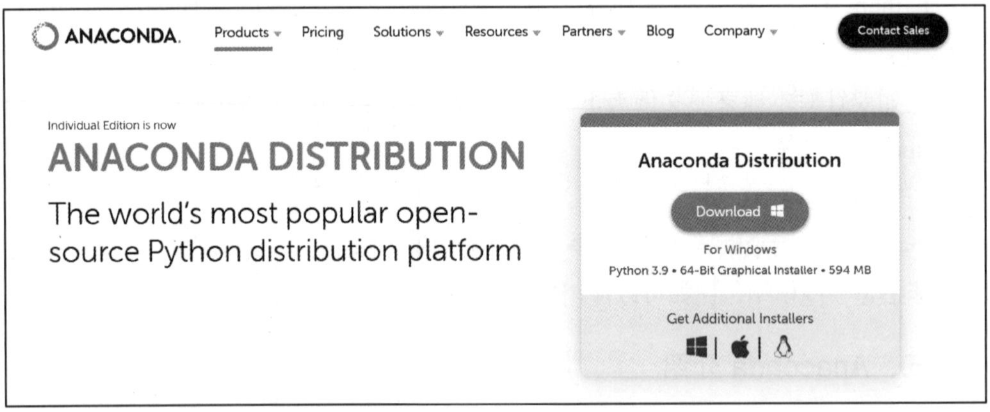

图 1–1　Anaconda 官网

图 1–2　清华大学开源软件镜像站

安装 Anaconda

二、安装 Anaconda

（一）安装 Anaconda 的操作步骤

步骤 1：选择操作系统对应的版本。Anaconda 支持 Windows、macOS 及 Linux 三大系统，根据自己的计算机系统选择下载版本，下载与自己所用操作系统位数（bit）相适配的发行版。本书以 Windows64 位系统为例，Windows64 位操作系统选择的是 Anaconda3-2021.11-Windows-x86_64.exe 版本的安装包，如图 1-3 所示。

Anaconda3-2021.11-MacOSX-x86_64.pkg	515.1 MiB	2021-11-18 02:14
Anaconda3-2021.11-MacOSX-x86_64.sh	508.4 MiB	2021-11-18 02:14
Anaconda3-2021.11-Windows-x86.exe	404.1 MiB	2021-11-18 02:14
Anaconda3-2021.11-Windows-x86_64.exe	510.3 MiB	2021-11-18 02:14
Anaconda3-2022.05-Linux-aarch64.sh	567.6 MiB	2022-05-11 02:35
Anaconda3-2022.05-Linux-ppc64le.sh	367.3 MiB	2022-05-11 02:35

图 1-3　选择 Anaconda 安装包

步骤 2：单击图 1-3 框线内安装包进行下载，下载好的安装文件如图 1-4 所示。

步骤 3：双击安装包，进入安装界面准备安装。单击“Next”（下一步），进行下一步操作，如图 1-5 所示。

图 1-4　Anaconda 安装文件

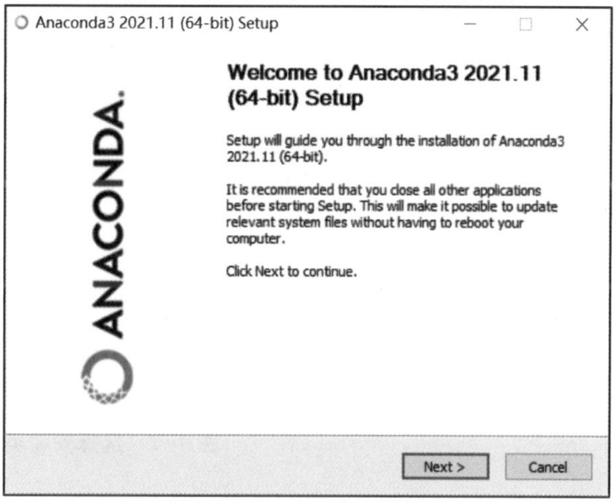

图 1-5　开始安装

步骤 4：单击“I Agree”（我同意），同意安装协议，如图 1-6 所示。

步骤 5：选择第一项“Just Me（recommended）”，单击“Next”进入下一步操作，如图 1-7 所示。如果安装 Anaconda 仅仅是为自己服务，就可选择“Just Me（recommended）”选项。如果想让 Anaconda 为当前计算机的所有用户服务，那么就选择“All Users（requires admin privileges）”选项，这时操作系统需要管理员权限。选择完毕后，单击“Next”按钮，进入正式安装流程。

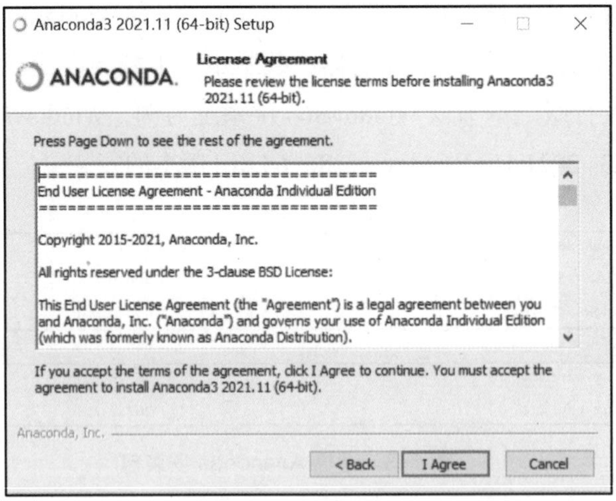

图 1-6　同意安装协议

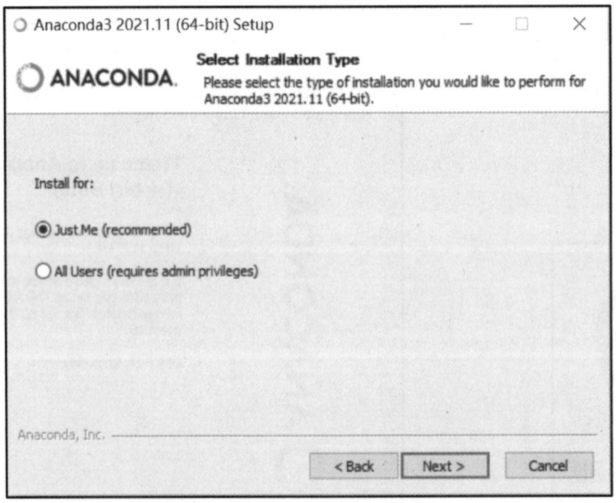

图 1-7　选择安装类型

步骤 6：选择安装路径。选择默认安装路径，单击“Next”进入下一步操作，如图 1-8 所示。

步骤 7：选择安装路径后，勾选出现在页面中间的复选框，将 Anaconda 注册到环境变量中，单击“Install”按钮，如图 1-9 所示。第一个选项是把 Anaconda 的路径设置到系统的 PATH 环境变量中。这个设置很重要，会在以后操作中提供很多方便。比如，可以在任意命令行路径下启动 Python 或使用 conda 命令。第二个选项是将 Anaconda 选择为默认的 Python 编译器。这个选项会让诸如 PyCharm、VSCode 等 IDE 开发环境自动检测到 Anaconda 的存在。

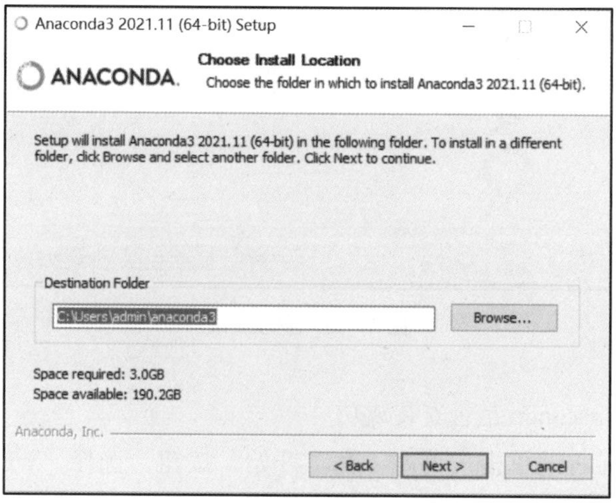

图 1-8　选择默认安装路径

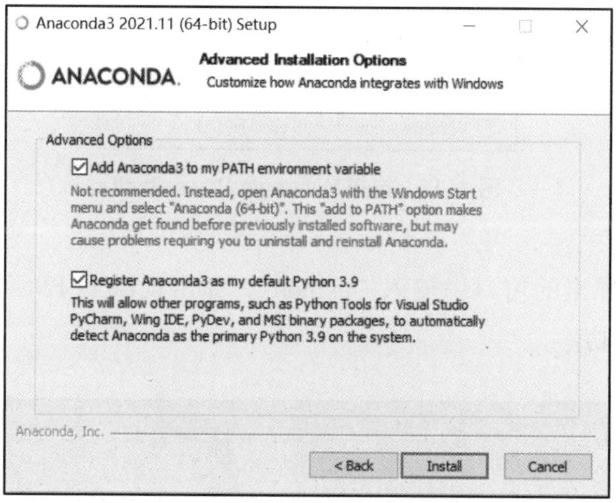

图 1-9　注册环境变量

步骤 8：去掉如图 1-10 中需要勾选的项目，单击“Finish”按钮，完成安装。图 1-10 中第一个复选框是使用 Anaconda 个人版教程，第二个复选框是了解有关 Python 的更多信息。

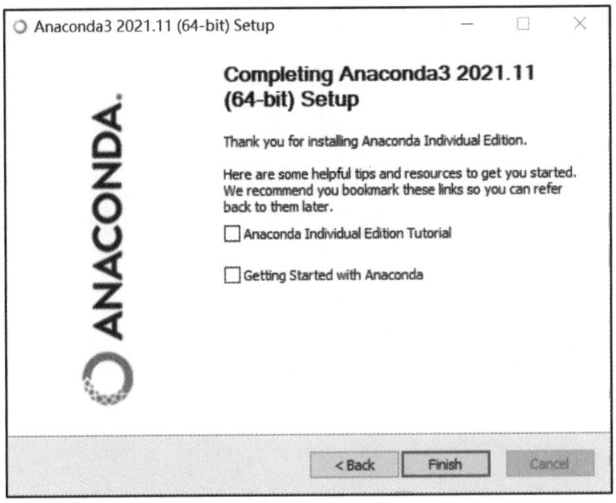

图 1-10　完成安装

（二）验证 Anaconda 是否安装成功

步骤 1：鼠标右键单击屏幕左下角“开始”按钮，选择“Windows PowerShell（I）”，如图 1-11 所示。

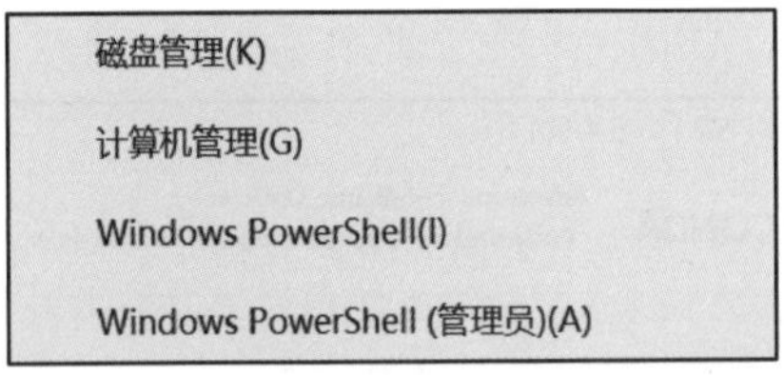

图 1-11　选择 Windows PowerShell

步骤 2：在弹出的窗口中输入“python”，如出现图 1-12 所示内容，则证明 Anaconda 安装成功。

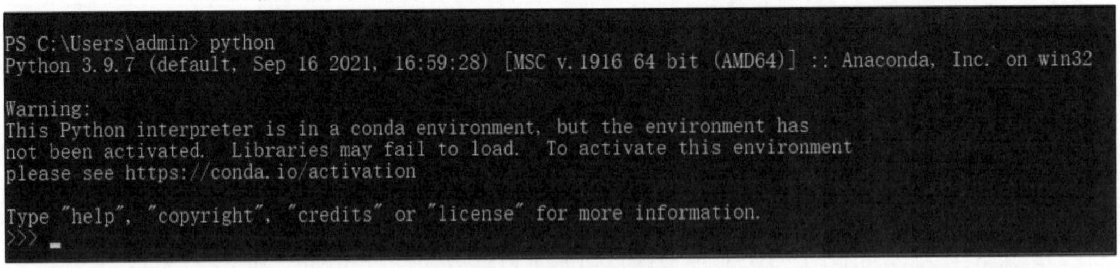

PS C:\Users\admin> python
Python 3.9.7 (default, Sep 16 2021, 16:59:28) [MSC v.1916 64 bit (AMD64)] :: Anaconda, Inc. on win32
Warning:
This Python interpreter is in a conda environment, but the environment has
not been activated. Libraries may fail to load. To activate this environment
please see https://conda.io/activation
Type "help", "copyright", "credits" or "license" for more information.
>>>

图 1-12　程序验证

使用Jupyter Notebook

三、Jupyter Notebook 操作演示

步骤 1：在桌面新建文件夹并进行重命名，如命名为“安装演示”，如图 1-13

所示。

步骤 2：打开“安装演示”文件夹，在文件夹空白处，长按 Shift 键的同时单击鼠标右键，选择弹出选项栏中的“在此处打开 Powershell 窗口（S）”，如图 1-14 所示。

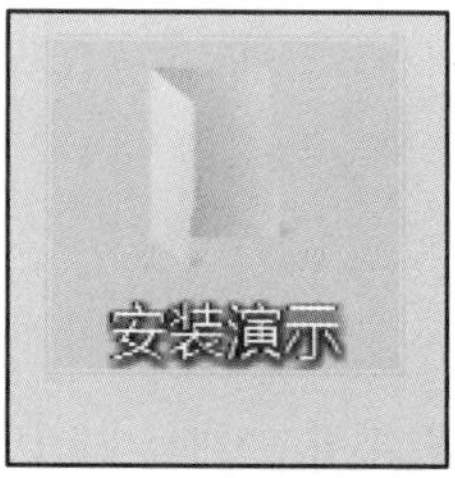

图 1-13　新建安装演示文件夹

图 1-14　打开 Powershell 窗口（S）

步骤 3：此时会弹出 Powershell 命令行窗口，输入“jupyter notebook”命令，如图 1-15 所示，按回车键，打开一个 Jupyter 服务器，并在默认浏览器中弹出 Jupyter Notebook 界面。

图 1-15　打开 Jupyter 服务器

步骤 4：在 Jupyter 单击“New”，单击下拉框里的“Python 3”。新建一个 Notebook，如图 1-16 所示。

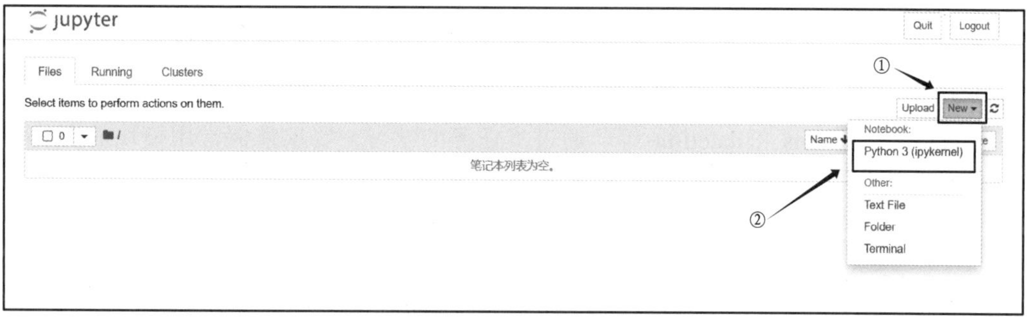

图 1-16　新建一个 Notebook

步骤 5：在下方窗口中输入 print（"Hello World"），双引号为英文状态，单击“运行”按钮，即可在下方运行出“Hello World”，如图 1-17 所示。

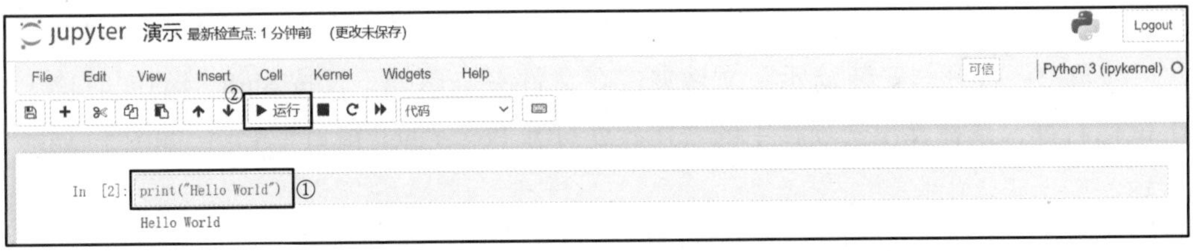

图 1-17　运行“Hello World”

【拓展提升】

在 Windows 平台中，安装 Python 开发环境的方法不止一种，其中比较受欢迎的有两种，一种是上面讲到的 Anaconda，还有一种是通过 Python 官网下载对应系统版本的 Python 安装程序。大家可以参照 Python 官网的指示，试着动手安装。

任务二　Python 模块安装

【任务描述】

如果要在多个程序中重复实现某一个特定功能，那么能不能直接在新程序中调用自己或他人已经编写好的代码，而不用在新程序中重复编写功能类似的代码呢？答案是肯定的，这就要用到 Python 中的模块。他山之石，可以攻玉。模块是构建 Python 程序的重要基石。为了提高开发效率，使用者可能需要自行设计模块，或采用第三方开发的模块。在本任务中，主要学习 Python 常用的第三方模块，包括 pandas、pyecharts 和 datetime 等。通过本任务的学习，要求掌握常用模块的安装和导入。

【任务分析】

Python 之所以用户众多，其中一个很重要的原因就是它拥有很多第三方的开源模块，当要实现某种功能时使用者无须绞尽脑汁地编写基础代码，而是可以直接调用这些开源模块。

本任务主要学习调用第三方开发模块。Anaconda 包含一些经常使用的第三方模块，可以在使用时直接调用，如 pandas 模块。对于 Anaconda 中不包含的第三方模块，可以使用 pip 语句进行安装，如 pyecharts 模块。在使用模块时，还需要一个步骤，就是导入模块。导入模块后，才可以运用该模块进行相关操作。

【知识准备】

一、初识模块

在前面提到 Python 最大的一个优势是可以直接调用很多模块。下面就开始具体了解 Python 的模块。

（一）内置模块

内置模块是指 Python 自带的模块，如 time、math 等。

（二）第三方的开源模块

通常所说的模块就是指开源模块，这类模块是由一些程序员或企业开发并免费分享给大家使用的，通常能实现某一个大类的功能。例如，本书中接下来讲到的 pandas 模块就是专门用于数据分析的模块。第三方模块在使用前一般需要用户自行安装，而有些第三方模块会在安装编辑器（如 Anaconda）时自动安装好。

（三）自定义模块

Python 用户可以将自己编写的代码或函数封装成模块，以方便在编写其他程序时调用，这样的模块就是自定义模块。

注 意

自定义模块不能和内置模块重名，否则将不能再导入内置模块。

二、pandas 模块

pandas 模块是基于 Numpy 模块（Numpy 模块是 Python 进行科学计算的基础模块，它由多维数组对象组成，包含数学运算、逻辑运算、形状操作等功能）的一个开源 Python 模块，广泛应用于完成数据快速分析、数据清洗和准备等工作。pandas 模块提供了非常直观的数据结构及强大的数据管理和数据处理功能，某种程度上可以把 pandas 模块看成 Python 版的 Excel。pandas 模块也是 Anaconda 自带的，无须单独安装。

通过 pandas 模块可以从多种数据文件中读取数据，也可以将获得的数据写入这些文件中。创建了 DataFrame 格式的表格之后，就可以对其中的数据进行进一步的选取和处理。pandas 模块还提供了一些高级功能，其中的数据合并与重塑为两个数据表的拼接提供了极大的便利，主要涉及 merge( )、concat( )、append( ) 等函数。

三、pyecharts 模块

pyecharts 是一个用于生成图表的模块，可以在 Python 中直接使用数据生成图表。pyecharts 源自 Echarts，Echarts 是一个由百度开源的数据可视化模块，凭借着良好的交互性，精巧的图表设计，得到了众多开发者的认可。而 Python 是一门富有表达力的语言，很适合用于数据处理。当数据分析遇上数据可视化时，pyecharts 诞生了。

pyecharts 模块具有以下特点。

（1）简洁的 API 设计，使用流畅，支持链式调用。

（2）囊括了 30 多种常见图表，应有尽有。

（3）支持主流 Notebook 环境，包括 Jupyter Notebook 和 JupyterLab。

（4）可轻松集成至 Flask、Django 等主流 Web 框架。

（5）高度灵活的配置项，可轻松搭配出精美的图表。

（6）详细的文档和示例，帮助开发者更快地上手项目。

（7）多达 400 多种地图文件以及原生的百度地图，为地理数据可视化提供强有力的支持。

四、datetime 模块

在代码中，常常需要与时间打交道。在 Python 中，与时间处理有关的模块包括 time、datetime 以及 calendar。

datetime 是 date 与 time 的结合体，包括 date 与 time 的所有信息。datetime 的功能强大，支持 0001 年到 9999 年。datetime 模块定义了两个常量：datetime.MINYEAR 和 datetime.MAXYEAR。这两个常量分别表示 datetime 所能表示的最小、最大年份。其中，MINYEAR = 1，MAXYEAR = 9999。

datetime 模块定义了以下 5 类。

（1）datetime.date：表示日期的类。常用的属性有 year、month、day。

（2）datetime.time：表示时间的类。常用的属性有 hour、minute、second、microsecond。

（3）datetime.datetime：表示日期时间。

（4）datetime.timedelta：表示时间间隔，即两个时间点之间的长度。

（5）datetime.tzinfo：与时区有关的信息。

【任务实施】

Anaconda 包含一些常用的第三方模块，对于一些不包含的第三方开源模块在使用前就需要安装，如 pyecharts 模块。模块有两种常用的安装方式：一种是使用 pip 命令安装；一种是通过编辑器安装。在 Jupyter 中，使用 pip 命令安装。安装完成后，导入模块后才可以使用。下面以 pyecharts 模块为例，介绍模块的安装和导入。

一、安装模块

步骤 1：pip 是 Python 官方的编程环境提供的一个命令，主要功能就是安装和卸载第三方模块。用 pip 命令安装模块的方法最简单也最常用。在 Jupyter 中输入如下代码：

```
pip install pyecharts
```

步骤 2：单击"运行"，等待一段时间，如果出现如图 1-18 所示结果，说明模块安装成功，之后在编写 Python 代码时，就可以使用 pyecharts 了。

```
Collecting pyecharts
  Downloading pyecharts-1.9.1-py3-none-any.whl (135 kB)
Collecting prettytable
  Downloading prettytable-3.3.0-py3-none-any.whl (26 kB)
Requirement already satisfied: jinja2 in c:\users\admin\anaconda3\lib\site-packages (from pyecharts) (2.11.3)
Collecting simplejson
  Downloading simplejson-3.17.6-cp39-cp39-win_amd64.whl (75 kB)
Requirement already satisfied: MarkupSafe>=0.23 in c:\users\admin\anaconda3\lib\site-packages (from jinja2->pyec
harts) (1.1.1)
Requirement already satisfied: wcwidth in c:\users\admin\anaconda3\lib\site-packages (from prettytable->pyechart
s) (0.2.5)
Installing collected packages: simplejson, prettytable, pyecharts
Successfully installed prettytable-3.3.0 pyecharts-1.9.1 simplejson-3.17.6
Note: you may need to restart the kernel to use updated packages.
```

图 1-18　模块安装成功

二、导入模块

要使用模块时，还需要一个步骤，就是导入模块。导入模块的方法有两种：一是用 import 语句导入；另一种是用 from 语句导入。采用 import 语句导入模块代码如下所示：

```
import pyecharts
```

import 语句导入法是导入模块的常规方法。该方法会导入指定模块中的所有函数，适用于需要使用指定模块中的大量函数的情况。

如果模块名很长，可以在导入时使用 as 关键字对它们进行简化，以方便后续代码的编写。通常用模块名中的某几个字母来代替模块名。代码如下所示：

```
import pyecharts as charts
```

上述代码就是导入 pyecharts 模块的同时，将其简写为 charts。

【拓展提升】

有些模块的内容特别多，用 import 语句全部导入后会导致程序运行速度较慢，将程序打包后得到的文件体积也会很大。如果只需要使用模块中的少数内容，就可以采用 from 语句导入法，这种方法可以指定要导入的函数和类。from 语句导入模块代码如下所示：

```
from pyecharts import options   #从一个较大的模块中导入一个较小的模块
```

运用 from 语句导入模块也可以使用 as 关键字进行简化。

import 语句和 from 语句两种导入模块的方法各有优缺点，编程时可根据实际需要进行选择。

技能实训 >>>

实训题

1. 练习从清华大学开源镜像站下载匹配自己计算机的 Anaconda 安装版本。

2. 在计算机上安装 Anaconda，并验证安装是否成功。

3. 在 Jupyter Notebook上创建 Python 程序，打印输出“财务人员的第一个 Python 程序”。

项目二
利润的计算——变量应用

Python 初学者经常会遇到的困惑是，看书或是听课都懂，但还是不明白要怎么编程。这是因为缺乏足够多的实践。正如婴儿学习说话的时候，最初是模仿父母的发音，逐渐才能学会表达自己的想法。学习编程也是一样，在你阅读这本书的时候，需要模仿着示例输入一遍代码，当你动手输入代码的时候，就会发现很多会忽略的细节：小到标点大到语句之间的逻辑关系。本书会带着你循序渐进地完成一个个实践，直到你有能力脱离模仿、开始创造性地编程。如果你准备好了，那就开始吧！

学习目标 >>>

知识目标

1. 理解变量的定义
2. 熟悉 Python 的基本运算
3. 掌握简单数据类型的特点及其操作方法

技能目标

1. 能运用变量及运算符进行数据的赋值运算和算术运算
2. 能根据格式化方法对字符串、数字进行格式化
3. 能运用格式化方法将字符串格式化输出

素养目标

1. 通过对数据的运算，养成认真细致的工作态度
2. 通过格式化字符串，培养严谨的逻辑思维能力

立志问学 >>>

无规矩不成方圆

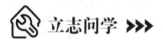

“无规矩不成方圆”揭示了一个重要的道理：做任何事情都要有规矩，懂规矩，守规矩。大到国家小到邻里间的日常相处，无时无刻不受到法律和道德的约束，如果没有约束，各行其是，社会就会陷入无秩序的混乱中。建设和谐社会，既要我们坚持遵纪守法，同时也要大力提高思想品质。既要我们自觉遵守社会公德，做到文明诚信，同时也需通过加强和完善法律制度建设，来规范人们的行为。只有把自己的行为和法律、道德结合起来，才能形成一种良好的社会风气，社会才会和谐。Python 编程中也有规则约束，在给变量命名时也要遵循一定的规则，并需要经过不断的实践，创建有效的变量名。

思维导图 >>>

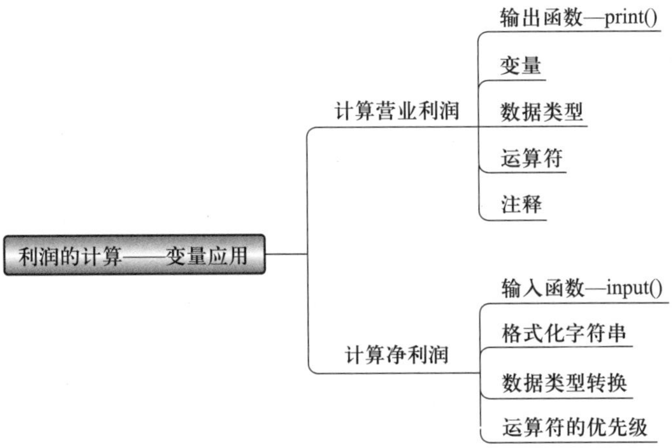

任务一 计算营业利润

【任务描述】

本任务将用合适的数据类型来描述 A 企业的收入成本数据，用变量和运算符来计算营业利润，通过本任务掌握 Python 程序设计中的各种数据类型及运算符的应用方法。A 企业收入成本数据如表 2-1 所示。

表 2-1 A 企业收入成本数据

单位：元

项目	金额
营业收入	157 910 000.00
营业成本	110 247 763.00
税金及附加	932 357.40
销售费用	10 188 000.00
管理费用	12 098 040.00
财务费用	500 000.00

【任务分析】

在财务中，企业的营业利润等于营业收入减去营业成本、税金及附加、销售费用、管理费用和财务费用及其他损益项目。同样地，在 Python 程序设计中也遵循这样一个运算公式。不同的是，日常数据处理中，我们可以直接对数据进行计算，而在 Python 程序设计中，需要将数据存储在计算机的某个位置，这个位置叫作变量，然后需要的时候再从这个位置拿取数据。拿取到的数据可能是数字、文字、符号等内容，不同的内容对应不同的数据类型。数据拿取到之后，就可以进行数据的运算，这个时候就需要用到运算符，可以进行一般的四则运算，也可以进行较复杂的比较运算和逻辑运算等。最后需要运用输出函数将运算结果显示在计算机屏幕上。

本任务中，需要计算的是营业利润，营业利润等于营业收入减去营业成本及其他损益项目。首先，需要将各个计算项目存储到多个变量中，然后运用变量和运算符进行运算，最后将营业利润的计算结果用输出函数打印输出。

【知识准备】

一、输出函数——print( )

在项目一中，我们使用 print( ) 输出了第一段代码"Hello World"。在 Python 中，print( ) 方法用于将结果输出，是 Python 中最常见的一个函数。可以简单地把 print( ) 这个函数理解为展示输出的结果。如图 2-1 所示，print( ) 函数的语法是把要输出查看结果的对象放进括号中。

图 2-1　使用 print( ) 函数

下面，我们使用 print( ) 方法输出一个 Python 程序，输出"Python 财务分析"。

【示例 2-1】输出"Python 财务分析"，代码如下：

```
print('Python 财务分析 ')
```

运行代码，结果如下：

```
Python 财务分析
```

上面的示例中，只是简单地在 print( ) 中输入了"Python 财务分析"，那计算机是如何执行的呢？

当在计算机中键入 print（'Python 财务分析 '）时，实际上是向计算机发出一个输出"Python 财务分析"的指令，计算机将我们编写的代码翻译成机器语言，然后将结果输出。

前面只是用 print( ) 输出了一段文字，这段文字在 Python 中叫字符串。除了输出字符串，print() 函数还可以输出数字和含有运算符的表达式。

【示例 2-2】输出数字和含有运算符的表达式，代码如下：

```
print(2021)
print(1 + 3)
```

运行代码，结果如下：

```
2021
4
```

上面的示例中，我们输出了数字“2021”和含有运算符的表达式“1 + 3”。“1 + 3”的输出结果是 4，即先对数字 1 和 3 进行加法运算，然后再输出运算结果。

print() 也可以同时输出多个内容。

【示例 2-3】同时输出多个内容，代码如下：

```
print('应收账款','借方余额',350,'元')
```

运行代码，结果如下：

```
应收账款 借方余额 350 元
```

除了以上内容，print() 是否可以直接输出字母呢？

【示例 2-4】直接输出字母，代码如下：

```
print(a)
```

运行代码，结果如下：

```
NameError                    Traceback(most recent call last)
<ipython-input-4-bca0e2660b9f> in <module>
——> 1 print(a)
NameError: name'a'is not defined
```

【示例 2-4】中，运行结果报错。原因是变量 *a* 没有被定义而直接使用，那到底什么是变量呢？为什么 *a* 是变量呢？我们接下来学习变量的知识。

二、变量

大多数程序具有输入、处理和输出三个特征。计算机需要输入，那么它是怎么处理这些输入呢？为了处理输入，计算机必须记住它们，或者把它们保存在某个地方。同时，为了确保以后还可以使用，我们会给这些输入打标签，也就是变量。

变量是计算机中很常见的概念，可以简单理解为“值可以改变的量”。变量是编程中最基本的存储单位，就像一个带标签的盒子，会暂时性地储存放进去的东西。

爱因斯坦给女儿的信中写道“爱是宇宙的终极答案”，如果用编程语言来表达的话，就是如图 2-2 所示等式。

Python 的变量

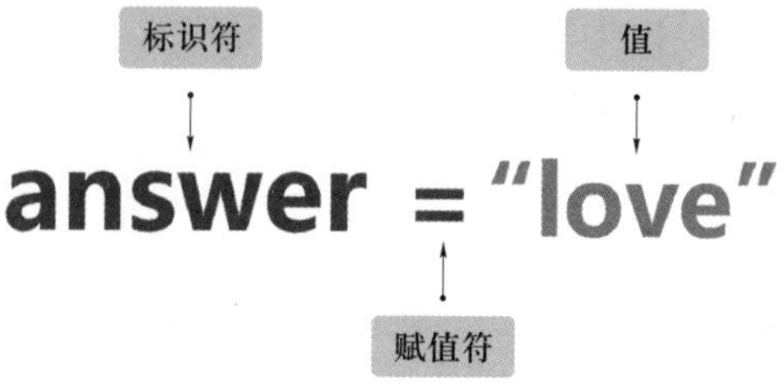

图 2-2　将“love”赋值变量“answer”

变量“answer”被赋值为“love”，就像我们的名字一样，变量的名字叫作标识符。这里的等号是告诉 Python 要赋值，“love”就是要赋值给变量“answer”的值，是一个字符串。每个变量的值都有自己的数据类型。现在我们来给变量赋值。

【示例 2-5】给单个变量赋值，代码如下：

```
answer = "love"
print(answer)
```

运行代码，结果如下：

```
love
```

我们也可以给多个变量赋值。

【示例 2-6】给多个变量赋值，代码如下：

```
Ca, r_s, al = " 库存现金 ", " 借方余额 ", 2500
print(Ca, r_s, a1)
```

运行代码，结果如下：

```
库存现金 借方余额 2500
```

通过【示例 2-6】了解到，我们可以给变量任意命名，但是需要遵守以下规则和指南。

（1）变量名要区分大小写，即大写字母和小写字母是不同的。例如 Ca 和 ca 是完全不同的变量名。

（2）变量名只能包含字母、数字和下划线。变量名通常以字母或下划线开头，但不能以数字开头。例如，可以将变量命名为 money_1，但不能将其命名为 1_money。

（3）变量名不能包含空格，但可以使用下划线来分隔其中的单词。例如变量名 fin_code 可行，变量名 fin_code 会报错。

（4）不要将 Python 关键字和函数名用作变量名，例如不能将 print 用作变量名。

要创建好的变量名，需要经过不断的实践，随着编写的程序越来越多，你将越来越善于创建有意义的变量名。

三、数据类型

Python 的数据类型

前面重点介绍了数据的输出与变量，其中讲到每个变量的值都有自己的数据类型。数据类型非常重要，在定义变量时会用到数据类型，在前面的任务中已经用到一些数据类型，例如整数和字符串等。

在 Python 中，有 6 种主要的内置数据类型：数字、字符串、列表、元组、集合和字典。本项目主要学习数字类型和字符串类型。

（一）数字类型

Python 用数字类型来描述数值型的数据，支持三种不同类型的数值：整型、浮点型和复数。我们重点介绍整型和浮点型。

1. 整型

整型，也叫整数类型，英文名为 integer，简写为 int。在 Python 中，用 int 来表示整数类型。这里的整数类型就是我们日常提到的整数，包含正数、负数和零，不带小数点。

【示例 2–7】输出整数类型，代码如下：

```
n1 = 28
n2 = −93
n3 = 0
print(n1, type(n1))
print(n2, type(n2))
print(n3, type(n3))
```

结果如下：

```
28 <class'int'>
−93 <class'int'>
0 <class'int'>
```

我们分别给三个变量赋值正数、负数和零，然后用 print() 函数输出。我们看到在 print() 语句的括号内，除了要输出的变量，还有一个 type() 函数。type() 函数也是 Python 的内置函数，主要用来查看代码的数据类型。上面的示例中，输出的结果显示 <class'int'>，即表示整数类型。

2. 浮点型

浮点类型即数据计算中的小数。在 Python 中，用 float 表示浮点类型。财务数据中，一般会将数据精确到两位小数，即保留两位小数的浮点类型。

【示例 2–8】输出浮点数类型，代码如下：

```
n1 = 28.56
```

```
n2 = 3.1415
print(n1, type(n1))
print(n2, type(n2))
```

结果如下：

```
28.56 <class'float'>
3.1415 <class'float'>
```

我们分别给两个变量赋值了两个小数，然后用 print( ) 函数输出。输出的结果显示 <class'float'>，即表示浮点类型。

（二）字符串

字符串是由零个或多个字符组成的有限序列，通俗地讲，就是我们熟悉的文本类型，可以理解为单词、短语或者句子，如图 2-3 所示。字符串是使用 Python 进行数据处理时，使用频率最高的一种数据类型。

图 2-3　各种类型的字符串

在 Python 中，str 表示字符串类型，字符串是以英文单引号 ' 或英文双引号 " 括起来的任意文本。自然语言建议使用双引号表示，标识符等程序文本使用单引号表示。

会计科目在 Python 中就是以字符串的方式存储的，比如："1001" "1001- 库存现金 " " 银行存款 " 等。

字符串可以包含 0 到无数个字符元素，最新的 Python 版本支持包含英文和中文在内的大多数语言。

【示例 2-9】输出字符串类型，代码如下：

```
f = "1001- 库存现金 "
print(type(f))
```

运行代码，结果如下：

```
<class'str'>
```

运行结果表示变量 *f* 是字符串类型。

四、运算符

生活中，我们经常会进行一些简单的数据运算，比如加、减、乘、除。在 Python 中，我们也会进行数学运算或逻辑判断，这时就需要用到运算符。

运算符是一些特殊的符号，主要用于数学计算、比较大小和逻辑运算等。运算符会对它两边的内容有影响或者执行“运算”的符号，这种影响可能是赋值、检查或者改变一个或多个这样的内容。完成算术运算的 +、−、*、/ 都是运算符，参与运算的内容称为操作数。运用运算符进行加法运算如图 2-4 所示。

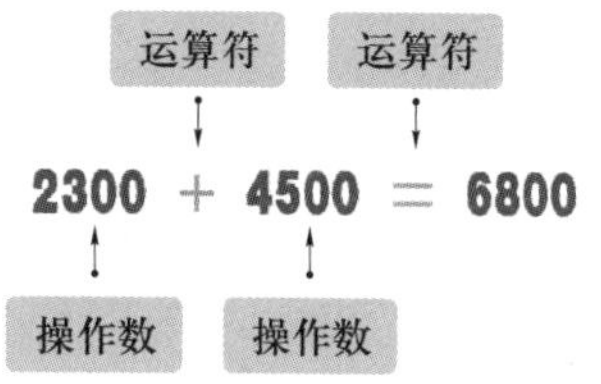

图 2-4 运用运算符进行加法运算

Python 的运算符主要包括算术运算符、赋值运算符、比较（关系）运算符、逻辑运算符和位运算符。使用运算符将不同类型的数据按照一定的规则连接起来的式子，称为表达式。例如，使用算术运算符连接起来的式子称为算术表达式，使用逻辑运算符连接起来的式子称为逻辑表达式。下面将对一些常用的运算符进行介绍。

（一）算术运算符

算术运算就是常规的加、减、乘、除类运算。表 2-2 为基本的算术运算符及其示例。为了方便理解，我们假设变量 a = 10，b = 5。

表 2-2 算术运算符

运算符	描述	示例
+	两数相加	a + b = 15
−	两数相减	a−b = 5
*	两数相乘	a*b = 50
/	两数相除	a/b = 2
%	返回两数相除的余数	a%b = 0
**	返回 a 的 b 次幂	a**b = 100000
//	返回两数相除以后商的整数部分	a//b = 2

【示例 2-10】进行四则运算，代码如下：

```
a = 16
b = 5
print(a + b)
print(a−b)
print(a*b)
print(a/b)
```

运行代码，结果如下：

```
21
```

```
11
80
3.2
```

+、-、*、/ 运算符同日常的加减乘除核算一样，操作简便。需要注意的是，在使用除法 / 运算符时，除数（第二个操作数）不能为 0，否则将会出现异常。

除了对数据进行运算，使用加法运算符 + 也可以进行字符串的拼接。

【示例 2-11】字符串拼接，代码如下：

```
a = 'Python'
b = '财务分析'
print(a + b)
```

运行代码，结果如下：

```
Python 财务分析
```

我们看到，通过加法运算符将两个字符串合并为了一个字符串。

【示例 2-12】幂运算与取模、取整除运算，代码如下：

```
a = 16
b = 5
print(a**b)
print(a%b)
print(a//b)
```

运行代码，结果如下：

```
1048576
1
3
```

【示例 2-12】的运算较前面示例稍复杂一些，取幂运算的形式不同于数学中的求乘方，数学中是 a^2 这样的形式，Python 中幂运算的形式是 a**2。

在算术运算符中使用 % 取模，如果除数（第二个操作数）是负数，那么结果也是一个负值。使用运算符 % 时，除数不能为 0，否则将会出现异常。// 运算符返回两数相除后商的整数部分，所以也叫取整除。

【示例 2-13】除数为负数的取模运算，代码如下：

```
a = 16
b = -5
print(a%b)
```

运行代码，结果如下：

```
-4
```

（二）赋值运算符

赋值运算符主要用来为变量等赋值。使用时，可以直接把基本赋值运算符 = 右边的值赋给左边的变量，也可以进行某些运算后再赋值给左边的变量。在 Python 中常用的赋值运算符如表 2-3 所示。

表 2-3　赋值运算符

运算符	描述	示例
=	简单的赋值	c = a + b，将 a + b 的运算结果赋值给 c
+=	加法赋值	c += a，等同于 c = c + a
-=	减法赋值	c-= a，等同于 c = c - a
*=	乘法赋值	c*= a，等同于 c = c*a
/=	除法赋值	c/= a，等同于 c = c/a
%=	取模赋值	c%= a，等同于 c = c%a
**=	幂赋值	c**= a，等同于 c = c**a
//=	取整除赋值	c//= a，等同于 c = c//a

【示例 2-14】简单赋值运算，代码如下：

```
a = 10
b = 5
c = a + b
print(c)
```

运行代码，结果如下：

```
15
```

实际上，这里的简单赋值运算符 = 我们从第一个任务就已经开始使用了，需要强调的是，赋值运算符的执行顺序是从右到左，先进行运算符右侧的数据运算，然后将结果赋值给变量。

【示例 2-15】加法赋值运算，代码如下：

```
a = 10
c = 0
c += a
print(c)
```

运行代码，结果如下：

```
10
```

示例中的 c+=a 等同于 c=c+a，即 0+10=10，再将 10 赋值给 c。

（三）比较运算符

比较运算符，也称为关系运算符。用于对变量或表达式的结果进行大小、真假等比较。如果比较结果为真，则返回 True；如果比较结果为假，则返回 False。比较运算符通常用在条件语句中作为判断的依据。Python 中的比较运算符如表 2-4 所示。为了方便理解，我们假设变量 a=10，b=5。

表 2-4　比较运算符

运算符	描述	示例
==	等于：比较对象是否相等	（a==b）返回 False
!=	不等于：比较两个对象是否相等	（a!=b）返回 True
>	大于：返回 a 是否大于 b	（a>b）返回 True
<	小于：返回 a 是否小于 b	（a<b）返回 False
>=	大于等于：返回 a 是否大于等于 b	（a>=b）返回 True
<=	小于等于：返回 a 是否小于等于 b	（a<=b）返回 False

（四）逻辑运算符

逻辑运算符是对真和假两种布尔值进行运算，运算后的结果仍是一个布尔值，Python 中的逻辑运算符主要包括 and（逻辑与）、or（逻辑或）、not（逻辑非）。表 2-5 列出了逻辑运算符的用法和说明。

表 2-5　逻辑运算符

运算符	逻辑表达式	描述
and	a and b	a 和 b 同时为真，结果才为真
or	a or b	a 和 b 只要有一个为真，结果就为真
not	not a	如果 a 为真，则返回 False，否则返回 True

五、注释

到目前为止，我们在程序中键入的代码都是交给计算机执行的指令。不过，我们也可以在程序中加入一些自己的说明，描述这个程序的功能和运行方式。这些说明不会在计算机中执行，只是为了帮助自己或者他人阅读代码，明白代码的用途。

在 Python 中，可以通过单行注释和多行注释两种方法向程序加入注释。

（一）单行注释

在 Python 中，在任意代码行之前加上 # 标识，就可以把该行变成注释行，# 后面的内容都会被计算机忽略掉。

【示例 2-16】在代码上方添加单行注释，代码如下：

```
# 这是 Python 程序中的单行注释
print('This is a note')
```

运行代码，结果如下：

```
This is a note
```

我们看到，程序要运行时忽略了第一行。我们还可以在代码行的末尾加上注释。

【示例 2-17】在代码末尾添加单行注释，代码如下：

```
a = 4              # 数量
b = 5              # 单价
income = a * b     # 收入
print(income)
```

运行代码，结果如下：

```
20
```

从结果可以看出，从 # 标识开始属于注释部分，# 字符之前的所有内容都是正常运行。

（二）多行注释

有时候可能需要用多行文本进行注释。要使用多行注释，就要在每个代码行之前都加上“#”标识。

【示例 2-18】添加多行注释，如下：

```
#************************
# 这是 Python 程序中的多行注释
# 带星号是为了直观地将注释与其他代码行分隔
#************************
```

Python 中还有一种做法相当于创建多行注释，即将注释用三个引号一前一后包起来，相当于创建一个未命名的三重引号字符串。

【示例 2-19】创建三重引号字符串，如下：

```
'''
这是 Python 中的多行注释，
它使用了三重引号字符串，
```

```
不过，它并不是真正意义上的注释，
只是起到了注释的作用。
'''
```

【示例 2-19】中，注释所用的引号可以是单引号也可以是双引号。由于这个字符串未命名，程序也没有执行任何处理，相当于是一个注释。

大多数文本编辑器可以更改注释的颜色，在 Jupyter Notebook 中，注释默认是绿色。由于三重引号字符串不是真正意义上的注释，因此它的颜色是字符串的颜色红色，不是注释的默认颜色。

【任务实施】

在 Jupyter Notebook 中编写程序，实现 A 企业营业利润的计算。营业利润的计算公式如下：

营业利润 = 营业收入 − 营业成本 − 税金及附加 − 销售费用 − 管理费用 − 财务费用 − 资产减值损失 + 其他收益 + 投资收益 + 公允价值变动收益 + 资产处置收益

本任务将通过变量来完成营业利润的计算，帮助读者尽快熟悉 Python 编程。

步骤 1：将计算用的数据赋值给变量，输入如下代码：

```
#定义变量,保存计算用数据
sr = 157910000    #营业收入
cb = 110247763    #营业成本
sj = 932357.40    #税金及附加
xf = 10188000     #销售费用
gf = 12098040     #管理费用
cf = 500000       #财务费用
```

步骤 2：以变量代替数据进行营业利润的计算，将计算结果赋值给变量，输入如下代码：

```
#计算营业利润,定义变量,保存计算结果数据
yl = sr - cb - sj - xf - gf - cf
```

步骤 3：使用 print( ) 输出计算结果，输出结果包含文字说明和计算结果，输入如下代码：

```
#用print()输出计算结果
print('A 企业营业利润为 ', yl)
```

运行代码，结果如下：

```
A 企业营业利润为 23943839.6
```

注 意

在编写代码的时候有两点需要特别关注：

（1）输入法错误。除了字符串引号里面的内容，例如‘A 企业营业利润为’，引号里面的内容可以是中文状态，但是引号必须是英文状态。其他代码的编写要求输入法必须是英文状态。

（2）变量命名错误。变量名只能包含字母、数字和下划线。

【拓展提升】

一、函数

输出数据需要 print() 函数，查看数据类型需要 type() 函数，到底什么是函数？函数是带名字的代码块，用于完成具体的工作。要执行函数定义的特定任务，可调用该函数。需要在程序中多次执行同一项任务时，无须反复编写完成该任务的代码，只需要调用执行该任务的函数，让 Python 运行其中的代码即可。

二、布尔类型

在 Python 中，布尔类型是整数类型的子类，它只有两个值：True 和 False，True 用来表示真，False 表示假。布尔值可以转化为整数类型进行计算，True 表示整数 1，False 表示整数 0。一般用 bool 表示布尔类型。

【示例 2-20】输出布尔类型，代码如下：

```
b1 = True
b2 = False
print(b1, type(b1))
print(b2, type(b2))
```

运行代码，结果如下：

```
True <class'bool'>
False <class'bool'>
```

分别给两个变量赋值 True 和 False，然后用 print() 函数输出出来。从上例可以看到在 print() 语句的括号内，除了要输出的变量，还有一个 type() 函数。我们用 type() 函数来查看代码的数据类型。【示例 2-20】中，输出的结果显示 <class'bool'>，即表示布尔类型。

【示例 2-21】利用布尔值计算，代码如下：

```
b1 = True
b2 = False
print(b1 + 1)
print(b2 + 1)
```

运行代码，结果如下：

```
2
1
```

从【示例 2-21】可以看到，直接将 True 赋值给变量 *b*1，然后输出“b1 + 1”得到的结果是数字 2，说明 True 表示整数 1，所以 1 + 1 = 2。同理，False 表示 0，所以 b2 + 1 = 0 + 1 = 1。

Python 中的数据类型转换很灵活。任何类型的数据都可以通过 bool() 函数转换为布尔值，那些被认为“没有的”“空的”值会被转换为 False，反之被转换为 True。

三、字符串访问

字符串是一种字符的序列，序列中的每个元素都会分配一个数字编号，称为索引。比如“Python”字符串，共 6 个元素，索引为 0~5。如图 2-5 所示，可以将字符串“Python”中的 6 个元素，想象成 6 个挨在一起的盒子，盒子的编号是 0~5，即盒子 0、盒子 1、盒子 2……每个盒子里装着 1 个元素。

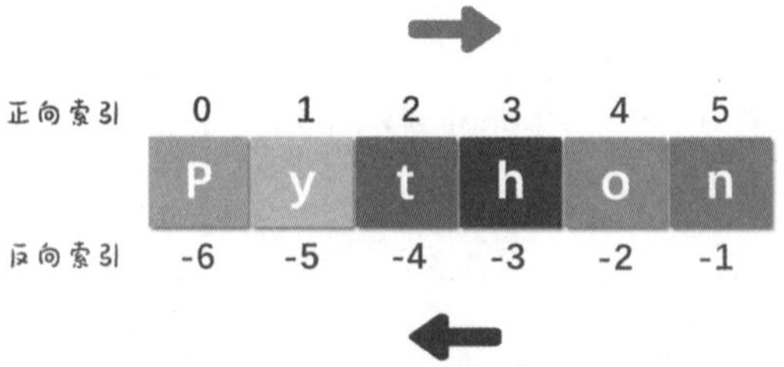

图 2-5　字符串元素及其对应索引

Python 字符串，从左到右索引默认从 0 开始，最大范围是字符串长度减 1，从右到左索引默认从 −1 开始，最大范围是字符串开头。

如果想单独取出字符串中的某个元素，可以使用“字符串［索引值］”的方法。比如访问字符串“Python”中的“y”，“y”的索引是 1。

【示例 2-22】获取字符串中单个元素，代码如下：

```
a = 'Python'
print(a[1])
```

运行代码，结果如下：

```
y
```

在上面的学习中，获取的都是单个字符串元素。如果想同时获取字符串中的多个元素，比如从“Python 财务分析”中获取“财务分析”四个汉字，应该怎么做呢？这时候，我们就会用到字符串切片。

字符串切片，就是截取字符串中的其中一段。只需要了解字符串切片的语法，就可以按我们的需求对字符串进行截取。

字符串切片语法规则如下：当你想要截取字符串中的某个片段，比如从“Python”截取“hon”，字母“h”的索引值是 3，字母“n”的索引值是 5，为了保证能截取到“n”这个字母，结束索引必须 + 1，即结束索引应写成 6。步长表示每相隔多少个元素进行截取，默认步长为 1，可以忽略不写，如图 2-6 所示。

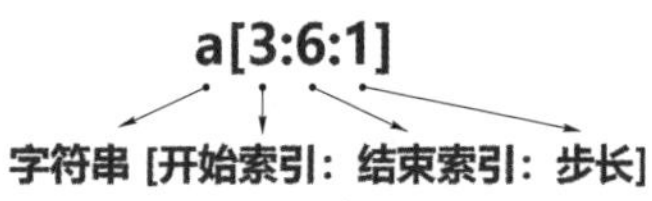

图 2-6　字符串切片语法格式

下面我们通过一个简单的例子，来进一步了解字符串切片。

【示例 2-23】使用切片获取字符串中多个元素，代码如下：

```
a = 'Python'
a[4:6]
```

运行代码，结果如下：

```
on
```

a = 'Python'，截取 a 中的“on”两个字母，则字符串切片代码为 a[4:6]。

任务二　计算净利润

【任务描述】

经过前面任务的学习，我们已经初步掌握了变量、输出函数和运算符的相关内容。本任务将围绕 A 企业收入成本数据，同时从用户处获取营业利润数据，用变量和运算符来计算净利润，格式化输出计算结果。通过本任务掌握 Python 程序设计中的输入函数和格式化字符串。A 企业净利润计算相关数据如表 2-6 所示。

表 2-6　A 企业净利润计算相关数据

金额单位：元

项目	金额
营业收入	157 910 000.00
营业成本	110 247 763.00
税金及附加	932 357.40
销售费用	10 188 000.00
管理费用	12 098 040.00
财务费用	500 000.00
营业利润	23 943 839.6
企业所得税税率	25%

【任务分析】

在财务中，企业的净利润等于营业利润加上营业外收入，减去营业外支出和所得税费用项目得到。同样的，在 Python 程序设计中也是遵循这个原理。任务一中，我们是直接将数据赋值给相关变量，而在实务中，大多数程序旨在解决最终用户的问题，为此通常需要从用户那里获取信息。所以，我们可以从用户处获取数据，然后进行相关的计算。

本任务中，我们从用户处获取数据，即需要用户输入营业利润数据。将用户输入的数据赋值给变量，然后运用变量进行相关计算。需要注意的是，用输入函数获取到的数据，其数据类型是字符串，字符串是无法进行四则运算的，所以要进行数据类型的转换，将字符串数据类型转换为整数类型，然后再进行相关计算，此处的代码操作同任务一相同。对于计算结果，仍然使用 print( ) 语句输出，不同的是，我们不是简单地只输出结果，而是需要遵循一定的格式，让计算结果在对应位置输出。

【知识准备】

一、输入函数——input( )

通过前面的示例我们知道，如果想让程序处理一些数据，就需要把这些数据直接放到代码中。但是实务中，通常需要从用户那里获取信息。前面讲的示例只有简单的输出和处理，现在需向程序中增加输入了。

输入是指在程序运行时向其提供某种内容或信息。在 Python 中，我们使用 input( ) 函数从用户那里得到输入内容。

input( ) 函数让程序暂停运行，等待用户去输入一些内容。获取内容后，Python 将其赋值给一个变量，以方便使用。在通常情况下，我们应告诉用户需要键入的信息，如图 2-7 中的提示部分。

图 2-7　使用 input( ) 函数获取内容并赋值给变量

【示例 2-24】使用 input( ) 输入内容，使用 print( ) 输出内容，代码如下：

```
amount = input(' 请输入你的金额 : ')
print(' 你输入的金额是 : ', amount)
```

运行代码，结果如下：

```
请输入你的金额 : 100
你输入的金额是 : 100
```

运行了【示例 2-24】中的代码后，系统给出一个输入框需要我们输入内容，比如输入 100 后，继续运行 print( ) 函数，得到最终的结果。

【示例 2-25】使用 input( ) 输入内容，代码如下：

```
amount = input(' 请输入你的金额 : ')
```

运行代码，结果如下：

```
请输入你的金额 : 100
```

我们发现，在上述代码中，没有使用 print( ) 函数，是因为 input( ) 函数可以直接显示消息，所以不必再使用 print( ) 函数。

二、格式化字符串

（一）在字符串中插入变量

格式化字符串，通俗地讲，就是定制一个模板，在模板中预留几个空位，然后再根据需要填上相应的内容。这些空位需要通过指定的符号标记（也称为占位符），而这些符号不会显示出来。如果要在字符串中插入变量，我们之前的操作可能是这样的。

格式化字符串

【示例 2-26】在字符串中插入变量，代码如下：

```
amount = 2400
print(' 应收账款金额是 ', amount, ' 元 ')
```

运行代码，结果如下：

```
应收账款金额是 2400 元
```

以上示例是在字符串中插入一个变量，当我们要插入多个变量，同样的方法会让 print() 语句中产生很多新的字符串，这样会造成内部空间的浪费。所以，要用到格式化字符串，这种方法可以更好地控制变量（特别是数字）的显示。可以使用 % 操作符进行格式化字符串。

【示例 2-27】使用 % 操作符格式化字符串，代码如下：

```
amount = 2400
print(' 应收账款金额是 %d 元 '%amount)
```

运行代码，结果如下：

```
应收账款金额是 2400 元
```

这里有两处用到了 % 符号。先是用在字符串中间，表示变量要放置的位置，然后在字符串后面又再次用到了 % 符号，表示接下来要在字符串中插入的变量，如图 2-8 所示。

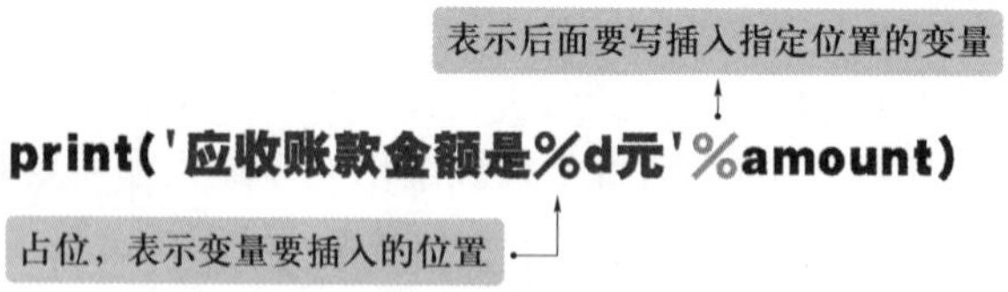

图 2-8　使用 % 操作符格式化字符串

%d 表示要插入的是整数变量。如果想插入字符串，可以用 %s。如果想插入浮点数，则要用 %f。除了这些，常见的字符串格式化如表 2-7 所示。

表 2-7　字符串格式化表

符号	描述
%d	格式化整数（常用）
%f	格式化浮点数字，可指定小数点后的精度（常用）
%s	格式化字符串（常用）
%u	格式化无符号整数
%e	用科学计数法格式化浮点数
%E	用科学计数法格式化浮点数

【示例 2-28】使用 % 操作符在字符串中插入单个变量，代码如下：

```
kemu = '库存现金'
print('%s 的余额是 4500 元。'%kemu)
```

运行代码，结果如下：

```
库存现金的余额是 4500 元。
```

前面的示例中，在字符串中插入了一个变量，如果要在字符串中插入多个变量，该如何操作？

【示例 2-29】使用 % 操作符在字符串中插入多个变量，代码如下：

```
year = 2021
item = '营业收入'
amount = 560
print('%d 年企业的 %s 是 %d 亿元。'%(year, item, amount))
```

运行代码，结果如下：

```
2021 年企业的营业收入是 560 亿元。
```

我们可以在 print( ) 语句中放入任意数量的格式化字符串，后面将要插入的变量放在小括号里，小括号里的变量按前面插入的顺序排列，如图 2-9 所示。

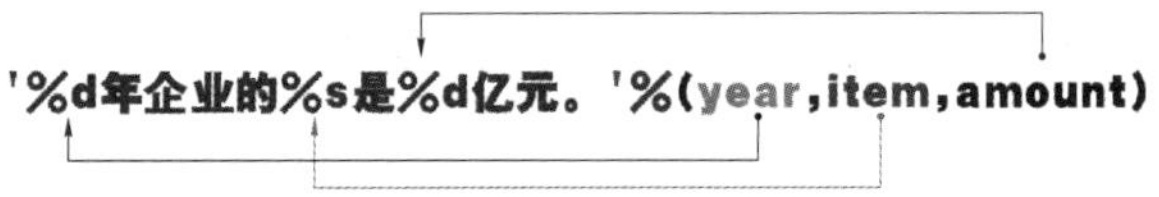
'%d年企业的%s是%d亿元。'%(year,item,amount)

图 2-9　使用 % 操作符在字符串中插入多个变量

（二）数字格式化

如果要输出小数，可以在格式化字符串中使用小写的 f。

【示例 2-30】使用 % 操作符在字符串中插入浮点数，代码如下：

```
rate = 0.0345
print('第二季度短期借款利息率是 %f' %rate)
```

运行代码，结果如下：

```
第二季度短期借款利息率是 0.034500
```

通过上面的运行结果发现，输出的小数是 6 位数。这是因为如果只用 %f，默认结果是 6 位小数，如果要精确小数位数，需要在 f 前面加上 .n，这里的 n 可以是任意整数，Python 会把这个整数保留为指定的小数位数。如图 2-10 所示，.2f 即保留两位小数。

图 2-10　使用 % 操作符在字符串中插入两位小数的浮点数

【示例 2-31】使用 % 操作符在字符串中插入两位小数的浮点数，代码如下：

```
rate = 0.0345
print(' 第二季度短期借款利息率是 %.2f'%rate)
```

运行代码，结果如下：

```
第二季度短期借款利息率是 0.03
```

可以看到，【示例 2-31】的代码把数字 0.0345 保留到小数点后两位，即 0.03。

在财务中，会计算很多指标，各种指标一般都是以百分号“%”来表示。在 Python 中，既然百分号对格式化字符串来说是特殊的符号，那么如何显示出这个符号呢？如果想在输出格式化字符串时输出百分号，那么就需要输入两个百分号。

【示例 2-32】格式化字符串同时显示百分号，代码如下：

```
rate = 34.5
print(' 公司第一季度应收账款周转率是 %.2f%%' %rate)
```

运行代码，结果如下：

```
公司第一季度应收账款周转率是 34.50%
```

【示例 2-32】中第一个百分号 % 表示格式化字符串。两个百分号合在一起就表示要输出一个百分号，引号外面的百分号 % 表示要将后面的变量输出。

三、数据类型转换

有时候，为了将不同数据类型的数据拼接在一起，我们需要将数据从一种类型转换为另一种类型，这个过程称为数据类型转换。数据类型的转换需要指定的函数，它们可以将数据从一种类型转换为另一种类型。表 2-8 为常用的数据类型转换函数。

表 2-8　数据类型转换函数

函数名	作用	注意事项	举例
str()	将其他数据类型转换成字符串	也可用引号“”转换	str(12) “12”
int()	将其他数据类型转换成整数	① 文字类和小数类字符串无法转换成整数 ② 浮点数转化成整数时，抹零取整	int('12') int(1.8)

续表

函数名	作用	注意事项	举例
float( )	将其他数据类型转换成浮点数	① 文字类字符串无法转换成浮点数 ② 整数转换成浮点数时，末尾为 .0	float('1.9') float(10)

【示例 2-33】将整数和浮点数转换成字符串，代码如下：

```
a = 23
b = 56.34
print(str(a), str(b))
print(type(str(a)), type(str(b)))
```

运行代码，结果如下：

```
23 56.34
<class'str'> <class'str'>
```

用 type( ) 函数查看转换后的结果，均为字符串。

【示例 2-34】将字符串和浮点数转换成整数，代码如下：

```
a = '23'
b = 56.34
print(int(a), int(b))
print(type(int(a)), type(int(b)))
```

运行代码，结果如下：

```
23 56
<class'int'> <class'int'>
```

可以将整数类的字符串和浮点数转换成整数。其中，浮点数转换成整数时会截取掉小数，只保留整数。

【示例 2-35】将字符串和整数转换成浮点数，代码如下：

```
a = '23'
b = 56
print(float(a), float(b))
print(type(float(a)), type(float(b)))
```

运行代码，结果如下：

```
23.0  56.0
<class'float'> <class'float'>
```

四、运算符的优先级

所谓运算符的优先级，是指在应用中哪一个运算符先计算，哪一个运算符后计算，与数学的四则运算应遵循的“先乘除，后加减”是一个道理。Python 中运算符的运算规则是：优先级高的运算先执行，优先级低的运算后执行，同一优先级的操作按照从左到右的顺序进行。表 2-9 按从高到低的顺序列出了常用运算符的优先级。

表 2-9　运算符优先级

类型	说明	优先级
**	幂	高
*、/、%、//	算术运算符	
+、-	算术运算符	
<、<=、>、>=、!=、==	比较运算符	
=、+=、-=、*=、/=、%=、//=、**=	赋值运算符	
not and or	逻辑运算符	低

如果希望改变默认的运算顺序，即先完成某个运算，也可以像四则运算那样使用小括号，括号内的运算最先执行，也可以利用括号使得表达式更加易读。表 2-9 按从高到低的顺序列出了运算符的优先级。同一行中的运算符具有相同优先级，此时它们的结合方向决定求值顺序。

【示例 2-36】使用小括号改变运算优先级，代码如下：

```
#计算固定资产折旧
amount1 = 10000    #原值
rate = 0.05    #残值率
year = 10    #使用年限
amount2 = amount1*(1-rate)/year    #折旧
print('固定资产折旧是：', amount2)
```

运行代码，结果如下：

```
固定资产折旧是：950.0
```

通过小括号，让程序先计算小括号里面的内容，然后按照运算符默认顺序计算。

【任务实施】

在 Jupyter Notebook 中编写程序，实现 A 企业净利润的计算。净利润的计算公式如下：

净利润 = 营业利润 + 营业外收入 − 营业外支出 − 所得税

所得税 = 利润总额 * 企业所得税税率

本任务将通过变量来完成净利润的计算，帮助读者尽快熟悉 Python 编程。

步骤 1：通过输入函数从用户处获取数据，将数据赋值给变量，输入如下代码：

```
#设置输入函数和提示语，定义变量，保存用户输入数据
yl = input('请输入营业利润：')  #营业利润
```

步骤 2：转换数据类型，以变量代替数据进行净利润的计算，将计算结果赋值给变量，输入如下代码：

```
#将变量 yl 转换为整数类型，计算净利润
jl = float(yl)−float(yl)*0.25   #净利润
```

代码解析：步骤 1 中将 input( ) 函数接收的值赋值给了变量 yl，input( ) 函数会将接收的值自动转换为字符串类型，变量 yl 值的数据类型就是字符串。步骤 2 中要进行减法运算，字符串类型无法进行算术运算，所以需要将变量 yl 的值转换为浮点类型才可以进行后续运算。

步骤 3：格式化输出计算结果，输入如下代码：

```
''' 使用 % 符号进行格式化，因为净利润的计算结果是小数，所以格式化加入.2f,
保留两位小数 '''
print('A 企业的净利润为 %.2f 元 '%jl)
```

运行代码，结果如下：

```
A 企业的净利润为 17957879.70 元
```

注 意

在编写代码的时候以下三点要特别关注。

（1）数据类型转换。运用 input() 函数获取的数据是字符串类型，如果要进行数据运算，需要将字符串转换为数字类型。

（2）含百分号数据计算。在进行数据运算时如果有百分号，例如本任务中所得税税率为 25%，在计算的时候需要编辑成 0.25 才可以进行计算。

（3）数字格式化。格式化字符串中，如果要格式化的变量是浮点数，需要在符号 % 后面加 f，表示格式化的是浮点数。

【拓展提升】

一、format( ) 格式化输出

除了使用 % 操作格式化字符串，字符串对象还提供了 format( ) 方法用于进行字符串格式化，其语法格式如下：

```
str.format(args)
```

其中，str 用于指定字符串的显示样式（即模板）；args 用于指定要转换的项，如果有多项，则用逗号进行分隔。

【示例 2-37】format 格式化输出，代码如下：

```
country, population = ' 中国 ', 14
print('{} 的总人口为 {} 亿人 (2022)'.format(country, population))
```

运行代码，结果如下：

```
中国的总人口为 14 亿人 (2022 年 )
```

通过索引的方式去匹配参数，这里需要注意的是，索引从 0 开始。

【示例 2-38】通过索引格式化输出，代码如下：

```
s = "{0}is a{1}".format('Tom', 'Boy')
print(s)
```

运行代码，结果如下：

```
Tom is a Boy
```

【示例 2-39】通过参数名来匹配参数。代码如下：

```
s = "{name}is a{sex}".format(name = 'Tom', sex = 'Boy')
print(s)
```

运行代码，结果如下：

```
Tom is a Boy
```

二、f-string 格式化字符串

Python3.6 引入了一种新的字符串格式化方式：f-string 格式化字符串。从 %s 格式化到 format 格式化再到 f-string 格式化，格式化的方式越来越直观，f-string 的效率也较前两个高，使用起来更简单。

同时值得注意的是，f-string 就是在 format( ) 格式化的基础之上做了一些变动，核心使用思想和 format( ) 一样，因此大家可以学习完 %s 和 format( ) 格式化，再来学习 f-string 格式化。

一般地，f-string 用大括号 {} 表示被替换字段，其中直接填入替换内容即可。

【示例 2-40】f-string 格式化字符串，代码如下：

```
name = 'Huang Wei'
a = f'Hello, my name is{name}'
print(a)
```

运行代码，结果如下：

```
'Hello, my name is Huang Wei'
```

技能实训 >>>

一、单选题

1. 以下有效的变量名是（　　）。

A. 1_score　　B. “banana”

C. Number　　D. my-score

2. 执行如下代码后的输出结果是（　　）。

```
account = ' 现金 '
print(' 输出科目名称 ', account)
```

A. 输出科目名称现金　　B. 输出科目名称“现金”

C. 输出科目名称 现金　　D. 输出科目名称，现金

3. 幂运算的运算符为（　　）。

A. *　　B. ++

C. %　　D. **

4. x = input()，如果此时用户输入数字 100，x 的数据类型是（　　）。

A. 整型　　B. 浮点型

C. 字符串　　D. 空值

5. Python 表达式中，可以使用（　　）符号来控制计算有限顺序。

A. [ ]　　B. { }

C. ()　　D. < >

二、实训题

1. 创建一个变量，并赋给它一个数值（任何数值都可以），然后使用 print() 函数输出这个变量。

2. 编写一个程序，先询问收入，再询问支出，然后计算输出结余。

3. 编写一个程序，帮用户统计零钱总值。程序要问下面的问题：

“有多少张 1 元？”

“有多少张 10 元？”

“有多少张 20 元？”

让程序给出这些零钱的总值。

项目三

应收账款计算——数据结构应用

在数学里，序列也称为数列，是指按照一定顺序排列的一列数，而在程序设计中，序列是一种常用的数据存储方式，几乎每种程序设计语言都提供了类似的数据结构，如 C 语言或 Java 中的数组等。在 Python 中，序列是最基本的数据结构。它是一块用于存放多个值的连续内存空间。Python 中内置了 5 个常用的序列结构，分别是列表、字典、集合、元组和字符串。本项目将对列表和字典这两个序列结构进行详细介绍。

学习目标 >>>

知识目标

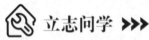

1. 理解列表和字典的定义
2. 掌握对列表和字典操作的相关方法

技能目标

1. 能运用列表存储数据并对数据进行相关操作
2. 能运用字典存储数据并对数据进行相关操作

素养目标

1. 通过操作列表和字典，提高学生对基础数据存储结构的理解和应用能力
2. 培养学生具备灵活应用数据加工处理方法的基本素养

立志问学 >>>

万丈高楼平地起

常言道：“万丈高楼平地起。”意思就是万丈高楼都是从最下层的地基开始建起的，一座大厦的高度不是由其中间或者高层决定的，而是由其最底层决定的。这就突出了地基的决定作用。

数据结构是构建程序的基础。精心选择的数据结构可以带来更高的运行或者存储效率。无论编程人员的技术水平或经验如何，掌握好基本功才能有更好的发展。重视基础不仅体现在练好专业基本功、学好基础知识上，也体现在踏实的工作、学习作风上。要想真正做好一件事，就要从基础着手，过硬的实力需要扎实的基础和踏实的学习、工作作风。扎扎实实从基础着手，练就一身过硬的本领，稳步推进向前，待时机到来，定会脱颖而出。

思维导图 >>>

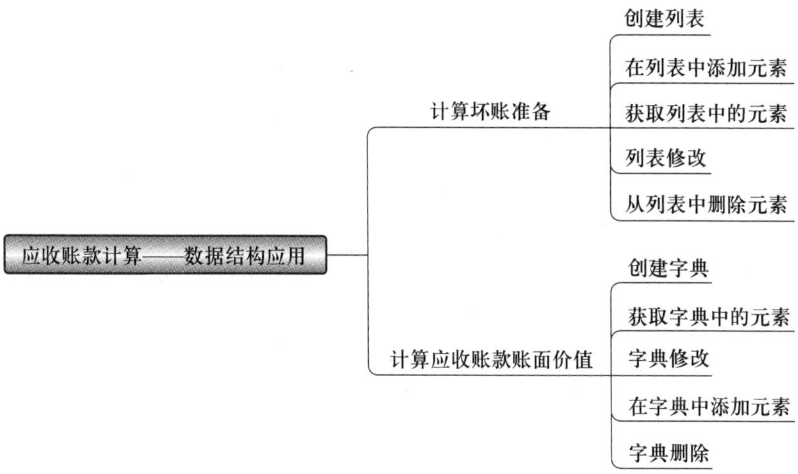

任务一　计算坏账准备

【任务描述】

我们已经看到 Python 可以在变量中存储一些信息，比如字符串和数字。Python 也可以帮助我们把很多元素存储在一起，放在某个“组”或者“集合”中，Python 提供了容器类型的变量来存储大量的数据。本任务将围绕 A 企业客户账龄分析和坏账计提比例数据，使用 Python 数据结构中的列表来存储这些数据，并基于列表编程实现 A 企业本年度坏账准备的计提。通过本任务的学习掌握运用 Python 列表编写程序的能力。

A 企业定期于每年年终，对应收账款进行全面检查，预计各项应收账款可能发生的坏账准备，对预计不能收回的应收账款，计提坏账准备。A 企业本年度客户账龄分析表和坏账计提比例如表 3-1、表 3-2 所示。

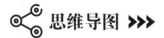

表 3-1　A 企业客户账龄分析表

单位：元

客户编号	客户简称	期末余额	账期			
			<3 个月	3 个月 - 6 个月	6 个月 - 1 年	1 年 - 2 年
10006	东海商贸	32 000	32 000			
10021	厦门万象	60 000			60 000	
11232	中南商贸	25 000				25 000

表 3-2　A 企业坏账计提比例

账期	<3 个月	3 个月 - 6 个月	6 个月 - 1 年	1 年 - 2 年	2 年以上
计提比例	5%	10%	30%	50%	100%

【任务分析】

企业的各项应收款项，可能会因购货人拒付、破产、死亡等原因而无法收回。这类无法收回的应收款项就是坏账。企业因坏账而遭受的损失为坏账损失或减值损失。企业应当在资产负债表日对应收款项的账面价值进行评估，应收款项发生减值的，计提坏账准备。

A 企业定期于每年年度终了，对应收账款进行全面检查，预计各项应收账款可能发生的坏账准备，对预计不能收回的应收账款，计提坏账准备。A 企业根据应收账款账龄的长短估计坏账损失，应收账款的账龄越长，发生坏账的可能性越大。为此，A 企业将应收账款按账龄长短进行分组，分别确定不同的计提百分比估算坏账损失，使坏账损失的计算结果更符合客观情况。当期应收账款坏账准备金额计算公式如下：

当期应收账款坏账准备金额 = 应收账款期末余额 × 坏账计提比例

本任务中，我们要计算当期应收账款坏账准备金额，需要分别按照客户获取对应的应收账款期末余额和坏账计提比例数据。因存在三个客户的应收账款期末余额和坏账计提比例数据，所以要把它们分别存储在列表中，然后运用两个列表进行计算，最终得到三个客户的坏账准备金额。

【知识准备】

一、创建列表

和现实中列表的字面意思类似，在 Python 中，列表（list）是一种有序的存储结构，它可以存放任意类型的元素，包括数字、字符串、对象，甚至是其他列表。如图 3-1 所示，列表使用中括号 [ ] 来表示从哪里开始，到哪里结束，元素之间用逗号分隔。

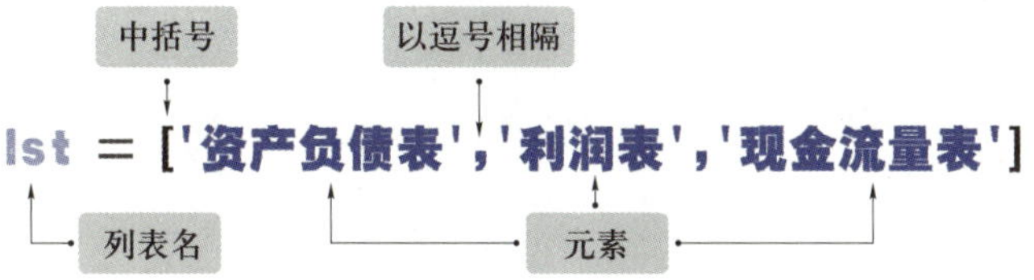

图 3-1　创建列表

【示例 3-1】创建列表，代码如下：

```
lst =['资产负债表','利润表','现金流量表']
print(lst)
```

运行代码，结果如下：

```
['资产负债表','利润表','现金流量表']
```

【示例 3-1】中，列表名是“lst”，元素是“资产负债表”“利润表”和“现金流量表”。元素用中括号 [ ] 括起来，元素间使用逗号分隔。

列表中的元素不只是字符串，也可以是整数、浮点数和列表等，即列表可以容纳 Python 中的任何对象，如图 3-2 所示。

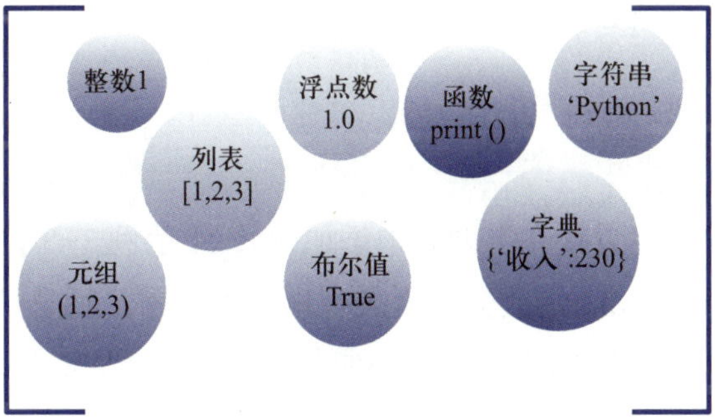

图 3-2　列表可容纳的元素

二、在列表中添加元素

列表中的元素是可变的，这就意味着可以在列表中添加、删除和修改元素。我们可以在创建好的列表中添加元素，可通过 append( ) 函数、extend( ) 函数和 insert( ) 函数实现。

（一）添加单个元素

要在列表中添加单个元素，就要使用 append() 函数。可以在空列表中加入元素。

【示例 3-2】在空列表中添加单个元素，代码如下：

```
list1 =[ ]
list1.append(' 财务分析 ')
print(list1)
```

运行代码，结果如下：

```
[' 财务分析 ']
```

使用 append() 函数添加元素如图 3-3 所示。

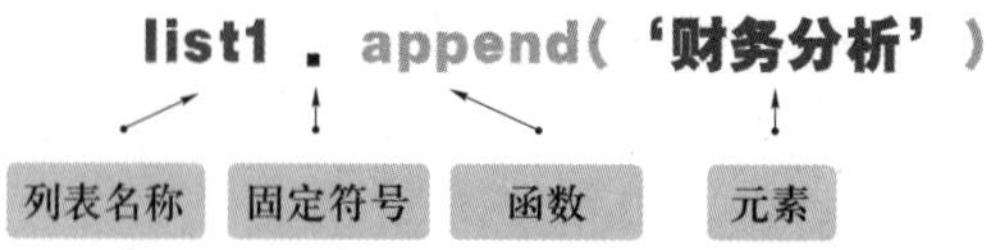

图 3-3　使用 append() 函数添加元素

【示例 3-2】使用 append() 函数在空列表中加入了元素，此外，还可以直接在 list1 中再加入一个元素。

【示例 3-3】在列表中添加元素，代码如下：

```
list1.append(' 业务分析 ')
print(list1)
```

运行代码，结果如下：

```
[' 财务分析 ',' 业务分析 ']
```

【示例 3-2】中，是直接在空列表中添加元素，【示例 3-3】中，是在已有元素的列表添加元素。append() 函数会在列表末尾添加元素，且只可以添加一个元素。所以，在列表中添加元素之前，必须先创建列表，可以是空列表，也可以是非空列表。

（二）添加多个元素

有时候，我们想要在列表中添加多个元素，这时就会用到 extend() 函数。

【示例 3-4】在列表中添加多个元素，代码如下：

```
list2 =[' 流动比率 ']
list2.extend([' 速动比率 ',' 现金比率 '])
print(list2)
```

运行代码，结果如下：

```
['流动比率','速动比率','现金比率']
```

【示例 3-4】中，将多个元素添加到了列表 list2 的末尾，extend( ) 的小括号中的多个元素需要放在一个列表中，由于列表有一个中括号，所以 extend( ) 可以同时有小括号和中括号，如图 3-4 所示。

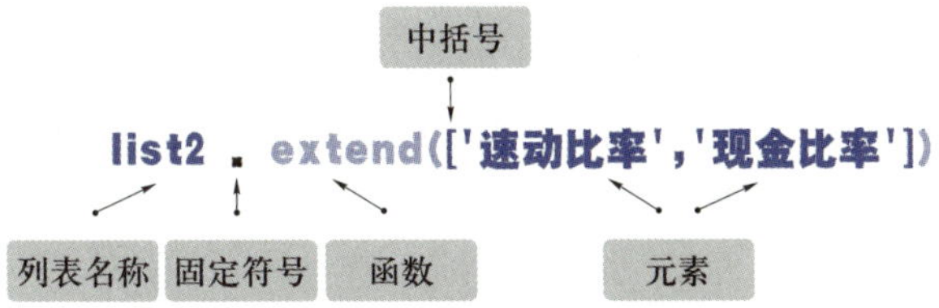

图 3-4　使用 extend( ) 函数添加元素

（三）在列表中插入元素

前面我们提到的是在列表中添加元素，如果想要在列表中间插入元素，那就需要使用 insert( ) 函数插入元素，如图 3-5 所示。

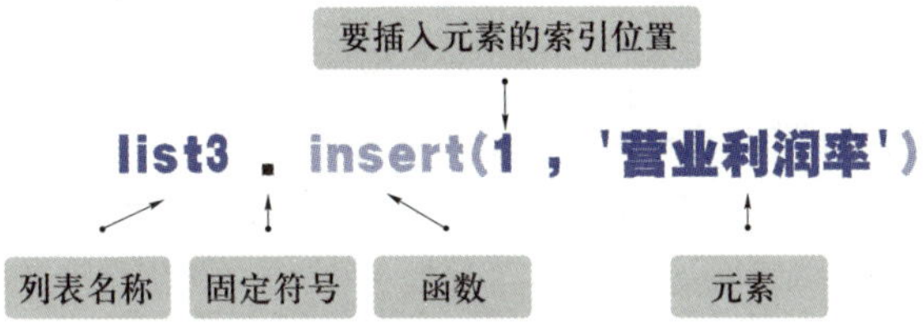

图 3-5　使用 insert( ) 函数插入元素

【示例 3-5】在列表中插入元素，代码如下：

```
list3 =['毛利率','营业净利率','成本费用利润率']
list3.insert(1,'营业利润率')
print(list3)
```

运行代码，结果如下：

```
['毛利率','营业利润率','营业净利率','成本费用利润率']
```

在上面的代码中，insert( ) 函数中的 1 代表要插入的位置，我们要将“营业利润率”插入到索引为 1 的位置。列表索引的内容在后面详细讲解，这里先简单了解。同字符串索引一样，列表索引也是从 0 开始的，“毛利率”的索引是 0，“营业净利率”索引为 1，我们将“营业利润率”插入到索引为 1 的位置，即插入到原来“营业净利率”的位置，原先位于第 2 个位置的“营业净利率”会向后挪一个位置，也就是挪到第 3 个位置。

三、获取列表中的元素

列表中的每一个元素都对应着一个位置，可以按元素的索引值从列表中获取、修改、截取或删除列表中的元素。列表的索引方式和字符串的一样，即有正向索引和反向索引之分。例如，如果用 i 来表示索引编号，正向索引时，i 自左向右，编号从 0 开始，列表名 [i] 就表示访问列表中的第 $i+1$ 个位置的元素；反向索引时，i 自右向左，编号从 −1 开始。如图 3−6 所示，list4[1] 和 list4[−3] 都表示访问列表 list4 中的第 2 个元素“每股净资产”。

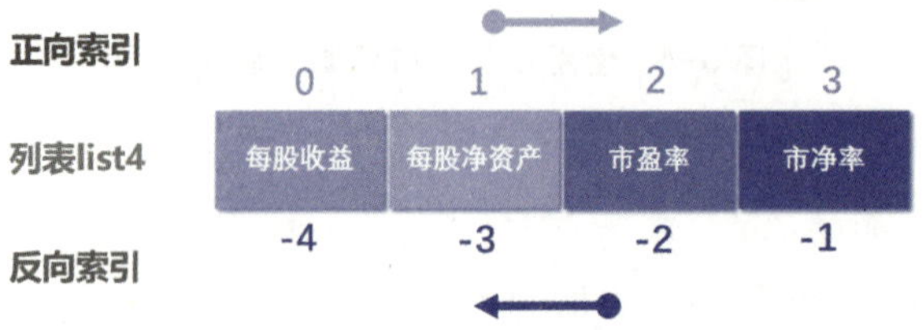

图 3−6 列表元素及其索引

【示例 3−6】使用索引获取列表中的单个元素，代码如下：

```
list4 =['每股收益','每股净资产','市盈率','市净率']
print(list4[0])
print(list4[3])
```

运行代码，结果如下：

```
每股收益
市净率
```

【示例 3−6】展示了获取列表中的单个元素的代码，当我们要同时获取列表中的多个元素时，需要使用列表切片。

【示例 3−7】切片获取列表中的多个元素，代码如下：

```
list4 =['每股收益','每股净资产','市盈率','市净率']
print(list4[1:3])
```

运行代码，结果如下：

```
['每股净资产','市盈率']
```

列表切片与字符串切片的操作相同，在【示例 3−7】中，从开始索引为 1，结束索引为 3，默认步长为 1，截取到的元素是索引 1 到 2 的元素，结束索引的元素截取不到，如图 3−7 所示。

我们可以采用一些简写形式来使用切片，如果想要的切片包括列表的第一个元素，那么简写方式就是使用冒号，然后是结束索引。

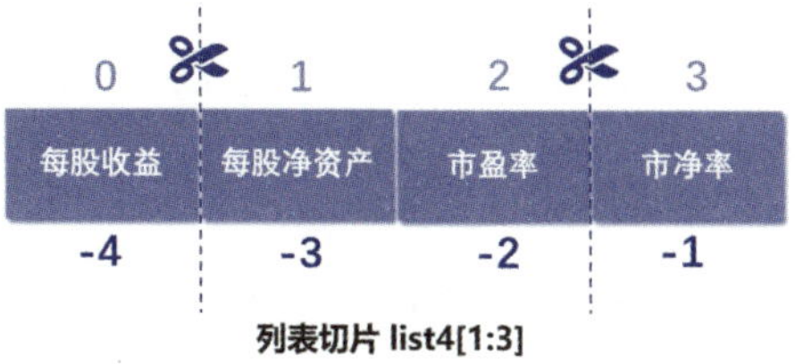

图 3-7　切取列表 list4 中索引 1 到 2 的元素

【示例 3-8】从第一个元素开始切片的简单写法，代码如下：

```
list4 =[' 每股收益 ',' 每股净资产 ',' 市盈率 ',' 市净率 ']
print(list4[:3])
```

运行代码，结果如下：

```
[' 每股收益 ',' 每股净资产 ',' 市盈率 ']
```

冒号前面没有数字，表示获取原列表第一个元素与结束索引之间（不含结束索引）的所有元素。

如果切片包括列表的最后一个元素，那么可以用类似的写法，简写方式就是开始索引和冒号。

【示例 3-9】切片包括最后一个元素的简单写法，代码如下：

```
list4 =[' 每股收益 ',' 每股净资产 ',' 市盈率 ',' 市净率 ']
print(list4[1:])
```

运行代码，结果如下：

```
[' 每股净资产 ',' 市盈率 ',' 市净率 ']
```

在冒号前面添加数字，就可以获取从指定索引到列表末尾的所有元素。如果中括号里面只有冒号而没有数字，那么就可以获取整个列表。

注 意

用于获取元素的索引不能超出列表的索引范围。

四、列表修改

使用索引可以获取列表元素，也可以使用索引修改列表中的某个元素。

【示例 3-10】使用索引修改列表单个元素，代码如下：

```
list5 =[' 应收账款周转率 ',' 存货周转率 ',' 流动资产周转率 ',' 总资产周转率 ']
list5[3] =' 固定资产周转率 '
print(list5)
```

运行代码，结果如下：

```
['应收账款周转率','存货周转率','流动资产周转率','固定资产周转率']
```

【示例 3-10】中，将索引 3 对应的元素由“总资产周转率”修改成了“固定资产周转率”，如图 3-8 所示。

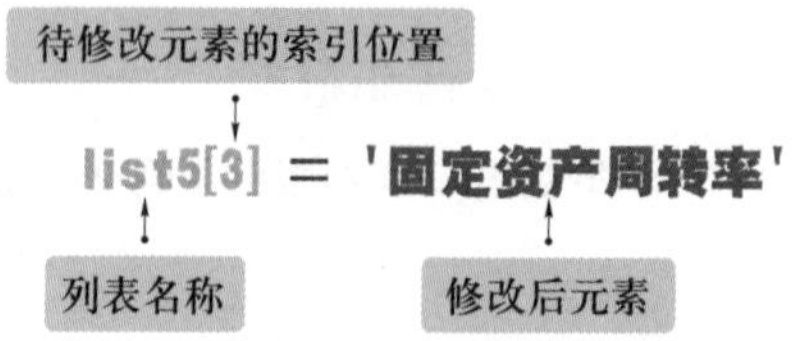

图 3-8　修改列表 list5 中索引为 3 的元素

我们可以通过索引对单个元素进行修改，同样的，也可以通过切片索引对多个元素进行修改。

【示例 3-11】使用索引修改列表多个元素，代码如下：

```
list5 =['应收账款周转率','存货周转率','流动资产周转率','总资产周转率']
list5[1:3]=['销售增长率','净利润增长率']
print(list5)
```

运行代码，结果如下：

```
['应收账款周转率','销售增长率','净利润增长率','总资产周转率']
```

五、从列表中删除元素

前面列表中的元素可以进行修改，那么也可以进行删除，可用于删除列表的函数有：remove()、del 和 pop()。

（一）用 remove() 函数删除元素

当我们明确知道列表中存在某个元素，并且要将其删除时，可以使用 remove() 函数，如图 3-9 所示。

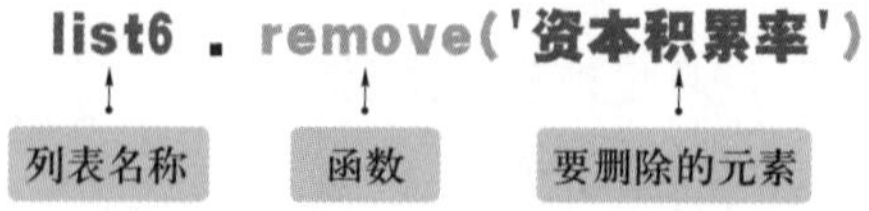

图 3-9　使用 remove() 函数直接删除元素

【示例 3-12】使用 remove() 函数删除列表中的元素，代码如下：

```
list6 =['销售增长率','净利润增长率','总资产增长率','资本积累率']
list6.remove('资本积累率')
print(list6)
```

运行代码，结果如下：

```
['销售增长率','净利润增长率','总资产增长率']
```

我们不需要知道这个元素在列表中的具体位置，只需确定列表中存在该元素即可。如果列表中没有这个元素，就会报错。

（二）用 del 语句删除元素

键盘上的 del 键是删除的意思，列表的删除同样可以用 del 语句进行操作，del 是利用索引从列表中删除元素，如图 3-10 所示。

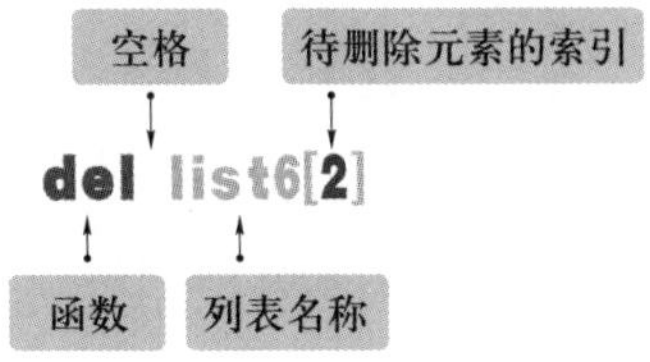

图 3-10　使用 del 语句按索引删除元素

【示例 3-13】使用 del 语句按索引删除元素，代码如下：

```
list6 =['销售增长率','净利润增长率','总资产增长率','资本积累率']
del list6[2]
print(list6)
```

运行代码，结果如下：

```
['销售增长率','净利润增长率','资本积累率']
```

这里删除了第 3 个元素（索引为 2），也就是元素“总资产增长率”。

（三）用 pop() 函数删除元素

pop() 函数可以删除列表中的最后一个元素，也可以获取这个元素。

【示例 3-14】使用 pop() 函数删除列表末尾元素，代码如下：

```
list6 =['销售增长率','净利润增长率','总资产增长率','资本积累率']
lst = list6.pop()
print(list6)
print(lst)
```

运行代码，结果如下：

```
['销售增长率','净利润增长率','总资产增长率']
资本积累率
```

【示例 3-14】中，运用 pop() 函数删除了列表的最后一个元素，同时，将要删除的这个元素赋值给变量 lst，就获取到要删除的这个元素。当 pop() 的括号中没有传入任何参数时，它会默认返回最后一个元素，同时从列表中删除这个元素。如果要删除指定位置的元素，可以在 pop() 的括号中传入一个数字，它就会返回这个索引位置上的元素，同时从列表中删除该元素。

【示例 3-15】使用 pop() 函数删除指定位置元素，代码如下：

```
list6 =['销售增长率','净利润增长率','总资产增长率','资本积累率']
lst = list6.pop(2)
print(list6)
print(lst)
```

运行代码，结果如下：

```
['销售增长率','净利润增长率','资本积累率']
总资产增长率
```

以上是在列表中删除元素的三种方法，在使用中要区分三种方法的作用。remove() 函数是用来指定删除某个元素，del 语句是指定删除某个索引位置的元素，pop() 函数默认删除列表最后一个元素，也可以删除指定索引位置的元素并返回该元素。

【任务实施】

使用列表来实现 A 企业本期应收账款坏账准备的计算。

步骤 1：创建列表。创建一个列表，将三个客户的应收账款余额数据放到该列表中，输出该列表，代码如下：

```
# 创建列表，存储三个客户的应收账款余额
ys =[32000, 60000, 25000]   # 三个客户的应收账款余额
print(ys)   # 输出列表
```

运行代码，结果如下：

```
[32000, 60000, 25000]
```

步骤 2：存储坏账计提比例数据。先定义一个空列表，然后使用列表的 extend() 方法将坏账计提比例的多个数据添加到空列表中，最后输出该列表。代码如下：

```
# 创建空列表，存储坏账准备计提比例数据
bl =[ ]   # 创建空列表
bl.extend([0.05, 0.1, 0.3, 0.5, 1])   # 添加多个数据
print(bl)   # 输出列表
```

运行代码，结果如下：

```
[0.05, 0.1, 0.3, 0.5, 1]
```

代码解析：给空列表添加多个元素需要运用 extend() 函数，多个元素需要存储在列表中，元素之间用逗号隔开。

步骤 3：计算坏账准备金额。先定义一个空列表，然后从列表 ys 中获取客户东

海商贸的期末余额，从列表 bl 中获取东海商贸账期对应的计提比例，最后将两个数据相乘得到坏账准备金额，通过 append() 函数添加到空列表中，输出列表。其他两个客户的操作相同。代码如下：

```
# 创建空列表，存储坏账准备金额数据
hz =[]  # 创建空列表
# 对列表 ys 和 bl 分别获取对应索引的数据，然后相乘，得到的结果添加到空列表 hz 中
hz.append(ys[0]*bl[0])  # 添加客户东海商贸的数据
hz.append(ys[1]*bl[2])  # 添加客户厦门万象的数据
hz.append(ys[2]*bl[3])  # 添加客户中南商贸的数据
print('坏账准备金额为:', hz)  # 输出列表
```

运行代码，结果如下：

```
坏账准备金额为：[1600.0, 18000.0, 12500.0]
```

代码解析：代码“ys[0]”的意思是从列表 ys 中获取索引 0 对应的值，即 32000，是客户东海商贸的应收账款。代码“bl[0]”的意思是从列表 bl 中获取索引 0 对应的值，即 0.05，是客户东海商贸的坏账计提比例。将两个值相乘，对得到的结果运用 append() 函数，添加到空列表 hz 中。其他客户的代码操作同理。

【拓展提升】

一、使用 list() 函数创建列表

通过列表的定义我们了解到，可以使用中括号 [ ] 创建列表。我们还可以使用内置函数 list() 创建列表。

【示例 3-16】使用内置函数 list() 创建列表，代码如下：

```
lst = list(['资产负债表','利润表','现金流量表'])
print(lst)
```

运行代码，结果如下：

```
['资产负债表','利润表','现金流量表']
```

用内置函数创建列表，需要将列表的元素及中括号放入函数内，然后将整个函数赋值给变量。前面的任务提到，我们可以赋予变量不同类型的值，既可以是数字和字符串，也可以用这里的列表赋值变量。

与创建其他类型的变量一样，可以将一个列表赋值给变量 lst，也可以创建一个空的列表，如下所示。

【示例 3-17】使用内置函数 list() 创建空列表，代码如下：

```
list1 =list([])
```

```
print(list1)
```

运行代码，结果如下：

```
[ ]
```

二、列表内置函数

前面的内容详细介绍了列表的各种操作方法，除此之外，列表的其他常用内置函数如表 3-3 所示。

表 3-3　列表常用内置函数表

方法	描述
len(list)	列表元素个数
max(list)	获取列表中最大值
min(list)	获取列表中最小值
list.count(obj)	统计某个元素在列表中出现的次数
list.index(obj)	从列表中找出某个值第一个匹配项的索引位置
list.reverse( )	反转列表
list.clear( )	列表清空
list.copy( )	列表复制

以上这些列表函数方法在日常使用中比较常见，从单词的字面意思就能理解该语句的用法。

三、元组

在 Python 中，元组和列表一样，也是一种数据存储器，可以存放任何类型的数据。两者不同之处在于，元组被定义后，里面的元素是不能被更改的。元组和列表类似，用英文逗号将各项元素隔开，区别是元组使用小括号定义，如图 3-11 所示。

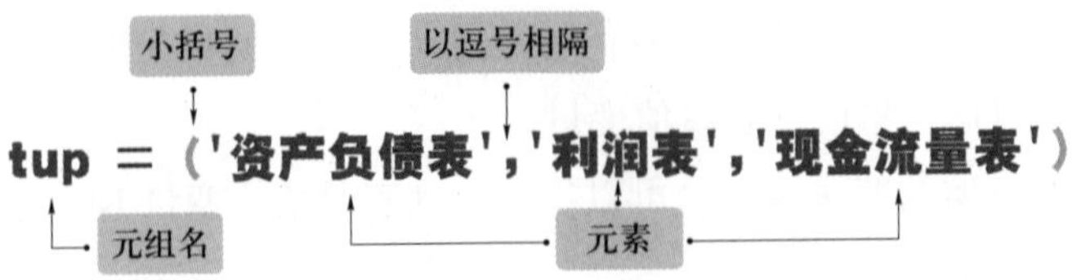

图 3-11　元组语法格式

任务二　计算应收账款账面价值

【任务描述】

在前面的任务中，我们学习了将一组数据存放在列表，这些数据在列表中是单独存在的。有时候，需要成对地去保存一些数据，比如“姓名：张三”这样的数据，这时候就需要用到字典。本任务围绕表 3–4 中 A 企业客户的应收账款数据及坏账准备数据，使用 Python 字典来计算 A 企业客户的应收账款账面价值。通过本任务的学习掌握运用 Python 字典编写程序的能力。

表 3–4　A 企业客户应收账款及坏账信息表

单元：元

客户编号	客户简称	期末余额	坏账准备	账面价值
10006	东海商贸	32 000	1 600	
10021	厦门万象	60 000	18 000	
11232	中南商贸	25 000	12 500	

【任务分析】

企业因坏账而遭受的损失为坏账损失或减值损失。企业应当在资产负债表日对应收账款的账面价值进行评估，应收账款发生减值的，计提坏账准备。账面余额减去计提的坏账准备，得到应收账款账面价值。计算公式如下：

应收账款账面价值 = 应收账款账面余额 – 计提坏账准备金额

任务一运用账龄分析法对 A 企业的三个客户计算了坏账准备，本任务中将计算三个客户本期期末应收账款的账面价值。要计算当期应收账款账面价值，需要分别按照客户获取对应的应收账款期末余额和坏账准备金额。我们将客户名称与其应收账款期末余额一一对应存储在字典中，将客户名称与其坏账准备金额一一对应存储在字典中，然后运用两个字典进行计算，最终得到三个客户的应收账款账面价值。

【知识准备】

一、创建字典

现实生活中字典是一种工具书，书中有次序、索引，我们可以按需去查找内容。Python 中的字典（dict）和列表一样，也是用来存储一系列数据的，不同的是字典用于存放具有对应关系的数据。

字典的每一项数据都由键（key）和值（value）一一对应的两部分组成。如图 3–12 所示，字典的每对数据项的键与对应的值之间用冒号“：”分隔，而每对数据项之间用逗号“,”分隔，整个字典包含在大括号“{ }”中。

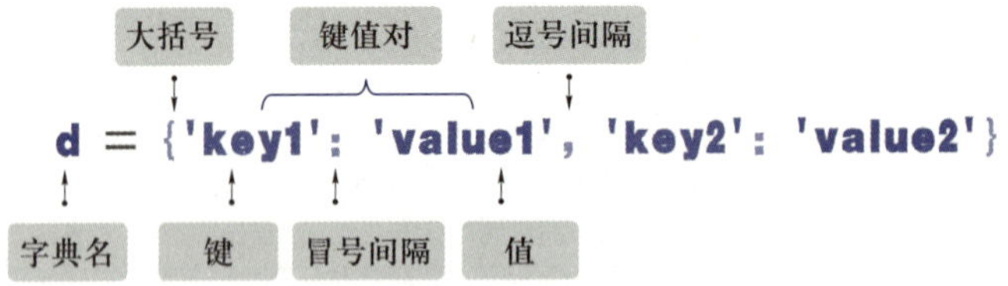

图 3–12　创建字典

【示例 3–18】创建字典，代码如下：

```
price = {' 格力电器 ':46.16, ' 中天科技 ':10.12, ' 民生银行 ':6.42}
print(price)
```

运行代码，结果如下：

```
{' 格力电器 ':46.16, ' 中天科技 ':10.12, ' 民生银行 ':6.42}
```

上述代码构造字典并赋值给变量 price，字典包含键值对 ' 格力电器 ':46.16、' 中天科技 ':10.12 和 ' 民生银行 ':6.42。字典的键包含格力电器、中天科技和民生银行，字典的值包含 46.16、10.12 和 6.42。

字典中的键和值一定是一一对应的，键具有唯一性，即同一个字典中的键不可重复。其值不受约束，值可以重复，可以是任意类型的对象，如字符串、数字。

二、获取字典中的元素

现实中查字典有多种方式，可以参照偏旁部首或者拼音。Python 中字典的访问方法同列表一样，访问字典中的值也要用中括号 [ ]。不同的是列表中的元素具有顺序性，访问是通过每项元素的索引，而字典的每一项都是无序的，访问则是通过键（key）。

【示例 3–19】访问字典中的单个值，代码如下：

```
dict2 = {'资产总额':18236, '负债总额':12744, '股东总额':5492}
print(dict2['负债总额'])
```

运行代码，结果如下：

```
12744
```

使用中括号访问字典中的值，需要将其对应的键放入中括号中。如果要使用方括号输出字典里的多个键对应的值，可以进行如下操作。

【示例 3-20】访问字典中的多个值，代码如下：

```
dict2 = {'资产总额':18236, '负债总额':12744, '股东总额':5492}
print(dict2['资产总额'], dict2['股东总额'])
```

运行代码，结果如下：

```
18236 5492
```

注 意

字典不具备索引功能，不能通过索引下标访问元素。同时，字典不支持切片操作，方括号内只能放一个键。

三、字典修改

虽然字典中的键不可变，不支持修改等操作，但是值可以任意更改。列表中可以根据索引修改元素，字典中通过键修改其对应的值。

【示例 3-21】修改字典中的值，代码如下：

```
dict3 = {'流动比率':0.95, '速动比率':0.8, '现金比率':0.46}
dict3['速动比率']= 0.78
print(dict3)
```

运行代码，结果如下：

```
{'流动比率':0.95, '速动比率':0.78, '现金比率':0.46}
```

【示例 3-21】中，我们将字典中速动比率的值从 0.8 修改为 0.78。不同于列表可以切片修改多个元素，只能对字典中单个值进行修改，不能进行多个值的同时修改。

四、在字典中添加元素

我们可以在列表中添加元素，同样的，也可以在字典中添加键值对（键不能重复）。与列表不同的是，字典并没有像列表一样可以添加单一元素的方法，但是可以通过【示例 3-22】这种方式进行添加。

【示例 3-22】在字典中添加键值对，代码如下：

```
dict3 = {'流动比率':0.95,'速动比率':0.8,'现金比率':0.46}
dict3['经营活动净现金比率'] = 0.21
print(dict3)
```

运行代码，结果如下：

```
{'流动比率':0.95,'速动比率':0.8,'现金比率':0.46,'经营活动净现金比率':0.21}
```

【示例 3-22】与字典修改中的示例是否很相似？不同的地方是我们给原来字典中不存在的键进行赋值，就默认将这个键值对添加到了字典中。

所以，使用“字典名［键］= 值”的形式给字典添加新元素。给字典中不存在的键赋值，就会在字典中新增元素，即新增一个键值对，给字典中存在的键赋值，就是修改此键对应的值。

注 意

新添加键值对中，键不能与原有的键重复。

五、字典删除

同列表一样，字典中的元素也可以删除，常用的方法有 pop()、del 和 clear()。

（一）用 pop() 删除元素

pop() 语句删除字典给定键 key 所对应的值，返回值为被删除的值。

【示例 3-23】用 pop() 语句删除字典元素，代码如下：

```
dict5 = {'资产负债率':0.6913,'产权比率':2.24,'利息偿付倍数':8.57,
        '有形净值债务率':2.63}
dict5.pop('资产负债率')
print(dict5)
```

运行代码，结果如下：

```
{'产权比率':2.24,'利息偿付倍数':8.57,'有形净值债务率':2.63}
```

注 意

如果使用 pop() 语句删除键不存在的值，则会报错。

（二）用 del 删除元素

使用 Python 内置的 del 语句方法也可以删除键值对。del 语句能删除单一的元素，也能清空字典。

【示例 3-24】用 del 语句删除字典元素，代码如下：

```
dict5 = {'资产负债率':0.6913,'产权比率':2.24,'利息偿付倍数':8.57,
```

```
        '有形净值债务率':2.63}
del dict5['产权比率']
print(dict5)
```

运行代码，结果如下：

```
{'资产负债率':0.6913,'利息偿付倍数':8.57,'有形净值债务率':2.63}
```

使用del语句，删除了'产权比率'：2.24这一键值对，如果要删除整个字典，则可以进行如下操作。

【示例3-25】用del语句删除字典，代码如下：

```
dict5 = {'资产负债率':0.6913,'产权比率':2.24,'利息偿付倍数':8.57,
        '有形净值债务率':2.63}
del dict5
print(dict5)
```

运行代码，结果如下：

```
NameError                    Traceback(most recent call last)
<ipython-input-44-06d3143a54fd> in <module>
     1 dict5 = {'资产负债率':0.6913,'产权比率':2.24,'利息偿付倍数':8.57,
            '有形净值债务率':2.63}
     2 del dict5
---> 3 print(dict5)
NameError:name'dict5'is not defined
```

我们使用del语句将字典删除了，所以当要输出字典的时候系统报错，提示我们字典没有被定义。

（三）用clear()删除元素

clear单词有清空的意思，使用字典内置的clear()语句可以清空字典，即删除字典中所有的元素。

【示例3-26】用clear()语句清空字典，代码如下：

```
dict5 = {'资产负债率':0.6913,'产权比率':2.24,'利息偿付倍数':8.57,
        '有形净值债务率':2.63}
dict5.clear()
print(dict5)
```

运行代码，结果如下：

```
{}
```

通过【示例3-26】可以看到，使用clear()语句，字典中的元素都被删除了，只留下一个空字典。

以上是在字典中删除元素的三种方法，要区分三种方法的不同使用场景。pop()语句用来删除字典给定键 key 所对应的值，并返回被删除的值。del 方法可以删除单一的元素，也能删除整个字典。clear() 方法可以清空字典，即删除字典中所有的元素。

【任务实施】

使用字典来实现 A 企业本期应收账款账面价值的计算。

步骤 1：本任务有三个客户的应收账款数据，将三个客户的应收账款数据按照客户名称与期末余额一一对应放到一个字典中。创建一个字典，将三个客户的应收账款数据放到该字典中，输出该字典，代码如下：

```
# 创建字典，存储三个客户的应收账款数据
dict1 ={'东海商贸':32000,'厦门万象':60000,'中南商贸':25000}
print(dict1)# 输出字典
```

运行代码，结果如下所示：

```
{'东海商贸':32000,'厦门万象':60000,'中南商贸':25000}
```

步骤 2：存储坏账准备金额。先创建一个空字典，然后依次将客户名称和坏账准备金额添加到空字典中，输出字典。代码如下：

```
# 创建字典，存储三个客户的坏账准备金额数据
dict2 = {}                # 创建空字典
dict2['东海商贸'] = 1600
dict2['厦门万象'] = 18000
dict2['中南商贸'] = 12500
print(dict2)
```

运行代码，结果如下：

```
{'东海商贸':1600,'厦门万象':18000,'中南商贸':12500}
```

步骤 3：计算应收账款账面价值。先创建一个空字典，然后从字典 dict1 中获取客户东海商贸的应收账款，从字典 dict2 中获取东海商贸坏账准备金额，最后将两个数据相减得到账面价值并添加到空字典中，输出字典。其他两个客户的操作相同。代码如下：

```
# 创建空字典，存储应收账款账面价值数据
ye = {}# 创建空字典
''' 对字典 dict1 和 dict2 分别获取对应客户的数据，然后相减，得到的结果添加到空字典 ye 中 '''
```

```
ye['东海商贸'] = dict1['东海商贸']-dict2['东海商贸'] # 添加客户东海商贸的数据
ye['厦门万象'] = dict1['厦门万象']-dict2['厦门万象']
ye['中南商贸'] = dict1['中南商贸']-dict2['中南商贸']
print('应收账款账面价值为 :', ye) # 输出字典
```

运行代码，结果如下：

```
应收账款账面价值为 :{'东海商贸':30400, '厦门万象':42000, '中南商贸':12500}
```

代码解析：代码“ye['东海商贸']= dict1['东海商贸']-dict2['东海商贸']”的意思是，通过键“东海商贸”，从字典 dict1 获取对应的值，通过键“东海商贸”，从字典 dict2 获取对应的值，然后将获取的两个值进行减法运算。减法运算的结果作为值，赋值给字典 ye 中的键“东海商贸”，ye 是空字典，所以相当于将键值对添加到空字典 ye 中。

【拓展提升】

一、使用 get( ) 函数访问字典的值

除了可以使用中括号访问字典的值，还可以使用 get( ) 函数。get( ) 函数的作用是通过键访问对应的值。其语法结构如图 3-13 所示。

图 3-13　使用 get( ) 函数访问字典的值

【示例 3-27】使用 get( ) 函数访问字典的值，代码如下：

```
dict2 = {'资产总额':18236, '负债总额':12744, '股东总额':5492}
print(dict2.get('资产总额'))
print(dict2.get('货币资金'))
```

运行代码，结果如下：

```
18236
None
```

从运行结果可以看到，返回了“资产总额”对应的值 18 236，因为字典里面没有“货币资金”，所以运行结果返回的是 None。

二、字典的内置函数

前面的内容中，我们学习了很多字典中常用的函数。其他几种字典常用的内置函数，如表 3-5 所示。

表 3-5 字典常用内置函数表

方法	描述
len(dict)	计算字典元素个数
str(dict)	输出字典，以可输出的字符串表示
type(variable)	返回输入的变量类型，如果变量是字典就返回字典类型
dict.copy( )	复制字典
max(dict.values( ))	获取字典里的最大值
min(dict.values( ))	获取字典里的最小值
dict.update(dict2)	把字典 dict2 的键 / 值对更新到 dict 里
dict.get(key, default = None)	返回指定键的值，如果键不在字典中，将返回 default 设置的默认值
dict.setdefault(key, default = None)	和 get( ) 类似，但如果键不存在于字典中，将会添加键并将值设为 default
pop(key[, default])	删除字典给定键 key 所对应的值，返回值为被删除的值。key 值必须给出。否则，返回 default 值
popitem( )	随机返回并删除字典中的最后一对键和值
dict.keys( )	返回字典中所有的键
dict.values( )	返回字典中所有的值

技能实训 >>>

一、单选题

1. Python 语句 print(type([1, 2, 3, 4])) 的运行结果是（　　）。

A. <class'tuple'>　　B. <class'dict'>

C. <class'set'>　　D. <class'list'>

2. 下列选项中，存在语法错误的是（　　）。

A. x = {1:'a', 2:'b'}

B. x = {'a':1, 'b':2}

C. x ={(1, 2):'a', [3:4]:'b'}

D. x ={'a':(1, 2), 'b':(3, 4)}

3. 下列程序的输出结果是（　　）。

```
a =[10, 20, 30]
print(a*2)
```

A. [10, 20, 30, 10, 20, 30]　　B. [20, 40, 60]

C. [11, 22, 33]　　D. [10, 20, 30]

二、实训题

1. A 公司财务部门有 3 位员工，会计主管李军、会计大明和出纳张晓。现在已知这 3 人的一些特点，比如李军的性格比较温和，长相比较帅，爱好是读书；而大明的性格比较火爆、长相普通，不知道爱好是什么；张晓的性格不太清楚，长相漂亮，爱好是羽毛球。请选择合适的数据类型，将这些数据存储起来。

2. 小明今天学习了用于存储数据的程序语言，决定自己设置一个含有各类指标的列表，从中筛选出股东获利能力指标。

（1）设置变量 li1，赋值为空列表。给空列表 li1 传入元素“每股收益”“市盈率”“市销率”“每股净资产”；

（2）设置变量 li2，将列表 li1 元素的个数赋值给变量 li2，并输出结果；

（3）设置变量 li3，对列表 li1 切片，开始索引为 0，结束索引为 3，将切片结果赋值给变量 li3；

（4）将列表 li3 中索引为 0 的元素修改为“市净率”；

（5）将列表 li3 中“市销率”元素删除；

（6）输出列表 li3 的最终结果。

项目四

固定资产的计算——流程控制语句应用

做任何事情都要遵循一定的原则。例如，到图书馆去借书，就必须要有借书证，并且借书证不能过期，这两个条件缺一不可。程序设计也是如此，需要利用流程控制实现与用户的交流，并根据用户的需求决定程序“做什么”“怎么做”。流程控制对于任何一门编程语言来说都是至关重要的，它提供了控制程序如何执行的方法。如果没有流程控制语句，整个程序将按照线性顺序来执行，而不能根据用户的需求决定程序执行的顺序。本项目将对 Python 中的流程控制语句进行详细讲解。

学习目标 >>>

知识目标

1. 理解流程控制语句的运行原理
2. 熟悉流程控制语句的基本结构
3. 掌握对分支语句和循环语句的简单应用

技能目标

1. 能运用分支语句解决数据选择判断的问题
2. 能运用循环语句解决数据重复执行的问题

素养目标

1. 通过对分支语句的运用，培养学生程序逻辑思维，增强学生对复杂数据逻辑的判断能力
2. 通过对循环语句的运用，培养学生循环逻辑思维，使学生具备发现数据操作规律、理清数据处理逻辑的基本素养

立志问学 >>>

业精于勤，荒于嬉

循环的本质就是不断重复，但不是无条件地重复。在满足一定条件下不断地循环执行代码，而在不满足条件的情况下结束执行代码。就像精益求精的职业技能要在勤学巧练中不断积累和锻造，持之以恒，它不是唾手可得、一蹴而就的。就拿日常学习来讲，一个知识点的学习需要老师的耐心讲解，学生仔细聆听，反复练习。同样我们学习某项技能，需要从理论到实践，不断循环，不断重复，才能精益求精、熟练掌握。学习和工作无易事，需要静心思考、精心学习和耐心练习。

思维导图 >>>

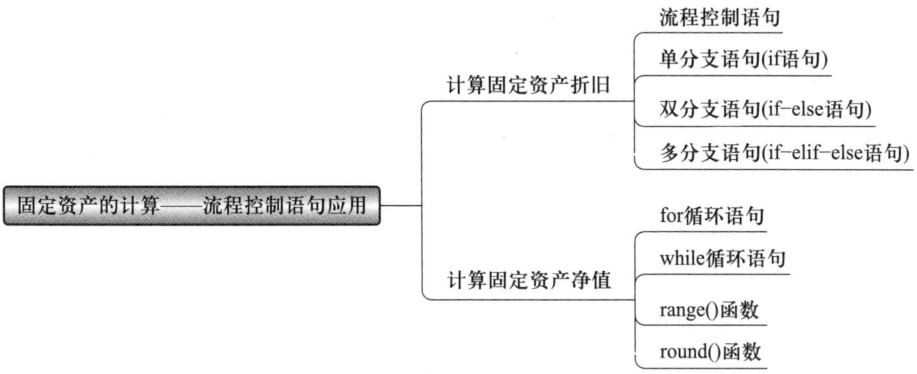

任务一　计算固定资产折旧

【任务描述】

本任务围绕A企业固定资产信息，使用Python分支语句来计算各类固定资产折旧。通过本任务的学习掌握运用Python分支语句编写程序的能力。A企业固定资产信息如表4-1所示。

表4-1　A企业固定资产信息

资产编号	资产名称	原价（元）	折旧年限（年）	折旧率（%）	残值率（%）
GZ0001	办公楼	6 000 000	25	4.00	0
GZ0002	机器设备	100 000	10	10.00	0
GZ0003	办公设备	20 000	4	25.00	0

【任务分析】

固定资产是企业为了生产商品、提供劳务、出租或经营管理而持有，使用寿命超过一个会计年度的有形资产。企业在生产经营过程中使用固定资产而使其损耗导致价值减少仅余一定残值，其原值与残值之差在其使用年限内分摊，是固定资产折旧。本任务采用直线法计提固定资产折旧。计算公式如下：

年折旧率 =（1 − 预计净残值率）÷ 预计使用寿命（年）

年折旧额 = 年折旧率 × 固定资产原值

不同的固定资产对应不同的预计净残值率、预计使用寿命和年折旧率，所以需要先确定固定资产的类别，然后再根据其原值、年限和残值率计算折旧。本任务运用 Python 分支语句，先进行固定资产类别的判断，然后按该类固定资产的数据进行折旧计算。例如进行机器设备的折旧计算，我们编写好的程序中，首先判断该固定资产是否为办公楼，判断为否，继续进行后面的判断，直到程序判断该固定资产是否为机器设备，判断为是，则进行机器设备折旧的计算。

【知识准备】

一、流程控制语句

计算机在解决某个具体问题时，主要有三种情形，分别是顺序执行所有的语句、选择执行部分语句和循环执行部分语句。对应程序设计中的三种基本结构是顺序结构、选择结构和循环结构。这三种结构的执行流程如图 4-1 所示。

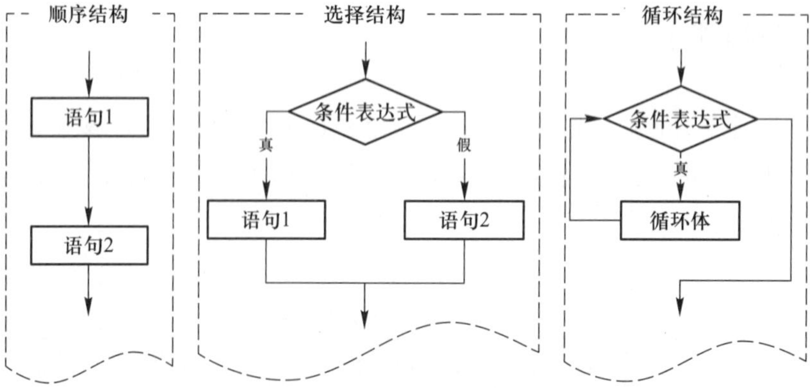

图 4-1　三种结构的执行流程

在顺序结构中，编写完毕的语句按照编写顺序依次被执行；前面学习的 print() 输出语句、input() 输入语句和给变量赋值等程序都是采用的顺序结构，即按照顺序一句句执行的。

在选择结构中，它主要根据条件语句的结果选择执行不同的语句，明确地让计算机知道在什么条件下，去做什么。Python 中选择语句主要有 3 种形式，分别为 if 语句、if-else 语句和 if-elif-else 语句，后面将分别对它们进行详细讲解。

循环结构是在一定条件下反复执行某段程序的流程结构。其中，被反复执行的语句称为循环体，而决定循环是否终止的判断条件称为循环条件。

if 条件分支的概念与用法

二、单分支语句（if 语句）

生活中经常要遇到各种判断，对不同的条件做出判断，就会产生对应不同条件下的结果。比如过十字路口时，如果交通信号灯是绿灯，可以前行；如果不是绿灯，需要等待。那么，在 Python 编程中是否存在条件判断？它又是如何实现的呢？

（一）判断的定义

在程序的世界中，“判断”的功能也是经常要用到的，比如我们登录 App 时，如果连续几次输入密码错误，账户将被系统自动锁定，一段时间以后才会自动解锁。这个过程就是后台程序根据我们输入的密码做出的判断，如图 4–2 所示。

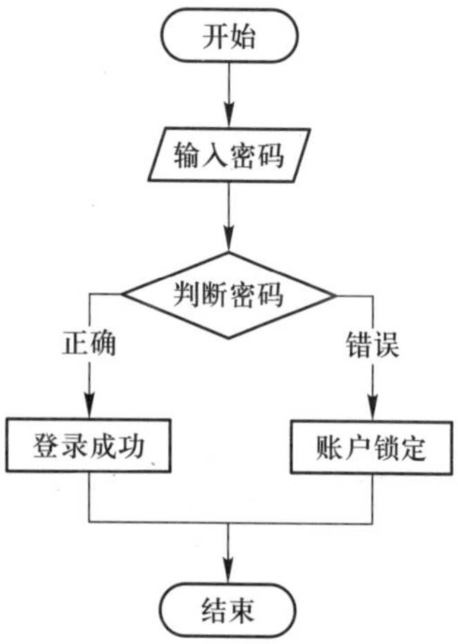

图 4–2　判断密码是否正确

图 4–2 用到了判断框，判断框用于对给定的条件做出判断，如果判断结果为 True（正确），则执行登录成功语句；如果判断结果为 False（错误），则执行账户被锁定语句。

类似这样的判断情况，在程序中应用非常广泛，需要对条件进行判断，并根据判断结果，进入不同的分支程序。

程序中的条件控制语句，也可以称之为判断语句，是通过一条或多条的执行结果来决定接下来要执行的代码块。在 Python 编程中，条件判断功能主要是通过 if 语句来实现。

if 语句是编程语言中用来判定是否满足所给定的条件，根据判定的结果（真或假）决定执行给出的两种操作之一。

（二）简单判断及流程图

Python 中的条件控制语句可以通过一条或多条语句的执行结果（True 或 False）来决定是否执行某代码块。

Python 中使用 if 关键字来组成选择语句，其最简单的语法形式是：if + 空格 + 判定条件 + 冒号的形式，基本语法如图 4–3 所示：

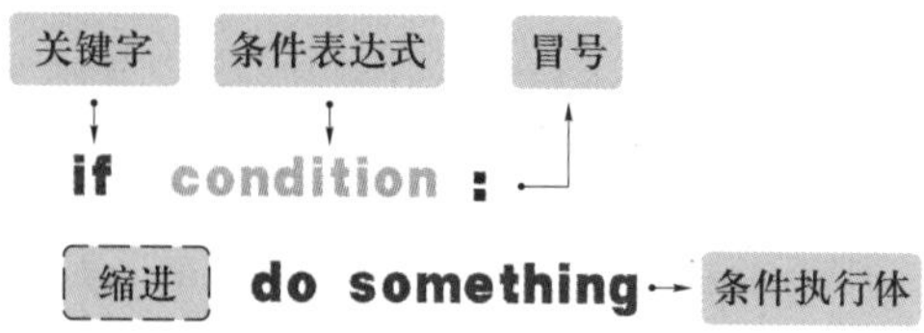

图 4–3　单分支语句语法格式

其中，表达式可以是一个单纯的布尔值或变量，也可以是比较表达式或逻辑表达式（例如，a > b and a! = c），如果表达式的值为真，则执行“条件执行体”；如果表达式的值为假，就跳过“条件执行体”，继续执行后面的语句，这种形式的 if 语句相当于汉语里的“如果……就……”，其流程图如图 4-4 所示。

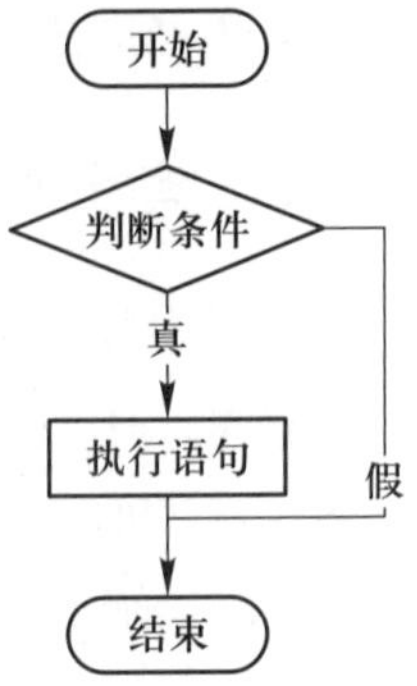

图 4-4　单分支语句执行过程流程图

从上面的流程图可以看出，运行开始后，程序首先要对条件进行判断，根据不同的判断结果会做出不同的选择。如果判断条件为 True，则执行下面的条件代码；反之，则结束运行。

注 意

if 条件语句以及缩进部分的代码是一个完整的代码块。if 和条件之间一定要有空格，条件后面一定要加上冒号，后面的“<条件执行体>”一定要往里缩进四格。

【示例 4-1】根据现金管理制度，某企业每日留存的库存现金限额不超过 3 000 元，如果库存现金超过限额，需要把超出限额部分于当日终了前交存开户银行。出纳当日盘点现金总额为 2 780 元，判断库存现金是否超额，代码如下：

```
''' 某企业现金管理制度规定每天的库存现金限额不超过 3000 元，出纳当日盘点的
现金总额为 2780 元 '''
# 请判断当日库存现金是否超出限额
limit = 3000                          # 库存现金限额
amount = 2780                         # 出纳盘点金额
if amount <= limit:                   # 比较库存现金限额与出纳盘点金额
    print(' 库存现金未超出限额 , 无须交存银行 ')
```

运行代码，结果如下：

```
库存现金未超出限额 , 无须交存银行
```

【示例 4-1】的执行过程如下：

第一步：把库存现金限额 3 000 赋值给变量 limit（库存现金限额），把当日实际的库存现金总额 2 780 赋值给变量 amount（出纳盘点金额）。

第二步：用 if 语句判断 amount 是否小于等于 limit，该示例中判断结果为 True。

第三步：执行 if 后面的代码，即用 print() 函数输出字符串“库存现金未超出限

额，无须交存银行”。

【示例 4-1】的流程图，如图 4-5 所示。如果 if 语句判断的结果为 False，则程序运行到第二步判断完成就结束了，不会再执行后面的操作。

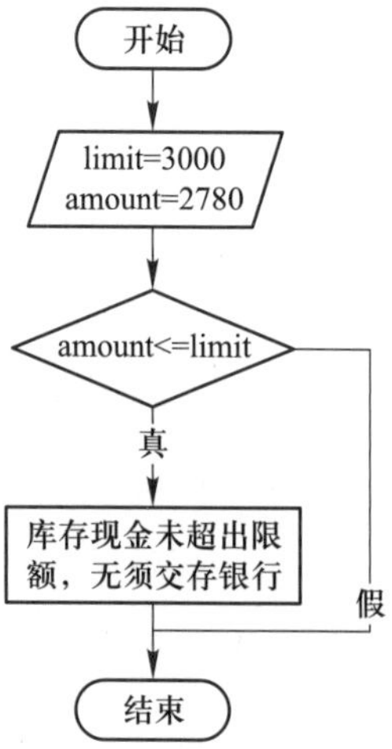

图 4-5 【示例 4-1】流程图

三、双分支语句（if-else 语句）

如果遇到只能二选一的条件，例如，某个公司在发展过程中遇到了“扩张”和“求稳”的抉择，那应该如何选择呢？

Python 中提供了 if-else 语句，即双分支语句来解决类似问题，else 表示否则。其语法格式如图 4-6 所示。

使用 if-else 语句时，表达式可以是一个单纯的布尔值或变量，也可以是比较表达式或逻辑表达式。如果满足条件，则执行 if 后面的语句块；否则，执行 else 后面的语句块。这种形式的选择语句相当于汉语里的“如果……否则……”，其流程图如图 4-7 所示。

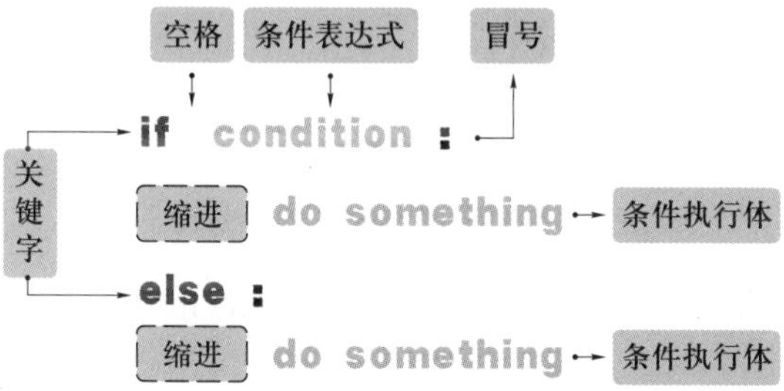

图 4-6　双分支语句语法格式

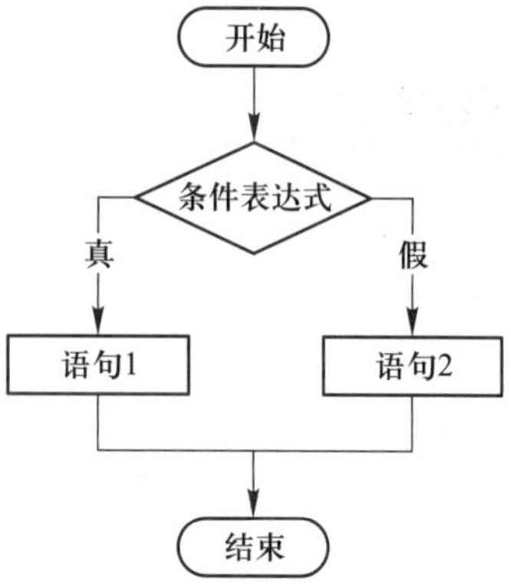

图 4-7　if-else 判断语句执行过程流程图

从图 4-7 可以看出，运行开始后，程序首先要对条件进行判断，根据不同的判断结果会选择不同的分支执行后面的代码块。如果判断条件为 True，则执行语句 1；反之，则执行语句 2。

在 if-else 判断语句结构中，如果只对 if 语句条件表达式为真的情况进行处理，else 语句可以省略，也就变成了前面讲的简单 if 判断语句。

注 意

if 和 else 语句以及各自的缩进部分是一个完整的代码块，else 后面一定要写冒号，else 后面的“<条件执行体>”一定要往里缩进四格。

【示例 4–2】根据现金管理制度，某企业每日留存的库存现金限额不超过 3 000 元，如果库存现金超过限额，需要把超出限额部分于当日终了前交存开户银行。出纳当日盘点现金总额为 6 000 元，判断库存现金是否超额，代码如下：

```
''' 某企业现金管理制度规定每天的库存现金限额不超过 3000 元，出纳当日盘点的
现金总额为 6000 元 '''
# 请判断当日库存现金是否超出限额
limit = 3000                         # 库存现金限额
amount = 6000                        # 出纳盘点金额
if amount <= limit:                  # 比较库存现金限额与出纳盘点金额
    print(' 库存现金未超出限额，无须交存银行 ')
else:
    excess = amount-limit            # 计算超出限额的金额
    print(' 库存现金超出限额，超出部分金额 %d 元交存银行 '% excess)
```

运行代码，结果如下：

```
库存现金超出限额，超出部分金额 3 000 元交存银行
```

【示例 4–2】仍然是对企业库存现金实有数是否超出限额做出的判断。具体执行过程如下。

第一步：变量赋值。

第二步：用 if 语句判断 amount 是否小于等于 limit，该示例中判断结果为 False。

第三步：因为第二步的判断结果为 False，所以程序直接跳过 if 后面的代码，执行 else 后面的代码。

第四步：计算库存现金超出限额的金额并赋值给变量 excess（超出限额的金额）。

第五步：用 print() 函数格式化输出字符串“库存现金超出限额，超出部分金额 3 000 元交存银行”。

如果【示例 4–2】中，if 语句判断的结果为 True，则程序直接执行 if 语句后面的代码，即输出字符串“库存现金未超出限额，无须交存银行”，也不会再执行 else 后面的代码。

四、多分支语句（if–elif–else 语句）

在前面的内容中，我们已经学习了 if 单分支语句和 if–else 双分支语句。实际生

活中，往往不只有这两种简单的条件判断，可能还需要进行多重判断。比如当儿童乘坐交通工具时，如果身高不超过 1.2 米，享受免票；如果身高在 1.2 米到 1.5 米之间，享受半价票；如果身高超过 1.5 米，就要买全价票。同理，在 Python 编程中，很多功能也是需要通过多重判断语句来实现的。

在 Python 中，多重判断也是通过 if 条件控制语句来实现，可以理解成是一个多分支的 if 结构语句。在开发程序时，如果遇到多选一的情况，则可以使用 if-elif-else 语句，该语句是一个多分支选择语句，通常表现为“如果满足某种条件，进行某种处理；否则，如果满足另一种条件，则执行另一种处理……”。if-elif-else 语句的语法格式如图 4-8 所示。

图 4-8 多分支语句语法格式

使用 if-elif-else 语句时，表达式可以是一个单纯的布尔值或变量，也可以是比较表达式或逻辑表达式，如果表达式为真，则执行语句；如果表达式为假，则跳过该语句，进行下一个 elif 的判断，只有在所有表达式都为假的情况下，才会执行 else 中的语句。在 Python 中，一个 if 只能有一个 else，但是可以拥有多个 elif。if-elif-else 语句执行过程的流程图如图 4-9 所示。

注 意

（1）只要所有条件中的某个条件成立，就会忽略接下来的所有 elif 条件，跳出语句判断，也就是不再进行后面的 elif 条件判断。

（2）elif 和 else 都必须和 if 联合使用，不能单独使用。可以将 if、elif 和 else 以及各自缩进的代码，看成一个完整的代码块。

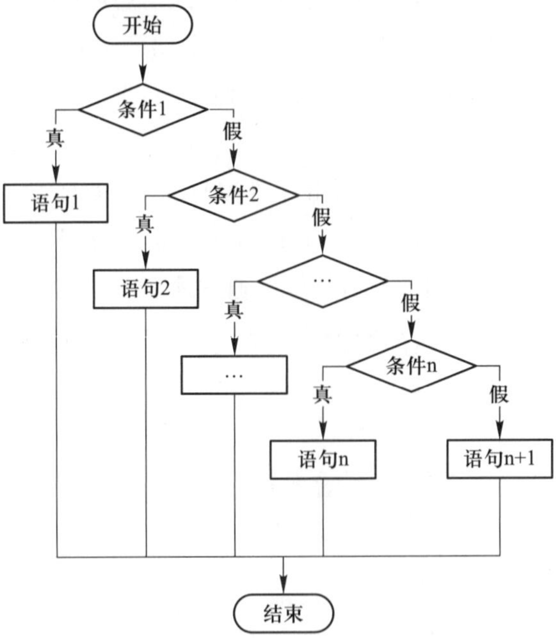

图 4-9　if-elif-else 语句执行过程流程图

【示例 4-3】

甲公司为促进 A 产品销售采用商业折扣的方式进行销售，具体折扣条件如下：

（1）如果客户购买产品的数量小于 100 件，没有折扣；

（2）如果客户购买产品的数量大于等于 100 件且小于 300 件时，享受 5% 的折扣；

（3）如果客户购买产品的数量大于等于 300 件且小于 500 件时，享受 8% 的折扣；

（4）如果客户购买产品的数量大于等于 500 件时，享受 10% 的折扣。

如果 A 产品的单价为 10 元 / 件。2022 年 5 月 21 日，客户乙购买 A 产品 380 件，则甲公司应确认多少销售收入？代码如下：

```
amount = 380                    #购买数量
price = 10                      #商品单价
discount1 = 0.05                #100 件 < =购买数量 <300 件享受的折扣
discount2 = 0.08                #300 件 < =购买数量 <500 件享受的折扣
discount3 = 0.1                 #购买数量 > =500 件享受的折扣
if amount < 100:                #判断产品数量是否小于 100
    revenue = amount*price      #计算产品收入
elif 100 <= amount < 300:       #判断产品数量是否大于等于 100, 小于 300
```

```
    revenue = amount*price*(1-discount1)    # 计算满足折扣 5% 的收入
elif 300 <= amount < 500:   # 判断产品数量是否大于等于 300, 小于 500
    revenue = amount*price*(1-discount2)    # 计算满足折扣 8% 的收入
else:
    revenue = amount*price*(1-discount3)    # 计算满足折扣 10% 的收入
# 输出公司应确认销售收入金额
print(' 公司应确认销售收入 %.2f 元 '%revenue)
```

运行代码，结果如下：

```
公司应确认销售收入 3496.00 元
```

【示例 4-3】的执行过程如下：

第一步：变量赋值。

第二步：用 if 语句判断 amount 是否小于 100。

如果判断结果为 True，则执行 if 后面的代码，计算没有折扣的销售收入并执行最后面的 print( ) 函数，程序到此结束，不再执行后面的 elif 语句。

此例题中 amount 是 380，大于 100，所以判断结果为 False，继续执行后面的 elif 语句。

第三步：用 elif 语句判断 amount 是否大于等于 100 小于 300。

如果判断结果为 True，则执行 elif 后面的代码，计算折扣为 0.05 时的销售收入并执行最后面的 print( ) 函数，程序到此结束，不再执行后面的 elif 语句。

此例题中 amount 是 380，大于 300，所以判断结果为 False，继续执行后面的 elif 语句。

第四步：用 elif 语句判断 amount 是否大于等于 300 小于 500。

如果判断结果为 True，则执行 elif 后面的代码，计算折扣为 0.08 时的销售收入并执行最后面的 print( ) 函数，程序到此结束，不再执行后面的 else 语句。

此例题中 amount 是 380，符合大于等于 300 小于 500 的条件，所以判断结果为 True，直接执行后面的代码，即计算折扣为 0.08 时的销售收入，并执行最后面的 print( ) 函数。程序执行到此结束，不再执行后面的 else 判断语句。

【任务实施】

使用多分支语句来实现 A 企业固定资产折旧的计算。

步骤 1：获取固定资产名称和原始数据。本任务有三类固定资产，先使用 input( ) 方法从用户处获取固定资产名称和原值。然后将固定资产名称和原值分别赋值给变量，输出固定资产名称和原值。此处以机器设备为例，代码如下：

```
yz = int(input(' 请输入固定资产原值 :'))  # 输入固定资产原值
lb = input(' 请输入固定资产名称 :')  # 输入固定资产名称
print(yz)
print(lb)
```

运行代码，结果如下所示：

```
请输入固定资产原值 :100000
请输入固定资产名称 : 机器设备
```

步骤 2：判断固定资产类别。按照 A 企业固定资产信息表中固定资产顺序依次判断，使用 if-elif-else 多分支语句进行条件判断，每个条件成立的执行代码为条件中固定资产的使用年限和残值率。代码如下：

```
# 进行固定资产类别判断
if lb = =' 办公楼 ':
    year = 25                # 定义变量存储使用年限数据
    rate = 0.04              # 定义变量存储折旧率
elif lb = =' 机器设备 ':
    year = 10                # 定义变量存储使用年限数据
    rate = 0.1               # 定义变量存储折旧率
else:
    year = 4                 # 定义变量存储使用年限数据
    rate = 0.25              # 定义变量存储折旧率
print(' 使用年限为 %d 年 '%year)  # 格式化输出使用年限
print(' 年折旧率为 :', rate)
```

运行代码，结果如下：

```
使用年限为 10 年
年折旧率为 0.1
```

代码解析：如果判断固定资产为“办公楼”，则该固定资产使用年限为 25 年，年折旧率为 0.04；如果判断固定资产为“机器设备”，则该固定资产使用年限为 10 年，年折旧率为 0.1；如果既不是“办公楼”，也不是“机器设备”，则该固定资产使用年限为 4 年，年折旧率为 0.25。格式化输出判断结果。

步骤 3：计算固定资产折旧。按照直线法计算固定资产折旧，将固定资产原值与折旧率相乘，定义变量存储固定资产折旧数据，输出折旧数据。代码如下：

```
# 计算固定资产折旧
zj = yz*rate
print('%s 每年折旧额为 %d 元 '%(lb, zj))  # 格式化输出固定资产折旧
```

运行代码，结果如下所示：

```
机器设备每年折旧额为 10000 元
```

注 意

（1）使用 input() 函数的输出结果是字符串，如果要进行数据运算，必须是整数类型或者小数类型，所以需要使用 int() 函数转换成整数类型。

（2）百分数在计算时必须要写成浮点数的形式，即 50% 要写成 0.5，否则会报错。

【拓展提升】

一、省略 else 代码块

else 是一条包罗万象的语句，只要不满足任何 if 或 elif 中的条件测试，其中的代码就会执行。这可能会引入无效甚至恶意的数据。如果知道最终要测试的条件，应考虑使用一个 elif 代码块来代替 else 代码块。这样就可以肯定，仅当满足相应的条件时，代码才会执行。

因此，Python 并不要求 if-elif 结构后面必须有 else 代码块。在有些情况下，else 代码块很有用，而在其他一些情况下，使用一条 elif 语句来处理特定的情形可能会更清晰。

【示例 4-4】

甲公司为促进 A 产品销售采用商业折扣的方式进行销售，具体折扣条件如下：

（1）如果客户购买产品的数量小于 100 件，没有折扣；

（2）如果客户购买产品的数量大于等于 100 件且小于 300 件时，享受 5% 的折扣；

（3）如果客户购买产品的数量大于等于 300 件且小于 500 件时，享受 8% 的折扣；

（4）如果客户购买产品的数量大于等于 500 件时，享受 10% 的折扣。

如果 A 产品的单价为 10 元 / 件。2022 年 5 月 21 日，客户乙购买 A 产品 600 件，则甲公司应确认多少销售收入？代码如下：

```
amount = 600
price = 10
discount1 = 0.05
discount2 = 0.08
discount3 = 0.1
if amount < 100:
```

```
    revenue = amount*price
elif 100 <= amount < 300:
    revenue = amount*price*(1-discount1)
elif 300 <= amount < 500:
    revenue = amount*price*(1-discount2)
elif amount>= 500:  #判断产品数量是否大于等于 500
    revenue = amount*price*(1-discount3)  #计算满足折扣 10% 的收入
print('公司应确认销售收入 %.2f 元 '% revenue)
```

运行代码，结果如下：

```
公司应确认销售收入 5400.00 元
```

同【示例 4-3】执行过程相似，先给相关变量赋值，然后依次进行判断。因为这里的 amount 等于 600，符合 elif 语句 amount>=500 的条件，所以程序一直执行到最后的 elif 语句，计算出折扣为 0.1 时的销售收入并执行 print( ) 函数。

从【示例 4-4】的代码中，可以更加直观地看到客户购买数量大于等于 500 时销售收入的计算。这样比使用 else 语句会更加清晰，因为 else 语句后面是没有添加具体的判断条件的。

二、if 嵌套语句

条件分支的嵌套

在 Python 中，使用 if 语句进行条件判断时，如果希望在条件成立的执行语句中再增加条件判断，就可以使用 if 语句的嵌套。

嵌套 if 语句是指在已有 if 语句块中插入另一个 if 语句块，实现条件的嵌套判断，if 语句块可以多层嵌套。if 语句嵌套的语法格式，除了缩进之外，和之前的没有区别。if 嵌套语句语法格式如图 4-10 所示。

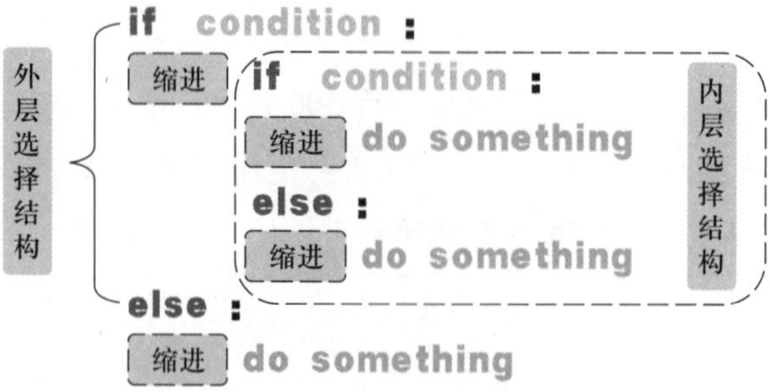

图 4-10　if 嵌套语句语法格式

if 选择语句可以有多种嵌套方式，开发程序时，可以根据自身需要选择合适的嵌套方式，但一定要严格控制好不同级别代码块的缩进量。

任务二 计算固定资产净值

【任务描述】

对大多数财务人员来说，周而复始地做同样的事情是非常枯燥的。但是计算机永远都不会觉得枯燥，它们非常擅长执行重复的任务。在 Python 中，我们把在一定条件下反复执行某段程序的流程结构，叫作循环结构语句。本任务围绕 A 企业固定资产信息，使用 Python 循环语句来计算各类固定资产净值。通过本任务的学习掌握 Python 循环语句编写程序的能力。A 企业固定资产信息如表 4–2 所示。

表 4–2　A 企业固定资产信息

资产编号	资产名称	原价（元）	折旧年限（年）	折旧率（%）	残值率（%）
GZ0001	办公楼	6 000 000	25	4.00	0
GZ0002	机器设备	100 000	10	10.00	0
GZ0003	办公设备	20 000	4	25.00	0

【任务分析】

固定资产净值是固定资产原值减去已计提折旧后的净额，它可以反映企业实际占用固定资产的金额和固定资产的新旧程度。固定资产净值的计算公式如下：

固定资产净值 = 固定资产原值 − 累计折旧

任务一中，我们计算了 A 企业三类固定资产的年累计折旧。实务中，固定资产按月计提折旧，按月计算固定资产净值。我们可以使用任务一中的分支语句计算一个月的固定资产折旧和净值，如果要计算 12 个月的固定资产折旧和净值，逐月计算工作量会很大。这个时候，就可以使用循环语句，循环计算每个月的固定资产折旧和净值。

本任务中，首先需要准备好计算固定资产净值的数据，例如固定资产原值、使用年限、年折旧率等，将相关数据分别存储在变量中，用于接下来数据的运算。然后运用循环语句循环计算 12 个月的固定资产净值，最后将 12 个月的固定资产净值数据存储在列表中输出。

【知识准备】

for 循环的概念与用法

一、for 循环语句

for 循环也称为计数循环，包括 Python 在内的很多编程语言会使用关键字 for 来创建这种循环。for 循环语句接受可迭代对象（例如序列或迭代器）作为其参数，每次迭代其中的一个元素。

for 语句的执行过程是：每次循环，判断循环索引值是否还在序列中。如果在，取出该值提供给循环体内的语句使用；如果不在，则结束循环。

下面尝试写一个计数循环的程序。

【示例 4-5】循环输出 5 次“hello”，代码如下：

```
for i in[1, 2, 3, 4, 5]:
    print('hello')
```

运行代码，结果如下：

```
hello
hello
hello
hello
hello
```

从【示例 4-5】中可以看到，hello 重复输出了 5 次，这是因为变量 *i* 的值从 1 开始（*i*=1）。循环会依次对应列表中的每一个值，把下一行语句中的所有操作执行一次。示例中输出“hello”，在每次执行循环时，变量 *i* 会被赋予列表中的下一个值。

for 循环作为编程语言中最强力的特性之一，能够帮助我们做很多重复性的事情。for 循环语句结构如图 4-11 所示。

图 4-11 for 循环语句结构

for 是关键字，而后面是一个可以容纳‘每一个元素’的变量名称，至于变量起什么名字由自己决定，但切记不要和关键字重名。

在关键字 in 后面所对应的一定是具有“可迭代的”或者说是像列表那样的集合形态的对象，即可以连续地提供其中的每一个元素的对象。该对象可以是任何有序的序列对象，如字符串、列表和元组等；循环体为一组被重复执行的语句。

了解了 for 循环基础知识后，我们可以试着用循环输出一张乘法表，这个代码只是对前面的代码稍微做了修改。

【示例 4-6】输出 5 的乘法表，代码如下：

```
for i in[1, 2, 3, 4, 5]:
    print(i, '*5 =', i*5)
```

运行代码，结果如下：

```
1 * 5 = 5
2 * 5 = 10
3 * 5 = 15
4 * 5 = 20
5 * 5 = 25
```

通过上面两行代码我们输出了一张 5 的乘法表，如果用 print() 语句的话，需要输入 5 次，循环让这个问题变得简单多了。

二、while 循环语句

while 循环不会计算需要执行多少次循环，而会通过判断来确定什么时候停止循环。因此，while 循环也称为条件循环。在某个条件满足时，while 循环会一直执行下去。while 循环语句结构如图 4–12 所示。

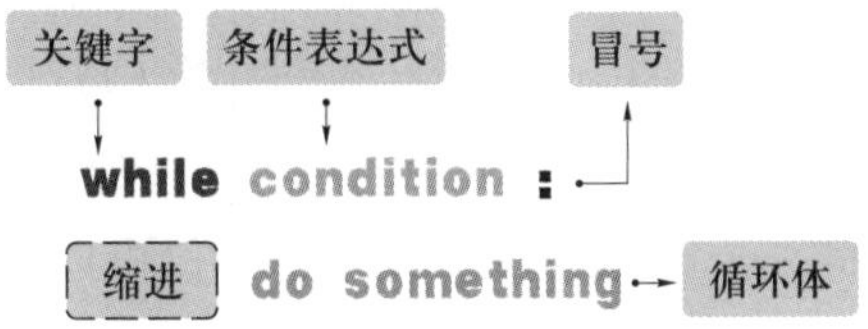

图 4–12　while 循环语句结构

while 循环的概念与用法

while 是关键字，成立的条件即条件的计算表达式，整个语句根据表达式的真、假来决定是否继续循环。while 语句的表达式要以冒号结尾。

while 语句后面的语句在判断为真时执行，判断为假时整个 while 语句终止循环。循环体就是每次循环时都要执行的代码块。while 循环需要用每一个代码块来告诉程序每次循环时具体做什么。这个代码块（代码中缩进的部分）称为循环体。每次执行循环称为一次迭代。

在实际运用中，要用到的基本的 while 循环语句如下。

【示例 4-7】循环判断我学习的周数，代码如下：

```
week = 0              # 初始化变量为零
while week < 7:          # 进行条件判断，当周数小于 7
    print(' 我已经学习 Python%d 周啦 '%week)      # 条件判断为真时执行
    week + = 1         # 改变变量
print(' 我已经学习 Python%d 周啦，我可以去找工作啦 '%week)
```

运行代码，结果如下：

```
我已经学习 Python0 周啦
我已经学习 Python1 周啦
我已经学习 Python2 周啦
我已经学习 Python3 周啦
我已经学习 Python4 周啦
我已经学习 Python5 周啦
我已经学习 Python6 周啦
我已经学习 Python7 周啦，我可以去找工作啦
```

【示例 4-7】一一拆解来看：在示例的代码中，我们给一个叫 week 的变量赋值为 0，即初始化变量，从 0 开始进行判断。接下来的 while 语句中，以变量 week 小于 7 作为条件判断语句，判断结果为真时，执行下面的 print() 语句。例如当 week = 0 时，符合 week<7 的条件，则输出“我已经学习 Python0 周啦”。接下来，week + =1 等价于 week = week + 1，意味着 week 被重新赋值。我们在最开始将 week 赋值为 0，week + =1 就等价于 week = 0 + 1，随着每次循环往复，week 都会在上一次的基础上重新赋值，都会增加 + 1，直至 week 等于 7 的时候循环停止，输出最后的 print() 语句。如果忘记了格式化字符串的内容可以再温习一下字符串的内容。

利用循环增加变量是一个常见的技巧，循环不仅可以增加，甚至是成倍数增加（$n = n*3$），还可以随着循环减少（$n = n - 1$）。

三、range() 函数

【示例 4-6】中只循环了 5 次，如果想循环运行 100 次或者 1 000 次，该怎么做呢？是否需要键入很多数字呢？这个时候，就可以用到一个内置函数 range()。我们只需要在 range() 函数后面的括号中填入数字，就可以得到一个具有连续整数的序列。

【示例 4-8】使用 range() 函数进行多次乘法运算，代码如下：

```
for i in range(1, 5):
```

```
    print(i, '*5 =', i*5)
```

运行代码，结果如下：

```
1 * 5 = 5
2 * 5 = 10
3 * 5 = 15
4 * 5 = 20
```

这段代码表达的意思是：将 1~5 范围内的每一个数字依次装入变量 *i* 中，每次展示一次 *i**5 的结果。该结果与【示例 4-6】相比，少了最后一次循环。这是因为 range(1, 5) 给出的列表是［1, 2, 3, 4］。为什么没有 5 呢？这是因为 range() 函数的运行机制。range() 函数运行会提供一个数字列表，该列表从起始值开始，到结束值的前一个数字为止（不包括结束值）。考虑到这一点，我们可以通过调整数值范围得到想要的循环次数。

接下来，我们来看 range() 函数的其他用法。range() 函数可以创建一个整数列表，一般用在 for 循环，如图 4-13 所示。

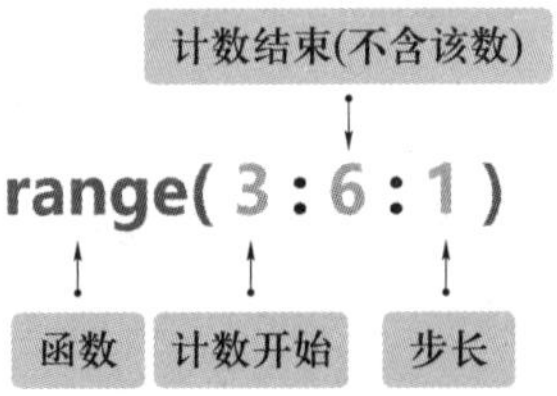

图 4-13　range() 函数

计数开始和步长可以不写，计数开始默认为从 0 开始，步长默认为 1。图中示例计数到 6 结束，但不包含 6。

经过对 range() 函数的了解，我们知道不一定非要给 range() 函数提供两个参数（像【示例 4-8】中那样），也可以只提供一个参数。

【示例 4-9】简写 range() 函数参数，进行多次乘法运算，代码如下：

```
for i in range(5):
    print(i, '*5 =', i*5)
```

运行代码，结果如下：

```
0 * 5 = 0
1 * 5 = 5
2 * 5 = 10
3 * 5 = 15
4 * 5 = 20
```

【示例 4-9】与【示例 4-8】的结果其实是一致的，不同的是【示例 4-9】多了第一条内容。这是因为对 range() 函数只提供一个参数时，默认是从 0 开始，而不是从 1 开始。从 0 开始到 4 就是循环了 5 次。

到目前为止，计数循环在每次迭代时都会让循环变量加 1，如果想让循环按步长为 2 或者其他数字来计算，该怎么做呢？如图 4-13，range() 函数可以接受一个额外的参数，利用这个参数就可以把步长从默认值 1 改为其他值。

【示例 4-10】range( ) 函数步长设置为 2，进行多次乘法运算，代码如下：

```
for i in range(1, 10, 2):
    print(i, '*5 =', i*5)
```

运行代码，结果如下：

```
1 * 5 = 5
3 * 5 = 15
5 * 5 = 25
7 * 5 = 35
9 * 5 = 45
```

【示例 4-10】中，变量 *i* 按步长 2 在 1~10 的序列中取数。初始值是 1，结束值是 9。

四、round( ) 函数

round( ) 函数是 Python 中的数据函数，主要用于返回浮点数的四舍五入值。简单说，就是四舍五入后保留小数点后的几位数字。round( ) 不添加任何参数的时候，等同于 round(0) 就是取整。round( ) 方法的基本语法代码如下：

```
round(x[, n])
```

x 表示数值表达式，*n* 表示四舍五入到小数点后的位数。

【任务实施】

使用循环语句来实现 A 企业固定资产净值的计算。

步骤 1：准备固定资产相关数据。计算固定资产净值需要固定资产原值、固定资产使用年限和固定资产折旧率，将这三个数据分别赋值给变量，设置期初累计折旧初始值为零并赋值变量，设置本期固定资产折旧初始值为零并赋值变量，设置空列表，用于后面存储固定资产净值，代码如下：

```
# 变量赋值
yz = 100000  # 固定资产原值
year = 10  # 使用年限
rate = 0.1  # 折旧率
qz  = 0  # 期初累计折旧
zj  = 0  # 本期折旧
li_jz = [ ]
```

步骤 2：计算并存储固定资产净值。使用 for 语句和 range( ) 方法，循环 12 次，计算固定资产折旧，将计算结果存储到列表 li_jz 中，输出结果。代码如下：

```
# 计算 1-12 月折旧及净值
for i in range(12):
    qz + = zj  # 累计折旧
    zj = round(yz*rate/12, 2)  # 本期折旧
    jz = round(yz-qz-zj, 2)  # 固定资产净值
    li_jz.append(jz)  # 存储固定资产净值
print('1-12 月的固定资产净值为 :', li_jz)
```

运行代码，结果如下：

```
1-12 月的固定资产净值为 :[99166.67, 98333.34, 97500.01, 96666.68, 95833.35, 95000.02, 94166.69, 93333.36, 92500.03, 91666.7, 90833.37, 90000.04]
```

代码解析：

1. 第一次循环

代码“range（12）”形成的是一个 0 到 11 的整数序列，运用 for 循环语句逐次访问这个序列中的数据。当第一次访问时，i 为 0。

代码“qz + = zj”，其中“zj = 0”，因“qz = 0”，所以运行后，qz 的值仍为 0。

代码“zj = round(yz*rate/12, 2)”用于计算折旧，“yz*rate”为年折旧额，除以 12 得到月折旧额，运用 round( ) 函数保留两位小数，计算结果为 833.33，赋值给变量 zj。

代码“jz = yz−qz−zj”用于计算固定资产净值，即原值减去期初累计折旧和本期折旧，计算结果为 99166.67，赋值给变量 jz。

代码“li_jz.append(jz)”表示将变量 jz 的值，即固定资产净值添加到空列表 li_jz 中，此时列表 li_jz = [99166.67]。本轮循环结束。

2. 第二次循环

for 语句第二次访问 0～11 的整数序列，此时 i 为 1。

代码“qz + = zj”，经过第一次循环，此时“zj = 833.33”，则“qz = 833.33”。

代码“zj = round(yz*rate/12, 2)”运行结果同第一次循环一样，值为 833.33。

代码“jz = yz−qz−zj”，计算结果 = 100000−833.33−833.33 = 98333.34，赋值给变量 jz。

代码“li_jz.append(jz)”表示将变量 jz 的值，即固定资产净值添加到空列表 li_jz 中，此时列表 li_jz = [99166.67，98333.34]。本轮循环结束。

同理，再循环 10 次后，列表 li_jz 的值是 12 个月的固定资产净值。全部循环结束后，运用 print( ) 函数输出列表 li_jz。

注 意

（1）注意 for 循环语句后面的冒号必须写。

（2）百分数在计算时必须要写成浮点数的形式，即 50% 要写成 0.5，否则会报错。

（3）range() 函数中，结束数值取不到。

【拓展提升】

嵌套循环

本项目中，我们学习了 while 循环和 for 循环两种基本的循环语句，实务中，为了处理更复杂的事情，会将 while 循环和 for 循环相互嵌套，也就是循环嵌套。就是在一个循环中还包含另外一个完整的循环，即循环体中还包含循环语句。拿生活中的例子来说，比如俄罗斯套娃，一般由多个一样图案的空心木娃娃一个套一个组成，最多可套十多个；还比如我们平时看到的钟表，秒针旋转一周，分针转动一格，分针旋转一周，时针转动一格，一直这样循环往复。这些都有循环嵌套的知识在里面。

在 Python 编程中，循环嵌套的执行过程是：一次外层循环对应着完整的一轮内层循环。相当于一次分针的转动，对应着秒针的一轮完整的转动。循环嵌套的执行过程如图 4-14 所示。

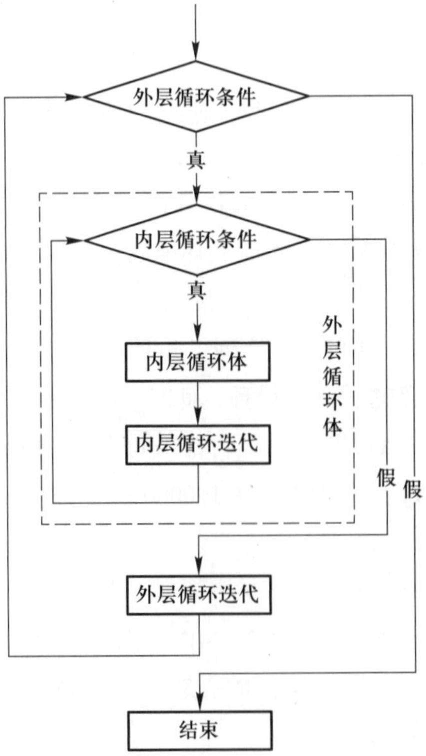

图 4-14　循环嵌套的执行过程

开始执行程序，当外部循环条件为真时，进入了外层循环体。然后进行内层循环条件的判断，判断结果为真时，进入内层循环体，然后进行内层循环的迭代，直到内层循环条件判断为假时，再跳到外层循环体进行迭代。最后，当外层循环体为假时，程序终止。还是以钟表为例，我们将分针的转动比作外循环，秒针的转动比作内层循环。假设外层循环条件为真、内层循环的判断为真时，执行内部循环体，也就是秒针开始转动，每转动一次就是一次循环迭代，直到转到 60 次后，则跳出内层循环，执行外层循环，这时候分钟转动一格。然后外层循环条件为真、内层循环的判断为真时，执行内层循环体。外层和内层循环一直迭代下去。我们以具体的示例来看。

【示例 4-11】分针秒针的循环嵌套，代码如下：

```
#分针和秒针
for i in range(0, 60):            #分针数取数范围
    for j in range(1, 61):        #秒针数取数范围
        print(' 现在的分针数是 :', i, ' 秒数是 :', j)
    print(' 现在的分针数是 :', i + 1)
```

运行代码，结果如下：

```
现在的分针数是： 0 秒数是： 1
现在的分针数是： 0 秒数是： 2
现在的分针数是： 0 秒数是： 3
现在的分针数是： 0 秒数是： 4
...
现在的分针数是： 59 秒数是： 58
现在的分针数是： 59 秒数是： 59
现在的分针数是： 59 秒数是： 60
现在的分针数是： 60
```

因运行结果内容很多，只截取部分展示，【示例 4-11】的代码是运用了 for 循环的嵌套，展示了分针和秒针的关系，如果再加入时针，那需要再嵌套一层 for 循环。for 循环的嵌套如图 4-15 所示。

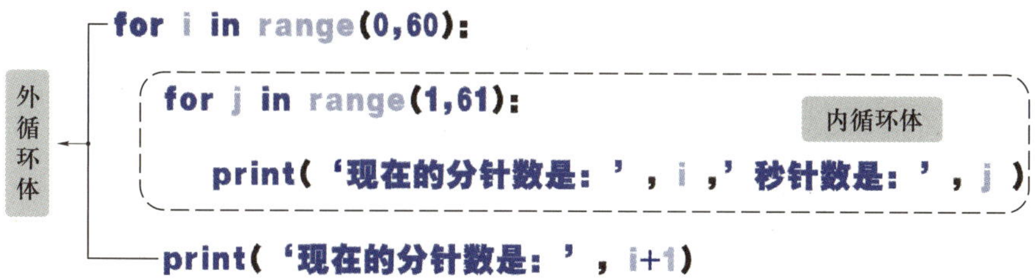

图 4-15　for 循环的嵌套

技能实训 >>>

一、单选题

1. 下面的 Python 循环体的执行次数与其他不同的是（　　）。

A.
```
i = 0
while(i<=10):
    print(i)
    i = i+1
```

B.
```
i = 10
while(i>0):
    print（i）
    i = i-1
```

C.
```
for i in range(10):
    print（i）
```

D.
```
for i in range(10, 0, -1):
    print（i）
```

2. 以下程序的输出结果是（　　）。

```
number = 10
if number %2 == 0:
    print(number, 'is even')
elif number %5 == 0:
    print(number, 'is multiple of 2')
```

A. 10 is even　　B. 10 is multiple of 2

C. 10　　D. 程序出错

3. range(1, 12, 3) 的值是（　　）。

A. [1, 4, 7, 10]　　B. [1, 4, 7, 10, 12]

C. [0, 3, 6, 9]　　D. [0, 3, 6, 9, 12]

二、实训题

1. A 公司为了吸引顾客尽早付款，提出了 8/10、5/30、*n*/60 的现金折扣条件，估计会有 50% 的顾客将享受 8/10 的折扣条件，30% 的顾客将享受 5/30 的折扣条件。根据客户货款金额与付款期，分析计算现金折扣成本。

现金折扣成本 = 销售额 × 现金折扣率 × 享受现金折扣的顾客比例

2. 小明花 10 万元购买了一项理财产品，年投资回报率为 6%，预计投资 10 年，计算小明每年理财产品的价值。

项目五

财务指标计算——函数应用

在编程中，如果某段代码需要多次使用，那么需要将该段代码复制多次。这种做法势必会影响开发效率。这在实际项目开发中是不可取的。那么如果想让某一段代码多次使用，应该怎么做呢?

在 Python 中，提供了函数。我们可以把实现某一功能的代码定义为一个函数，然后在需要使用时，随时调用即可，十分方便。对于函数，简单的理解就是可以完成某项工作的代码块，有点类似积木块，可以反复地使用。

学习目标

知识目标

1. 理解并掌握函数的定义及调用
2. 掌握函数参数的传递

技能目标

1. 能根据需要自定义函数并调用执行
2. 能在函数的定义和调用中熟练运用参数传递

素养目标

1. 通过定义及调用函数，培养学生创新思维，提升职业判断力
2. 强化训练，增加难度，提升学生的逻辑思维能力

立志问学

团结就是力量

俗话说，“一个和尚挑水喝，两个和尚抬水喝，三个和尚没水喝。”“三个和尚”是一个团体，他们没水喝是因为互相推诿、不讲协作。有首歌唱得好“团结就是力量”，团队合作的力量是无穷的，团队成员间相互合作将创造出不可思议的奇迹。我们可以把函数看作一个小“团队”，里面的每行代码都是这个“团队”的一份子，当我们把这些代码正确组合在一起，很多难题就会迎刃而解。

在很多情况下，单靠个人能力很难切实高效地去处理各种错综复杂的问题。这时就需要发挥团队合作的力量，依靠团队成员之间的相互信任、相互尊重、相互协作，形成整个团队的灵活应变能力和持续创新能力，从而去翻越一座座高山，创造一个又一个奇迹。

思维导图 >>>

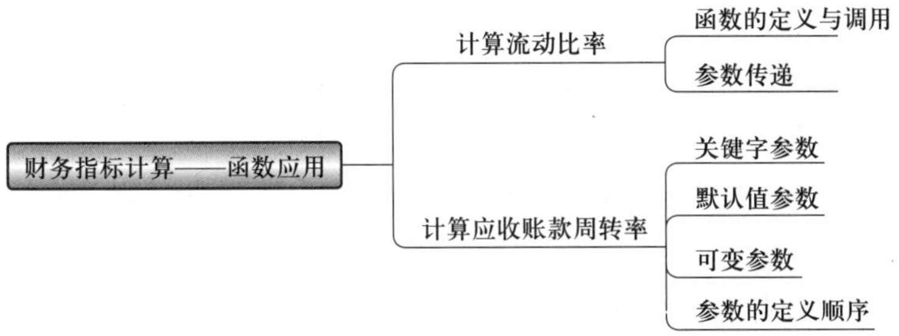

任务一 计算流动比率

【任务描述】

随着学习的深入，我们接触到的代码会越来越复杂，这时，就需用一些方法把它们拆分成若干较小的部分，将其整合成一个代码块。需要在程序中多次执行同一项任务时，无须反复编写完成该任务的代码，只需要调用执行该任务的代码块即可，这个代码块就是函数。本任务围绕 A 企业流动资产与流动负债数据，运用函数计算其流动比率，通过本任务的学习掌握 Python 中运用函数编程的能力。A 企业流动资产与流动负债数据如表 5-1 所示。

表 5-1　A 企业流动资产与流动负债数据

年份	2020 年
流动资产合计	72 450
流动负债合计	220 972.5
流动比率	

【任务分析】

流动比率是企业流动资产和流动负债的比率，它是衡量企业的流动资产在其短期债务到期前可以变现用于偿还流动负债的能力，表明企业每 1 元流动负债有多少流动资产作为支付的保障。流动比率计算公式为：

流动比率 = 流动资产 ÷ 流动负债

流动比率是衡量企业短期偿债能力的一个重要的财务指标，所以实务中，企业也比较看重该指标，会经常运用流动比率进行短期偿债能力的分析。为了提高效率，我们可以设计一个代码块，每次计算分析流动比率的时候，不需要再次编写代码，直接调用即可。

Python 虽然含有多个内置函数，但是对于我们的需求是远远不够的，我们需要按照自己的需求自定义函数。本任务中，首先需要自定义一个流动比率的函数，然后设置函数体内的代码，即流动比率的计算公式。定义好函数后，如果要使用函数，需要调用函数，运行函数体内代码去计算流动比率。

【知识准备】

经过前面任务的学习与训练，其实已掌握了函数的用法。例如，print( ) 是一个放入对象就能将结果输出显示的函数。除了 print( ) 函数，还有 input( ) 函数、range( ) 函数等，通过观察函数的使用规律不难发现，Python 中所谓的使用函数就是把要处理的对象放到一个函数后面的括号里就可以得到处理结果。

以最新的 Python 版本为例，它一共存在 69 个这样的函数，这些函数被称为内置函数，是 Python 配置环境自带的函数，可以直接拿来用。

一、函数的定义与调用

函数的概念与用法

Python 的运用需要学会使用其内置函数，更需要学会创建新的函数。Python 自带的函数数量是有限的，若要让 Python 帮助我们做更多的事情，就要自己设计符合使用需求的函数。创建函数也很简单，创建自定义函数的语法格式，如图 5-1 所示。

图 5-1　自定义函数语法格式

def，即 define，定义。其含义是创建函数，也就是定义一个函数。arg，即 argument，参数，一个函数可以有多个参数，也可以没有参数。return 即返回结果，如果没有数据返回，可以不写 return 语句。

注 意

def 和 return 是关键字（keyword），Python 就是靠识别这些特定的关键字来明白用户的意图，实现更为复杂的编程。闭合括号后面的冒号必不可少，并且一定要使用英文输入法进行输入，否则就是错误的语法。

现在我们用一个示例演示一下。

【示例 5-1】自定义摄氏度转华氏度函数，代码如下：

```
#摄氏度转化为华氏度
def Fahrenheit(C):                    #把摄氏度转化定义为函数 Fahrenheit()
    fahrenheit = C*9/5 + 32           #转化公式为：华氏度 =摄氏度 *9/5 +32
    return fahrenheit                 #返回华氏度的数值
a = Fahrenheit(23)                    #调用函数
print(a)
```

运行代码，结果如下：

```
73.4
```

【示例 5-1】创建了一个把摄氏度转化为华氏度的函数 Fahrenheit()，函数的参数是摄氏度，函数体为摄氏度转为华氏度的计算公式，最后结果返回为华氏度的数值。前面 3 行代码，即完成了一个函数的定义。

函数定义完成后，开始使用它。我们把使用函数这种行为叫作“调用”，可以简单地理解成请求 Python 帮我们做一件事情。【示例 5-1】中，我们调用函数 Fahrenheit()，将参数设置为 23，执行函数体内部代码，最后返回的结果为华氏 73.4 度，然后将结果赋值给变量 *a* 再输出。

在函数的定义中，有些人会疑惑为什么要用 return 返回结果，直接用 print() 打印出来可以吗？我们将【示例 5-1】稍作修改。

【示例 5-2】自定义摄氏度转华氏度函数，不设置 return，代码如下：

```
#摄氏度转化为华氏度
def Fahrenheit(C):                    #把摄氏度转化定义为函数 Fahrenheit()
    fahrenheit = C*9/5 + 32           #转化公式为：华氏度 =摄氏度 *9/5 +32
    print(fahrenheit)
a = Fahrenheit(23)                    #调用函数
```

```
print(a)
```

运行代码，结果如下：

```
73.4
None
```

得到【示例 5-2】的结果是因为 print() 是一个函数，并非关键字。return 作为关键字在函数中起到了返回值的作用，而 print() 只是在函数中给我们展示输出的结果。因此运行结果中的 73.4 实际上是调用函数后产生的数值，而下面的 None 是此时变量 *a* 中所被返回到的数值——空，就是因为没有关键字 return。这就好比你对着一个人喊了一声他的名字（call），他只是“哎”地回应你一声，并没有后续动作，这是因为你并没有告诉他该做什么（return）。

二、参数传递

（一）形式参数和实际参数

在图 5-1 的函数语法格式图中，函数名后面括号里的内容叫作参数，函数参数的作用是传递数据给函数使用，函数利用接收的数据进行具体的操作处理。

在调用函数时，经常会用到形式参数和实际参数。形式参数即在定义函数时，函数名后面括号中的参数为“形式参数”。实际参数即在调用一个函数时，函数名后面括号中的参数为“实际参数”，如图 5-2 所示。也就是函数的调用者提供的函数参数为实际参数。就像剧本选主角一样，剧本的角色相当于形式参数，而演角色的演员就相当于实际参数。

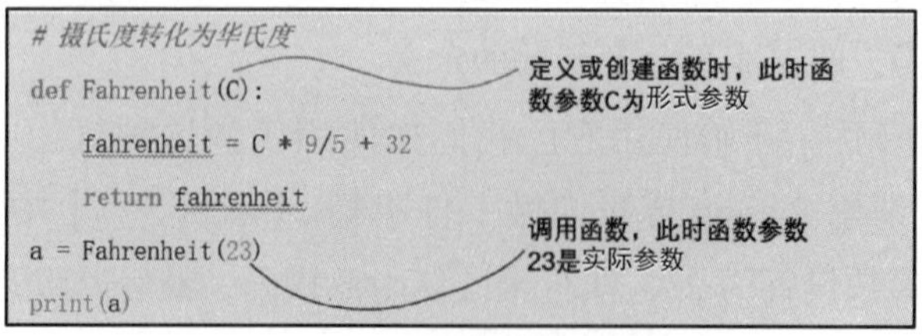

图 5-2　将实际参数传递给形式参数

形式参数必须是变量，实际参数可以是常量、变量或者表达式。

（二）位置参数

位置参数也称必备参数，是必须按照正确的顺序传到函数中，即函数在调用时，实际参数的数量和位置，必须与定义时形式参数的数量和位置是一样的。

【示例 5-3】自定义计算利润函数，使用位置参数调用函数，代码如下：

```
#计算利润函数
def Profit(income,cost):                #profit 为利润，income 为收入，cost 为成本
```

```
    profit = income-cost
    return profit
a = Profit(100, 60)
print(a)
```

运行代码，结果如下：

```
40
```

【示例 5-3】中，实际参数 100 和 60 就是位置参数，100 与 income 相对应，60 与 cost 相对应，参数的数量必须与定义时一致，即在调用函数时，指定的实际参数的数量必须与形式参数的数量一致，否则将产生 TypeError 异常，提示缺少必要的位置参数。或者虽然不报错，但是得到的结果与预期不一致，例如将实际参数写成 60 和 100，那么得到的结果是 -40。

我们可以在调用函数时，将列表中的每个元素都转换为位置参数。

【示例 5-4】自定义函数，将列表元素转换为位置参数后传递给形式参数，代码如下：

```
def Exa(a, b, c):                    # 位置参数
    print(a, b, c)
list = [10, 20, 30]
Exa(*list)
```

运行代码，结果如下：

```
10 20 30
```

【示例 5-4】中，在函数调用时，通过加“*”将列表中的每个元素都转换为位置参数，然后传递给形式参数。

【任务实施】

使用函数来实现 A 企业流动比率的计算。

步骤 1：自定义流动比率函数。首先定义一个流动比率函数并命名，设置两个参数分别代表流动资产和流动负债。然后设置函数体内流动比率计算公式，最后将计算结果返回给函数体。代码如下：

```
# 计算流动比率，定义流动比率计算函数
def ld_bl(zc, fz):                   # zc—流动资产、fz—流动负债
    ldbl = zc/fz                     # 定义变量，存储流动比率数据
    return ldbl                      # 计算结果返回函数
```

代码解析：

运用关键字 def 定义函数，函数命名为 ld_bl，两个形式参数分别为 zc 和 fz。设置函数体代码为“ldbl = zc/fz”，计算流动比率并赋值给变量 ldbl，最后使用 return 语句将结果返回给函数。

步骤 2：调用流动比率函数。首先按照位置输入实际参数调用函数，然后将调用函数结果赋值给变量，最后输出变量。代码如下：

```
a = ld_bl(72450, 220972.5)
print('流动比率是 %.2f' %a)
```

运行代码，结果如下所示：

```
流动比率是 0.33
```

代码解析：代码“a = ld_bl(72450, 220972.5)”中，按照位置给函数传递实际参数，将函数的运行结果赋值给变量 *a*，然后格式化输出。

注 意

在编写代码的时候以下两点要特别关注。

（1）上述任务运用的是位置参数，在调用函数时，需要注意实际参数的数量和位置要与形式参数的数量和位置相同，否则无法调用函数或者结果不准确。

（2）执行函数体时，遇到 return 语句就会提前结束执行函数体。无论函数体是否执行完毕，都会返回主程序。

【拓展提升】

匿名函数

在使用 def 语句定义函数时，必须为函数命名，并且使用 return 返回值。当编写某些比较简单的函数时，可以使用匿名函数跳过 def 函数结构化的写法，这样会更加简便，用匿名函数还可以节省内存中定义变量所占的空间。

匿名函数（lambda）是指没有名字的函数，应用在需要一个函数但是又不想命名这个函数的场合。通常情况下，这样的函数只使用一次。在 Python 中，使用 lambda 表达式创建匿名函数，其语法格式如图 5-3 所示。

图 5-3　创建匿名函数

参数说明如下：

（1）result：用于调用 lambda 表达式。

（2）arg1，arg2：可选参数，用于指定要传递的参数列表，多个参数间使用逗号“,”分隔。

（3）expression：必选参数，用于指定一个实现具体功能的表达式。如果有参数，那么在该表达式中将应用这些参数。

使用 lambda 表达式时，参数可以有多个，用逗号“,”分隔，但是表达式只能有一个，即只能返回一个值，而且也不能出现其他非表达式语句（如 for 或 while）。

【示例 5-5】创建匿名函数，代码如下：

```
result = lambda x, y: x + y
result(10, 20)
```

运行代码，结果如下：

```
30
```

由【示例 5-5】的代码可以看到，使用 lambda 表达式编写的代码比使用 def 语句更加简便。

在创建匿名函数时，有 3 个规则要记住：① 一般有一行表达式，必须有返回值；② 不能有 return；③ 可以没有参数，也可以有一个或多个参数。

任务二　计算应收账款周转率

【任务描述】

本任务围绕 A 企业应收账款周转率计算表，运用函数计算其应收账款周转率及周转天数，通过本任务的学习掌握 Python 中运用函数编程的能力。A 企业应收账款周转率相关数据如表 5-2 所示。

表 5-2　A 企业应收账款周转率相关数据

年份	2021 年
营业收入（元）	97 745 137
应收账款年初余额（元）	2 661 476
应收账款年末余额（元）	287 921
应收账款周转率（次）	
应收账款周转天数（天）	

【任务分析】

企业通过赊销政策来促进销售，但是赊销也导致企业必须在应收账款上进行投资，而这些投资是否达到促销的目的，以及应收账款的管理水平与安全性如何，需要利用应收账款周转率和应收账款周转天数来评价。应收账款周转率是反映应收账款周转速度的指标，它是一定时期内营业收入与应收账款平均余额的比率。应收账款周转率有两种表示方法：一种是应收账款在一定时期内（通常为一年）的周转次数；另一种是应收账款的周转天数。应收账款周转率的计算公式为：

应收账款周转率（周转次数）= 营业收入 / 应收账款平均余额 ×100%

其中：

应收账款平均余额 =（应收账款年初余额 + 应收账款年末余额）/ 2

应收账款周转天数 = 360/ 应收账款周转率（次数）

应收账款周转率是衡量企业营运能力的一个重要的财务指标，所以实务中，企业也比较看重该指标，会经常性运用应收账款周转率去衡量企业营运能力，进行营运能力的分析。为了提高效率，我们可以设计一个代码块，每次计算分析应收账款周转率的时候，不需要重新编写代码，直接调用即可。本任务中，首先需要自定义一个应收账款周转率的函数，然后设置函数体内的代码，即应收账款周转率的计算公式。定义好函数后，如果要使用函数，需要调用函数，运行函数体内代码去计算应收账款周转率。

【知识准备】

一、关键字参数

在调用函数的时候，可以将每个参数名称后面赋予一个我们想要传入的值。这种以名称作为一一对应的参数传入方式被称作是关键字参数。

关键字参数是指使用形式参数的名字来确定输入的参数值。通过该方式指定实际参数时，不再需要与形式参数的位置完全一致。只要将参数名写正确即可。这样可以避免用户需要牢记参数位置的麻烦，使得函数的调用和参数传递更加灵活方便。

【示例 5-6】自定义计算利润函数，将关键字参数传递给形式参数，代码如下：

```
#计算利润函数
def Profit(income, cost):              #profit 为利润，income 为收入，cost 为成本
    profit = income-cost
```

```
    return profit
a = Profit(cost = 60,income = 90)
print(a)
```

运行代码，结果如下：

```
30
```

从【示例 5-6】的结果中可以看出，虽然在指定实际参数时，顺序与定义函数时不一致，但是运行结果与预期是一致的。

我们也可以在调用函数时，将字典中的每个元素都转换为关键字参数。

【示例 5-7】自定义函数，将字典元素转换为关键字参数传递给形式参数，代码如下：

```
def Exa(a, b, c):
    print(a, b, c)
dict = {"a":"11","b":22,"c":33}
Exa(**dict)
```

运行代码，结果如下：

```
11 22 33
```

【示例 5-7】中，我们在函数调用时，通过加"**"将字典中的每个键值对都转换为关键字参数后传递给形式参数。

类似于去餐厅预约与就餐的流程，一般是通过你留下的姓名找到你预约的座位，你就是一个参数，会被按照姓名的方式传入你预定的座位，这个就是关键字参数传入；接下来是上菜，菜品按照你的座位号来传入你的桌子，而这就相当于是位置传入参数。

二、默认值参数

有时候，在调用函数时，没有传递任何实际参数而函数也可以正常运作。这是因为设置了默认值参数。给一个参数设定默认值非常简单，只需要在定义函数时，给参数赋值即可。如果没有给调用的函数的参数赋值，调用的函数就会使用这个默认值。

【示例 5-8】自定义计算利润函数并设置默认值参数，代码如下：

```
#计算利润函数
def Profit(income, cost = 50):
    profit = income-cost
    return profit
a = Profit(100)
```

```
print(a)
```

运行代码，结果如下：

```
50
```

从【示例 5-8】中可以看到，在调用函数时对 income 赋值 100，没有对 cost 赋值，在输出结果中使用了函数定义时的默认值。如果对 cost 赋值，最后输出的结果会受赋值的影响。

【示例 5-9】自定义计算利润函数并设置默认值参数，调用函数时对默认值参数赋值，代码如下：

```
# 计算利润函数
def Profit(income, cost = 50):
    profit = income−cost
    return profit
a = Profit(100, 40)
print(a)
```

运行代码，结果如下：

```
60
```

通过执行函数可以看到，执行结果使用的是赋值传入的参数。由此得知：当对默认参数传值时，函数执行时调用的是传入的值。把函数的默认参数放在前面是否可行呢？

【示例 5-10】自定义计算利润函数，设置第一个形式参数为默认值参数，代码如下：

```
def Profit(income = 120, cost):
    profit = income−cost
    return profit
a = Profit(100, 40)
print(a)
```

运行代码，结果如下：

```
File"<ipython−input−19−25603071c55d>", line 1
def Profit(income = 120, cost):                # income 为收入，cost 为成本
            ^
SyntaxError:non−default argument follows default argument
```

执行结果是编译不通过，错误信息是：非默认参数跟在默认参数后面。通过【示例 5-10】提醒我们，默认参数一定要放在非默认参数后面。

三、可变参数

如果需要一个函数能够处理不定数量的参数，这些参数叫作可变参数。可变参数也称不定长参数，即传入函数中的实际参数可以是零个、一个、两个到任意一个。和前面所讲述的参数不同，可变参数定义时不会命名。自定义函数时设置可变参数基本语法如图 5-4 所示。

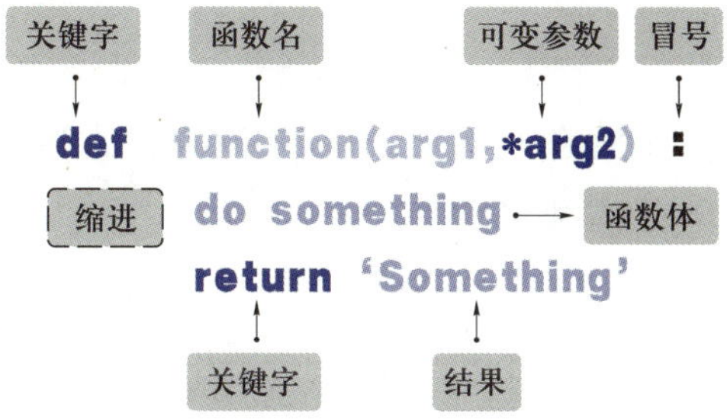

图 5-4　自定义函数时设置可变参数

【示例 5-11】自定义函数，并设置形式参数为可变参数，代码如下：

```
def Exa(arg1, *arg2):
    print(arg1, arg2)
Exa(10, 20)
Exa(12, 46, 68, 89)
```

运行代码，结果如下：

```
10(20,)
12(46, 68, 89)
```

这段代码看起来很不可思议，在定义函数时只定义了两个参数，调用时却可以传入那么多参数。

【示例 5-11】中的可变参数实际上是可变的位置参数，实际参数 10 和 12 与形式参数 arg1 对应，元组（20,）和元组（46, 68, 89）与可变参数 *arg2 对应。

这体现了可变参数的优点。我们在参数 arg2 前面加了一个星号，在函数内部，参数前的星号将所有值放在同一个元组中，通过这种方式将这些值收集起来，然后使用。参数 arg2 接收的是一个元组，调用函数时可以传入任意个数的参数，也可以不传。

四、参数的定义顺序

在 Python 中定义函数可以用位置参数、关键字参数、默认参数和可变参数，这 4 种参数可以组合使用。定义参数的顺序必须是位置参数、默认参数、可变参数和关键字参数。

【示例 5-12】自定义函数，按照参数定义顺序传入参数，代码如下：

```
# 位置参数 -> 可变位置参数 -> 关键字参数 -> 可变关键字参数
def Exa(a, *b, c):
    print(a, b, c,)
Exa(10, 20, 30, 40, c = 50)
```

运行代码，结果如下：

```
10(20, 30, 40)50
```

由输出结果看到，使用了组合参数，在调用函数时，Python 解释器会自动按照参数位置和参数名把对应的参数传进去。

【任务实施】

使用函数来实现 A 企业应收账款周转率的计算。

步骤 1：自定义应收账款周转率函数。首先定义一个应收账款周转率函数并命名，设置三个参数分别代表营业收入、应收账款年初余额和应收账款年末余额。设置函数体内应收账款周转率和周转天数计算公式，最后将计算结果返回给函数。代码如下：

```
# 计算应收账款周转率，定义应收账款周转率计算函数
def ys_zl(sr, nc, nm = 287921):          ''' sr—营业收入、nc—应收账款年初余
                                          额、nm—应收账款年末余额 '''
    yszl = round(sr/((nc + nm)/2),2)      # 定义变量，存储应收账款周转率数据
    yszt = round(360/yszl,2)              # 定义变量，存储应收账款周转天数
    return yszl, yszt                     # 计算结果返回函数
```

代码解析：

代码“def ys_zl(sr, nc, nm = 287921)”，运用关键字 def 定义函数，函数命名为 ys_zl，三个参数分别为 sr、nc 和 nm，其中参数 nm 为默认值参数，赋值为 287921。

代码“yszl = round(sr/((nc + nm)/2),2)”，计算应收账款周转率，对计算结果运用 round( ) 函数保留两位小数，赋值给变量 yszl。

代码“yszt = round(360/yszl,2)”，计算应收账款周转天数，对计算结果运用 round( ) 函数保留两位小数，赋值给变量 yszt。

代码“return yszl,yszt”，将变量值返回给函数。

步骤 2：调用应收账款周转率函数。首先按照位置输入实际参数调用函数，然后将调用函数结果赋值给变量，最后输出变量。代码如下：

```
a = ys_zl(97745137, nc = 2661476)
print(' 应收账款周转率是 %.2f，周转天数是 %.2f 天 ' %a)
```

运行代码，结果如下所示：

```
应收账款周转率是 66.28，周转天数是 5.43 天
```

代码解析：

代码“a = ys_zl(97745137,nc = 2661476)”，调用 ys_zl 函数，按照位置将实参 97745137 传递给形式参数 sr，“nc = 2661476”为关键字参数，参数 nm 在定义时设置为默认值参数，所以不需要再传入参数。

注 意

在编写代码的时候有两点要特别关注。

（1）在调用函数传递参数时，要注意参数顺序，位置参数在最前面，然后是可变参数，最后是关键字参数。

（2）执行函数体时，遇到 return 语句就会提前结束执行函数体。无论函数体是否执行完毕，都会返回主程序。

【拓展提升】

可变关键字参数

除了可变位置参数，我们也可以使用这种方式处理前面学习的关键字参数，即可变的关键字参数。

【示例 5-13】自定义函数，设置可变关键字参数，代码如下：

```
def Exa(arg1, **arg2):
    print(arg1, arg2)
Exa(10, a = 20)
Exa(12, a = 46, b = 68, c = 89)
```

运行代码，结果如下：

```
10{'a':20}
12{'a':46,'b':68,'c':89}
```

由函数执行结果看到，可以使用两个“*”号，即使用“**”处理关键字参数。这种形式表示接收任意多个类似关键字参数一样显示赋值的实际参数，并将其放到一个字典中。示例中，我们将多个关键字参数传递给形式参数 **arg2，arg2 将其放入字典中。

注 意

在定义函数时，不管是可变的位置参数，还是可变的关键字参数，都只能定义一个，否则会报错。

技能实训 >>>

一、单选题

1. 下列关于函数的说法错误的是（　　）。

A. 函数使用 def 语句完成定义　　B. 函数可以没有参数

C. 函数可以有多个参数　　D. 函数可以有多个返回值

2. 如果函数定义为 def greet(username)：，则下面对该函数的调用不合法的是（　　）。

A. greet("jucy")　　B. greet('jucy')

C. greet()　　D. greet(username = 'jucy')

3. 下面程序段的输出为（　　）。

```
a = 1
def fun(a):
    a = 2 + a
    print(a)
fun(a)
print(a)
```

A. 3
1　　B. 4
1

C. 3
2　　D. 程序编译出错

二、实训题

1. A公司采用标准成本核算企业产品成本，为了控制生产成本，需要分析成本差异中直接材料差异的大小，以及引起直接材料差异的原因，即直接材料差异是耗量引起的还是材料价格引起的，从而深层次挖掘生产流程或供应商管理的问题，继而针对这些问题制定具体的解决方案。A公司标准成本差异分析计算表如表5-3所示。

直接材料数量差异 =（实际耗量 − 标准耗量）× 标准价格

直接材料价格差异 =(实际价格 − 标准价格)× 实际耗量

标准耗量 = 实际产量 × 材料单位标准耗量

表 5-3　A 公司标准成本差异分析计算表

项目	产品实际产量	单位标准耗量	标准价格	实际耗量	实际价格	数量差异	价格差异
甲材料	72 450	3	596.79	220 972.5	605.61		

2. 某公司 1—7 月产品销量如表 5-4 所示。使用函数计算该公司 1—7 月的平均销量。

表 5-4　产品销量统计表

月份	1	2	3	4	5	6	7
产品销量	200	388	123	456	987	342	767

项目六
财务数据处理——pandas 应用

pandas 是 Python 中常见的数据处理模块，pandas 模块是基于 numpy 模块的一个开源 Python 模块，广泛应用于 Python 中的数据获取、数据处理等工作。

本项目会重点讲解 pandas 在财务数据处理中的应用。

学习目标 >>>

知识目标

1. 理解 pandas 的两种基本数据结构
2. 掌握使用 pandas 读取数据的方法
3. 掌握使用 pandas 进行数据清洗的方法
4. 掌握使用 pandas 进行数据合并的方法
5. 掌握使用 pandas 进行数据分组与运算的方法

技能目标

1. 能使用 pandas 对 Excel 文件进行读取、预览和提取
2. 能使用 pandas 查看、删除、填充缺失数据以及处理重复数据
3. 能使用 pandas 对数据表进行合并
4. 能使用 pandas 对数据进行分组及运算

素养目标

1. 在对数据进行获取与处理的过程中，培养学生养成做事认真细致的良好习惯
2. 在对数据进行复杂运算的过程中，强化学生数据处理能力和数据逻辑思维

立志问学 >>>

大数据时代

大数据，指无法在一定时间范围内用常规软件工具进行捕捉、管理和处理的数据集合，需要具有更强的决策力、洞察发现力和流程优化能力的新处理模式进行处理的海量、高增长率和多样化的信息资产。大数据要成为信息资产，需要完成两步，一是数据获取，二是数据处理。

在数据获取上，数据挖掘无疑是很多公司或者个人的首选，毕竟大部分公司或者个人没有能力产生这么多数据，只能是挖掘互联网上的相关数据。网络爬虫是

Python 的传统强势领域，最流行的爬虫框架都是能够独当一面的类库。有了大数据，需要经过处理才能找到适合自己的数据。而在数据处理上，Python 本身就是一门工程性语言，数据科学家用 Python 实现的算法，可以直接用在产品中，这有利于大数据初创公司节省成本。正因如此，才让 Python 语言成为很多公司处理大数据的首选。加之 Python 本身具有简单、易学、库多等原因，让越来越多的人选择学习 Python 开发。

思维导图 >>>

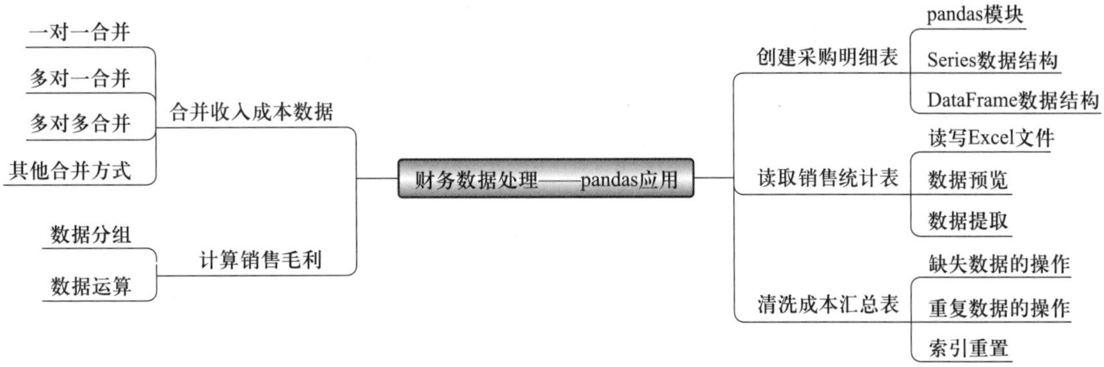

任务一 创建采购明细表

【任务描述】

本任务将 A 企业产品采购明细数据表示成 pandas 的 DataFrame 形式，DataFrame 会为数据集添加索引，从而使数值明确含义，在此基础上进行数据分析会更加方便、更容易理解，也更有意义。通过讲解 pandas 基本知识，帮助初学者认识数据分析工具 pandas，掌握 pandas 中存放数据的 Series 和 DataFrame 两种数据结构。A 企业产品采购明细表如表 6-1 所示。

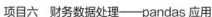

表 6-1　A 企业产品采购明细表

序号	采购物品	采购数量	采购金额（元）
1	投影仪	1	3 500
2	马克笔	10	100
3	打印机	2	4 000
4	点钞机	1	400

【任务分析】

Python 为我们提供了最基础的数据存储结构，包括列表、字典、字符串等。而要进行数据处理，就要用到 pandas 模块，pandas 提供 Series 和 DataFrame 作为数组数据的存储框架，数据进入这两种框架后，就可以利用它们提供的强大处理方法进行处理。

本任务利用字典的方式进行 DataFrame 数据结构的创建，首先需要导入 pandas 模块，然后将采购数据存储到字典中，运用 pandas 模块将字典中的数据转换为 DataFrame 数据，同时设置行索引的内容，最后将数据表进行展示。

【知识准备】

一、pandas 模块

Python 中调用 pandas 模块是用 import 语句实现的。

【示例 6-1】使用 import 语句调用 pandas 模块，代码如下：

```
import pandas as pd
```

在【示例 6-1】的代码中用 as 给 pandas 简化命名，所以在后面的内容中见到“pd”就是代表 pandas。

pandas 提供 Series 和 DataFrame 作为数组数据的存储框架。

简单来讲，Series 数据结构就是带有索引的一维数组，数组是相同数据类型的元素按一定顺序排列的组合，第一列是索引，第二列是数据，索引与数据是一一对应的。

【示例 6-2】创建 Series 数据结构，代码如下：

```
s = pd.Series(['a', 'b', 'c', 'd'])
s
```

运行代码，结果如下：

```
0   a
1   b
2   c
3   d
dtype: object
```

【示例 6-2】就是一个简单的 Series 数据结构，其中“0 1 2 3”是索引，“a b c d”是数据，“dtype:object”是指 Series 中数据的数据类型为 object。在 pandas 中，除了指定的数据类型外，其他数据的数据类型都用 object 表示。

DataFrame 数据结构是二维数组，它和 Excel 表格结构非常相似，可以理解为多个一维数组 Series 组成了 DataFrame 二维数组，DataFrame 由行索引和列索引以及数据构成，由行索引和列索引定位唯一的数据值。

【示例 6-3】创建 DataFrame 数据结构，代码如下：

```
df = pd.DataFrame([[" 库存现金 ", 10000], [" 银行存款 ", 15000], [" 应收账款 ', 20000]],
                  columns = [" 会计科目 ", " 金额 "],index = [1,2,3])
df
```

运行代码，结果如图 6-1 所示。

	会计科目	金额
1	库存现金	10000
2	银行存款	15000
3	应收账款	20000

图 6-1 【示例 6-3】运行结果

通过【示例 6-3】可以清晰地看出，“会计科目”“金额”是列索引，“1”“2”“3”是行索引，DataFrame 能够展示的数据比 Series 要多。

二、Series 数据结构

Series 的创建，利用的方法是 pd.Series( )，通过给 Series( ) 传入不同的对象即可实现。例如插入一个列表。

【示例 6-4】使用列表创建 Series 数据结构，代码如下：

```
s1 = pd.Series([" 单价 ", " 数量 ", " 收入 ", " 成本 "])
s1
```

运行代码，结果如下：

```
0   单价
```

```
1   数量
2   收入
3   成本
dtype:object
```

从【示例 6-4】中可以看出，如果不指定索引名称，那么 Series 会默认使用从 0 开始的数字作为索引，上面的“0 1 2 3”就是默认的索引。我们可以通过设置 index 参数来自定义索引。

【示例 6-5】使用列表创建 Series 数据结构，自定义索引，代码如下：

```
s2 = pd.Series([" 单价 "," 数量 "," 收入 "," 成本 "], index  = [1, 2, 3, 4])
s2
```

运行代码，结果如下：

```
1   单价
2   数量
3   收入
4   成本
dtype: object
```

【示例 6-5】便是使用 index 参数将索引设置为“1 2 3 4”。

我们也可以将索引和数据以字典的形式传入，这样字典的 key 值就是索引，value 就是数据值。

【示例 6-6】使用字典创建 Series 数据结构，代码如下：

```
s3 = pd.Series({" 单价 ":1," 数量 ":3, " 收入 ":3, " 成本 ":2})
s3
```

运行代码，结果如下：

```
单价   1
数量   3
收入   3
成本   2
dtype:int64
```

三、DataFrame 数据结构

DataFrame 数据结构在后续的使用中更为常见，它所承载的二维数据组也更符合财务人员的日常使用要求。创建 DataFrame 数据结构，利用的方法是 pd.DataFrame( )，通过给 DataFrame( ) 传入不同的对象即可实现。例如插入一个列表。

【示例 6-7】使用列表创建 DataFrame 数据结构，代码如下：

```
data =([" 应收账款 ", " 应付账款 ", " 实收资本 "])
df1 = pd.DataFrame(data)
df1
```

运行代码，结果如图 6-2 所示。

	0
0	应收账款
1	应付账款
2	实收资本

图 6-2 【示例 6-7】运行结果

可以从【示例 6-7】看出，只传入一个单一列表时，该列表的值会显示成一列，且行和列都是从 0 开始的默认索引。如果只给 DataFrame( ) 传入列表，DataFrame( ) 的行、列索引都是默认值。可以通过设置 columns 参数自定义列索引，设置 index 参数自定义行索引。

【示例 6-8】使用嵌套列表创建 DataFrame 数据结构，代码如下：

```
data =[[" 应收账款 ",85000], [" 应付账款 ",37000,], [" 实收资本 ",1116000]]
df2 = pd.DataFrame (data,columns = [" 会计科目 "," 金额 "], index = [" 资产类 ",
                    " 负债类 ", " 所有者权益类 "])
df2
```

运行代码，结果如图 6-3 所示。

	会计科目	金额
资产类	应收账款	85000
负债类	应付账款	37000
所有者权益类	实收资本	1116000

图 6-3 【示例 6-8】运行结果

可以看出，【示例 6-8】传入了一个嵌套列表，并且设置了行索引和列索引。

我们还可以传入一个字典，进行 DataFrame 的创建，字典的 key 值就相当于列索引，这个时候如果没有设置行索引，行索引还是使用从 0 开始的默认索引，同样可以使用 index 参数自定义行索引。

【示例 6-9】使用字典创建 DataFrame 数据结构，代码如下：

```
data = {" 会计科目 ": [" 应收账款 ", " 应付账款 ", " 实收资本 "]," 期初余额 ":[85000,
```

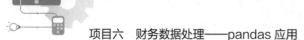

```
    97000, 116000]," 期末余额 ":[70000, 50000, 126000]}
df3 = pd.DataFrame(data, index = range(1, 4))
df3
```

运行代码，结果如图 6-4 所示。

	会计科目	期初余额	期末余额
1	应收账款	85000	70000
2	应付账款	97000	50000
3	实收资本	116000	126000

图 6-4 【示例 6-9】运行结果

【任务实施】

使用 pandas 来实现 A 企业采购数据的存储。

步骤 1：导入 pandas 模块。运用 import 语句导入 pandas 模块并简化命名为“pd”。代码如下：

```
# 导入 pandas 模块
import pandas as pd
```

步骤 2：将采购数据存储到字典。将采购明细表中列名作为键，每一列对应的数据为值，存储到字典中。代码如下：

```
# 设置数据内容
data = {" 采购物品 ":[" 投影仪 ", " 马克笔 ", " 打印机 ", " 点钞机 "]," 采购数量 ":
    [1, 10, 2, 1], " 采购金额 ":[3500, 100, 4000, 400]}
```

代码解析：

除序号列之外，产品采购明细表数据所在列的列名分别为“采购物品”“采购数量”“采购金额”，将这三个列名作为字典的键，将这三列分别所对应的数据作为各自键所对应的值。因为是多个值，所以以列表的形式存储。

步骤 3：创建 DataFrame 数据。运用 pandas 模块将字典 data 的数据转换为 DataFrame 数据，并设置行索引为 1，2，3，4。

```
# 设置索引内容
df4 = pd.DataFrame(data,index = range(1, 5))
# 表格展示
df4
```

通过运行上述代码，可以得到运行结果如图 6-5 所示。

	采购物品	采购数量	采购金额
1	投影仪	1	3500
2	马克笔	10	100
3	打印机	2	4000
4	点钞机	1	400

图 6-5　运用字典创建的 DataFrame 数据

代码解析：

代码“df4 = pd.DataFrame(data,index = range(1, 5))”中，需要将字典 data 转换为 DataFrame 数据，就将它放到 DataFrame 后面的括号里。“index = range(1, 5)”中，range(1, 5) 形成的是 1–4 的整数序列，将该整数序列赋值给参数 index，表示的是设置行索引为 1 2 3 4。因字典的特殊结构，用字典生成为 DataFrame 数据时，字典的键自动形成 DataFrame 的列索引，所以不需再单独设置列索引。

注 意

（1）如果编译环境的内核重新打开或者重启，第一步需要导入 pandas 模块。

（2）index 设置行索引的数量一定要和前面的数据组数量一致，例如前面是 4 组数据，那行索引也要设置 4 组。

【拓展提升】

一、获取 Series 的索引和值

获取一组数据的索引是比较常见的操作，可以直接利用 index 方法获取 Series 的索引值。

【示例 6–10】获取 Series 的默认索引值，代码如下：

```
s4 = pd.Series([" 单价 "," 数量 "," 收入 "," 成本 "])
s4.index
```

运行代码，结果如下：

```
RangeIndex(start = 0, stop = 4, step = 1)
```

如果在创建 Series 时直接指定了索引，那么在获取索引时，会列示出所有指定的索引值。

【示例 6–11】获取 Series 的指定索引值，代码如下：

```
s5 = pd.Series([" 单价 "," 数量 "," 收入 "," 成本 "], index = [1, 2, 3, 4])
```

```
s5.index
```

运行代码，结果如下：

```
Int64Index([1, 2, 3, 4], dtype = 'int64')
```

与获取索引的方法类似，获取 Series 的值，使用的方法是 values 方法。

【示例 6-12】获取 Series 的值，代码如下：

```
s6 = pd.Series([" 单价 ", " 数量 ", " 收入 ", " 成本 "])
s6.values
```

运行代码，结果如下：

```
array([' 单价 ', ' 数量 ', ' 收入 ', ' 成本 '], dtype = object)
```

二、获取 DataFrame 的索引

有时候，可能需要获取 DataFrame 的行列索引，我们可以利用 columns 方法获取 DataFrame 的列索引，利用 index 方法获取 DataFrame 的行索引。

【示例 6-13】获取 DataFrame 的列索引，代码如下：

```
data  = ([" 应收账款 ",85000], [" 应付账款 ", 37000], [" 实收资本 ", 1116000])
df5 = pd.DataFrame(data,columns = [" 会计科目 ", " 金额 "], index = [" 资产类 ",
    " 负债类 ", " 所有者权益类 "])
df5.columns
```

运行代码，结果如下：

```
Index([' 会计科目 ', ' 金额 '], dtype = 'object')
```

【示例 6-14】获取 DataFrame 的行索引，代码如下：

```
data  = ([" 应收账款 ",85000], [" 应付账款 ", 37000], [" 实收资本 ", 1116000])
df5 = pd.DataFrame(data,columns = [" 会计科目 ", " 金额 "], index = [" 资产类 ",
    " 负债类 ", " 所有者权益类 "])
df5.index
```

运行代码，结果如下：

```
Index([' 资产类 ', ' 负债类 ', ' 所有者权益类 '], dtype = 'object')
```

关于 DataFrame 数据的获取，因为涉及了行、列的选择问题，将会在下一任务读取销售统计表中详细讲解。

任务二 读取销售统计表

【任务描述】

数据分析应用的数据量通常都是比较大的，学会如何从大量数据中查询自己需要的数据是一个很重要的技能。本任务将实现读取 A 企业销售统计表数据的操作。通过讲解 pandas 读取数据，帮助初学者掌握从数据集中查询数据的方法。A 企业销售统计数据如表 6-2 所示。

表 6-2　A 企业销售统计表（部分）

销售分部	单号	产品名称	成本价（元/个）	销售价（元/个）	销售数量（个）	产品成本（元）	销售收入（元）	销售毛利（元）
销售一部	201806123001	BACKPACK	16	65	60	960	3 900	2 940
销售一部	201806123002	LUGGAGE	22	88	45	990	3 960	2 970
销售一部	201806123003	WALLET	90	187	50	4 500	9 350	4 850
销售一部	201806123004	BACKPACK	16	65	23	368	1 495	1 127

【任务分析】

pandas 将数据加载到 DataFrame 后，就可以使用 DataFrame 对象的属性和方法进行操作。这些操作有的是完成数据分析中的常规统计工作，有的是对数据的加工处理。无论是在数据分析统计方面还是在数据加工处理方面，pandas 都提供了丰富且实用的功能。pandas 可以将指定格式的数据读取到 DataFrame 中，并将 DataFrame 输出为指定格式的文件。

本任务中，我们利用 pandas 读取 A 企业“销售统计表.xlsx”数据，对读取的数据获取其数据行数、列数以及全部数据的数据类型，对数据表进行整体了解。然后，根据需要获取数据表中的“销售分部”“产品名称”“销售毛利（元）”三列有效数据。最后，将获取到的三列有效数据导出为 Excel 数据表存储。

【知识准备】

一、读写 Excel 文件

（一）读入 Excel 文件

在一般的日常财务工作过程中，财务数据绝大部分都是直接从核算系统里导出的 Excel 文件，如果把 Excel 里的大量数据通过 pandas 模块一个个输入后再做运算，是不现实的。

pandas 模块提供了非常灵活的数据读取方式，可以读取很多种主流数据存储格式的文件。读取数据主要用到的是 pandas 里的 read_x() 方法，x 表示待读入文件的格式。

例如，我们可以尝试读入一个 Excel 文件，其代码格式如图 6-6 所示。

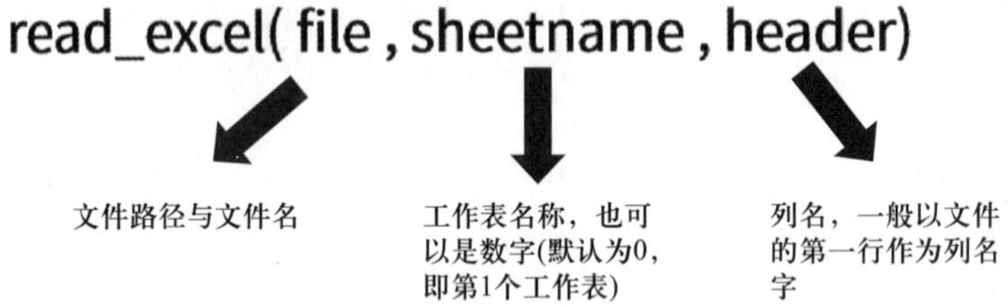

图 6-6　read_excel 方法读取文件数据

```
read_excel(file,sheetname,header)
```

我们通过示例来具体看一下读入 Excel 文件是如何实现的。

【示例 6-15】读入 Excel 文件，代码如下：

```
import pandas as pd
df = pd.read_excel(r"C:\Users\Administrator\Desktop\采购表.xlsx")
df
```

运行代码，结果如图 6-7 所示。

注 意

（1）文件路径和名称一定不能出错，如果输入错误，会提示报错并且无法运行。

（2）检查语句没问题，上述语句完成运行后，是默认读取工作簿的第一张工作表。

（3）Windows 中的文件路径默认使用 \，这个时候需要在路径前面加一个 r（转义符）避免路径里面的 \ 被转义。也可以不加 r，但是需要把路径里面的所有 \ 转换成 /，这个规则在导入其他格式文件时也是一样，一般选择在路径前加 r。

	采购日期	采购物品	采购数量	采购金额
0	2021-01-06	投影仪	1台	2000
1	2021-01-10	马克笔	5盒	300
2	2021-01-15	打印机	1台	298
3	2021-01-16	点钞机	1台	349
4	2021-01-17	复印纸	2箱	100
5	2021-01-20	展板	2个	150
6	2021-01-21	培训椅	5个	345
7	2021-01-22	文件柜	2个	360
8	2021-01-23	广告牌	4个	269
9	2021-01-24	办公沙发	2个	560
10	2021-01-26	复合机	1台	2999
11	2021-01-28	收款机	1台	1099

图 6-7 【示例 6-15】运行结果

大部分情况下，Excel 工作簿文件都会有多个 Sheet 工作表，我们可以指定导入某个 Sheet 工作表。通过设定 sheet_name 参数来指定导入哪个 Sheet 工作表。除了可以指定具体 Sheet 工作表的名称，还可以传入 Sheet 工作表的顺序，从 0 开始计数。例如，我们指定读入某个工作簿的第三个工作表。

【示例 6-16】读入采购表工作簿中的第三个工作表，代码如下：

```
df1 = pd.read_excel(r"C:\Users\Administrator\Desktop\采购表.xlsx", sheet_name = 2)
df1
```

运行代码，结果如图 6-8 所示。

	采购日期	采购物品	采购数量	采购金额
0	2021-03-02	文件柜	2个	150
1	2021-03-04	超市货架	5个	400
2	2021-03-06	胶带	8卷	60
3	2021-03-08	复印纸	4箱	360
4	2021-03-10	封口机	2个	180
5	2021-03-12	条码纸	6卷	34
6	2021-03-20	条码打印机	1台	980
7	2021-03-26	包装盒	50个	120
8	2021-03-31	交换机	2台	50

图 6-8 【示例 6-16】运行结果

图 6-8 运行示例便是“采购表”工作簿文件中的第三个工作表。

（二）导出 Excel 文件

有读入自然就有导出，当读入 Excel 数据，完成一系列数据修改后，需要将修改后的数据导出到本地保存，用到的是 pandas 里的 to_excel() 方法，如图 6-9 所示。

图 6-9　to_excel() 方法导出工作表

```
to_excel(file_Path, index = True, header = True)
```

我们通过示例来具体看一下导出工作表是如何实现的。

【示例 6-17】导出工作表，代码如下：

```
df = pd.DataFrame ({" 产品名 ":[" 办公桌 ", " 办公椅 ", " 文件柜 "]," 价格 ":[1500, 450,
                1350]})
df.to_excel(r"C:\Users\Administrator\Desktop\ 办公用品采购价格表.xlsx")
```

运行代码，结果如图 6-10 所示。

	A	B	C
1		产品名	价格
2	0	办公桌	1500
3	1	办公椅	450
4	2	文件柜	1350

图 6-10 【示例 6-17】运行结果

最终数据内容为图 6-10 所示，文件名称为“办公用品采购价格表.xlsx”，保存的地址为系统桌面上。

二、数据预览

（一）数据的简单预览

在日常财务工作过程中，从财务核算系统中导出的表格可能会包含大量数据。当数据表中包含数据行数过多，但我们只想预览前几行的数据时，就可以只把数据表中前几行数据显示出来进行查看。

在 Python 中，当一个文件读入后，可以用 head() 方法来控制要显示多少行。只需要在 head 后面的括号中输入要展示的数据行数即可，默认展示前 5 行。

【示例 6-18】读入数据表，预览数据表前 5 行，代码如下：

```
df = pd.read_excel(r"C:\Users\Administrator\Desktop\采购表.xlsx", sheet_name = 0)
df.head( )
```

运行代码，结果如图 6-11 所示。

	采购日期	采购物品	采购数量	采购金额
0	2021-01-06	投影仪	1台	2000
1	2021-01-10	马克笔	5盒	300
2	2021-01-15	打印机	1台	298
3	2021-01-16	点钞机	1台	349
4	2021-01-17	复印纸	2箱	100

图 6-11 【示例 6-18】运行结果

预览几行都是可以设置的，比如我们想预览前 8 行，只需要修改最后一行代码为 df.head（8）即可。

【示例 6-19】读入数据表，预览数据表前 8 行，代码如下：

```
df = pd.read_excel(r"C:\Users\Administrator\Desktop\采购表.xlsx", sheet_name = 0)
df.head(8)
```

运行代码，结果如图 6-12 所示。

	采购日期	采购物品	采购数量	采购金额
0	2021-01-06	投影仪	1台	2000
1	2021-01-10	马克笔	5盒	300
2	2021-01-15	打印机	1台	298
3	2021-01-16	点钞机	1台	349
4	2021-01-17	复印纸	2箱	100
5	2021-01-20	展板	2个	150
6	2021-01-21	培训椅	5个	345
7	2021-01-22	文件柜	2个	360

图 6-12 【示例 6-19】运行结果

（二）统计数据表信息

财务数据的表格内容数量往往会很庞大，我们有时需要确定数据表有多少行、多少列。此时使用 shape 方法即可实现。

【示例 6-20】读入数据表，统计数据表行数、列数，代码如下：

```
df = pd.read_excel(r"C:\Users\Administrator\Desktop\采购表.xlsx")
```

```
df.shape
```

运行代码，结果如下。

```
(12,4)
```

shape 方法会以元组的形式返回行、列数，【示例 6-20】代码输出结果中的（12,4）表示 df 表有 12 行，4 列数据。这里需要注意的是，Python 中利用 shape 方法获取行数和列数时不会把行索引和列索引计算在内。

在获取了数据的量之后，我们还需要获取数据的类型，不同的数据类型计算思路不一样。比如，数值类型的数据可以求均值，但是字符串类型的数据就不能求均值。

在 Python 中我们可以用 info( ) 方法查看数据表中的数据类型，而且不需要一列一列查看，在调用 info( ) 方法以后就会输出整个表中所有列的数据类型。

【示例 6-21】读入数据表，查看数据表行数、列数及数据类型，代码如下：

```
df = pd.read_excel(r"C:\Users\Administrator\Desktop\采购表.xlsx")
df.info( )
```

运行代码，结果如图 6-13 所示。

```
<class 'pandas.core.frame.DataFrame'>
RangeIndex: 12 entries, 0 to 11
Data columns (total 4 columns):
 #   Column  Non-Null Count  Dtype
---  ------  --------------  -----
 0   采购日期    12 non-null     datetime64[ns]
 1   采购物品    12 non-null     object
 2   采购数量    12 non-null     object
 3   采购金额    12 non-null     int64
dtypes: datetime64[ns](1), int64(1), object(2)
memory usage: 512.0+ bytes
```

图 6-13 【示例 6-21】运行结果

通过 info() 方法可以看出表 df 的行索引 index 是 0—11，总共 4 列，分别是采购日期、采购物品、采购数量、采购金额，数据类型有时间类型、object 类型和整数类型，共占用内存 512B。

三、数据提取

（一）按行、列提取数据

我们从 Excel 读入到 DataFrame 的数据包含了很多的信息，要想从原始数据中截取一部分信息做分析，在 pandas 中可以通过索引，也就是行和列来进行提取。

【示例 6-22】读入数据表，提取指定列数据，代码如下：

```
df = pd.read_excel(r"C:\Users\Administrator\Desktop\采购表.xlsx")
```

```
df[" 采购物品 "]
```

运行代码，结果如图 6-14 所示。

```
0       投影仪
1       马克笔
2       打印机
3       点钞机
4       复印纸
5        展板
6       培训椅
7       文件柜
8       广告牌
9      办公沙发
10      复合机
11      收款机
Name: 采购物品, dtype: object
```

图 6-14 【示例 6-22】运行结果

可以根据运行【示例 6-22】看出，df[" 采购物品 "] 这句代码的意思是提取“采购物品”这一列。如果我们想提取多列该如何操作呢？

【示例 6-23】读入数据表，提取多列数据，代码如下：

```
df = pd.read_excel(r"C:\Users\Administrator\Desktop\ 采购表.xlsx")
df[[" 采购物品 ", " 采购数量 ", " 采购金额 "]]
```

运行代码，结果如图 6-15 所示。

	采购物品	采购数量	采购金额
0	投影仪	1台	2000
1	马克笔	5盒	300
2	打印机	1台	298
3	点钞机	1台	349
4	复印纸	2箱	100
5	展板	2个	150
6	培训椅	5个	345
7	文件柜	2个	360
8	广告牌	4个	269
9	办公沙发	2个	560
10	复合机	1台	2999
11	收款机	1台	1099

图 6-15 【示例 6-23】运行结果

我们也可以按照索引的位置进行数据提取操作，这一操作类似于列表的切片操作。

【示例 6-24】读入数据表，按行索引提取数据，代码如下：

```
df = pd.read_excel(r"C:\Users\Administrator\Desktop\ 采购表.xlsx")
df[1:3]
```

运行代码，结果如图 6-16 所示。

	采购日期	采购物品	采购数量	采购金额
1	2021-01-10	马克笔	5盒	300
2	2021-01-15	打印机	1台	298

图 6-16 【示例 6-24】运行结果

在【示例 6-24】的代码中，df 后面方括号中的“1:3”代表选择行索引为 1 的行到行索引为 3 的行之间的值（包含行索引为 1 的行但不包含行索引为 3 的行），这种通过传入一个位置区间来获取数据的方式称为切片索引。

（二）按条件提取数据

在财务数据处理过程中，会有带条件的数据提取需求，比如说获取大于某个值的数据，这种按条件提取数据的方式，在 pandas 中叫作布尔索引，也称为带条件判断的索引。

【示例 6-25】读入数据表，按单个条件提取数据，代码如下：

```
df = pd.read_excel(r"C:\Users\Administrator\Desktop\ 采购表.xlsx")
df[df[" 采购金额 "]< 300]
```

运行代码，结果如图 6-17 所示。

	采购日期	采购物品	采购数量	采购金额
2	2021-01-15	打印机	1台	298
4	2021-01-17	复印纸	2箱	100
5	2021-01-20	展板	2个	150
8	2021-01-23	广告牌	4个	269

图 6-17 【示例 6-25】运行结果

根据【示例 6-25】运行结果展示，提取出了采购金额小于 300 的数据，在工作表中一共有四条数据符合要求。

在实际工作过程中，有时我们的条件不仅局限于一条，可能会有多种条件复合提取数据。

【示例 6–26】读入数据表，按多个条件提取数据，代码如下：

```
df = pd.read_excel(r"C:\Users\Administrator\Desktop\ 采购表.xlsx")
df[(df[" 采购金额 "]< 300) & (df[" 采购物品 "] == " 广告牌 ")]
```

运行代码，结果如图 6–18 所示。

	采购日期	采购物品	采购数量	采购金额
8	2021-01-23	广告牌	4个	269

图 6–18 【示例 6–26】运行结果

注 意

索引列表中可以使用“&”等操作符，操作符“&”的意思是既要满足前面条件又要满足后面的条件，但是不能使用 and、or、not 关键词。

（三）同时提取行、列数据

当财务数据提取需求是只选取某几行的某几列数据时，便不能使用上面的方法了。这时，我们可以使用更为简单的 loc 方法先选取行，再选取列。

loc 方法只能使用自定义索引，如数据中没有自定义索引，才可以使用原始索引。它的一般的语法形式是 DataFrame.loc[index, column]。我们先通过下面的例子看一下选取一行的情况。

【示例 6–27】读入数据表，使用 loc 方法提取行数据，代码如下：

```
df = pd.read_excel(r"C:\Users\Administrator\Desktop\ 采购表.xlsx")
df.loc[3]
```

运行代码，结果如图 6–19 所示。

```
采购日期      2021-01-16 00:00:00
采购物品                    点钞机
采购数量                     1台
采购金额                    349
Name: 3, dtype: object
```

图 6–19 【示例 6–27】运行结果

从图 6–19 中可以看出，df.loc[3] 语句将行索引为“3”的数据提取了出来进行展示。如果我们想进行行索引和列索引的组合提取，可以将列索引也加入语句中。

【示例 6–28】读入数据表，使用 loc 方法提取行、列数据，代码如下：

```
df = pd.read_excel(r"C:\Users\Administrator\Desktop\ 采购表.xlsx")
df.loc[[0,3], [" 采购物品 ", " 采购金额 "]]
```

运行代码，结果如图 6-20 所示。

	采购物品	采购金额
0	投影仪	2000
3	点钞机	349

图 6-20 【示例 6-28】运行结果

通过【示例 6-28】得出，“df.loc[[0,3], ["采购物品","采购金额"]]”这一句代码的含义是提取出行索引为“0”和“3”、列索引为“采购物品”和“采购金额”的数据。

我们还可以选取列满足一定条件的行，例如我们想取出“采购金额”大于 300 并且展示出“采购物品”和“采购金额”的列，如【示例 6-29】所示。

【示例 6-29】读入数据表，使用 loc 方法提取满足条件的行列数据，代码如下：

```
df = pd.read_excel(r"C:\Users\Administrator\Desktop\采购表.xlsx")
df.loc[df["采购金额"]> 300, ["采购物品","采购金额"]]
```

运行代码，结果如图 6-21 所示。

	采购物品	采购金额
0	投影仪	2000
3	点钞机	349
6	培训椅	345
7	文件柜	360
9	办公沙发	560
10	复合机	2999
11	收款机	1099

图 6-21 【示例 6-29】运行结果

【任务实施】

使用 pandas 来实现数据的读取与预览。

步骤 1：导入查看数据。导入 pandas 模块，运用 pandas 导入数据表“销售统计表.xlsx”，运用 info() 方法查看数据表中所有数据的数据类型。

```
# 导入 pandas 模块
import pandas as pd
# 读入文件
df = pd.read_excel(r"C:\Users\Administrator\Desktop\销售统计表.xlsx")
```

```
# 信息展示
df.info()
```

运行代码，结果如图 6-22 所示。

```
<class 'pandas.core.frame.DataFrame'>
RangeIndex: 350 entries, 0 to 349
Data columns (total 9 columns):
 #   Column       Non-Null Count  Dtype
---  ------       --------------  -----
 0   销售分部        350 non-null    object
 1   单号          350 non-null    int64
 2   产品名称        350 non-null    object
 3   成本价（元/个）   350 non-null    int64
 4   销售价（元/个）   350 non-null    int64
 5   销售数量（个）    350 non-null    int64
 6   产品成本（元）    350 non-null    int64
 7   销售收入（元）    350 non-null    int64
 8   销售毛利（元）    350 non-null    int64
dtypes: int64(7), object(2)
memory usage: 24.7+ KB
```

图 6-22　“销售统计表”所有数据的数据类型

步骤 2：提取指定项目数据。从导入的数据中读取“销售分部”“产品名称”“销售毛利（元）”三列数据。

```
# 数据展示
df[[" 销售分部 "," 产品名称 "," 销售毛利 ( 元 )"]]
```

运行代码，结果如图 6-23 所示。

	销售分部	产品名称	销售毛利（元）
0	销售一部	BACKPACK	2940
1	销售一部	LUGGAGE	2970
2	销售一部	WALLET	4850
3	销售一部	BACKPACK	1127
4	销售一部	HANDBAG	2886
...	...	...	...
345	销售七部	SINGLESHOULDERBAG	3300
346	销售七部	BACKPACK	3087
347	销售七部	HANDBAG	2775
348	销售七部	BACKPACK	3087
349	销售七部	HANDBAG	8658

350 rows × 3 columns

图 6-23　“销售分部”“产品名称”“销售毛利（元）”三列数据读取结果

步骤 3：导出数据。将步骤 2 中读取的数据导出到数据表“产品销售毛利表.xlsx”中，导出时需指定列名。

```
# 导出文件数据
df.to_excel(r"C:\Users\Administrator\Desktop\产品销售毛利表.xlsx",
columns = [" 销售分部 "," 产品名称 "," 销售毛利 ( 元 )"])
```

运行代码，结果如图 6-24 所示。

	A	B	C	D
1		销售分部	产品名称	销售毛利（元）
2	0	销售一部	BACKPACK	2940
3	1	销售一部	LUGGAGE	2970
4	2	销售一部	WALLET	4850
5	3	销售一部	BACKPACK	1127
6	4	销售一部	HANDBAG	2886
7	5	销售一部	LUGGAGE	5610
8	6	销售一部	WALLET	7566
9	7	销售一部	WALLET	9700
10	8	销售一部	BACKPACK	1225
11	9	销售一部	WALLET	3492
12	10	销售一部	SINGLESHOULD	4158
13	11	销售一部	LUGGAGE	3630
14	12	销售一部	BACKPACK	3381
15	13	销售一部	SINGLESHOULD	3828
16	14	销售一部	WALLET	4365
17	15	销售一部	HANDBAG	5772
18	16	销售一部	SINGLESHOULD	1320
19	17	销售一部	LUGGAGE	1386
20	18	销售一部	HANDBAG	4995
21	19	销售一部	SINGLESHOULD	4158

Sheet1

图 6-24　“产品销售毛利表”导出后结果

注意

（1）文件路径的输入，一定要带上扩展名。

（2）如果直接使用自定义索引进行数据提取，注意表格中行、列的自定义索引名称，务必确保一致。

【拓展提升】

一、转义字符

转义字符是一个计算机专业词汇。在计算机当中，我们可以写出 123，也可以写出字母 abcd，但有些字符我们无法手动书写，比如需要对字符进行换行处理，但不能写出来换行符，当然我们也看不见换行符。像这种情况，需要在字符中使用特殊字符时，就需要用到转义字符，在 Python 里用反斜杠 \ 转义字符。常见的转义字符如表 6-3 所示。

表 6-3　常见转义字符表

转义字符	描述
\	续行符，如果想写在下一行，可以用 \ 连接本行和下一行（常用）
\\	反斜杠符号（常用）
\’	单引号（常用）
\”	双引号（常用）
\000	空字符
\n	换行字符（常用）
\v	纵向制表符
\t	横向制表符（常用）
\r	回车
\f	换页

二、iloc 方法

在同时获取行、列数据时，除了前面讲到的 loc 方法，还有一种 iloc 方法也能够对数据进行提取。iloc 方法与 loc 方法的使用几乎相同，不同的是，iloc 方法是按照索引位置（下标）取值，不能使用自定义索引。简单来说就是 iloc 方法只能使用数字的原始索引进行数据提取。

【示例 6-30】读入数据表，使用 iloc 方法提取行、列数据，代码如下：

```
df = pd.read_excel(r"C:\Users\Administrator\Desktop\采购表.xlsx")
df.iloc[3:6, 1:3]
```

运行代码，结果如图 6-25 所示。

	采购物品	采购数量
3	点钞机	1台
4	复印纸	2箱
5	展板	2个

图 6-25 【示例 6-30】运行结果

运行【示例 6-30】可以得出，“3:6”代表从行索引 3 到行索引 6（取不到 6），即数据显示为行索引 3 至行索引 5；“1:3”代表从列索引 1 到列索引 3（取不到 3），即数据显示为列索引 1 到列索引 2。具体规则如图 6-26 所示。

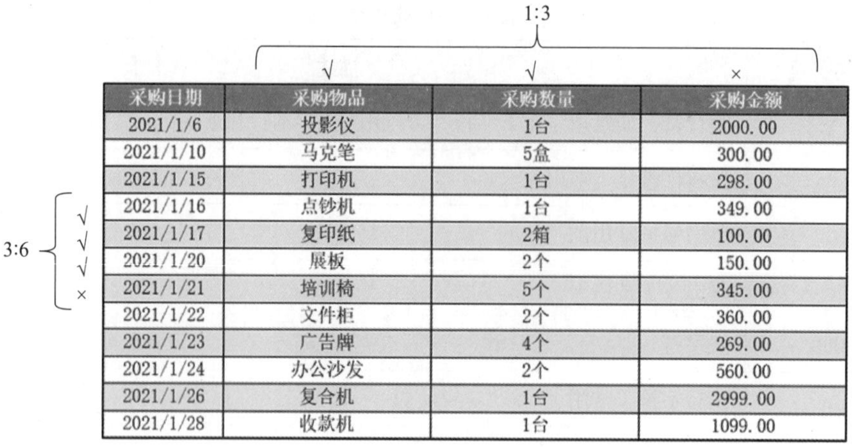

采购日期	采购物品	采购数量	采购金额
2021/1/6	投影仪	1台	2000.00
2021/1/10	马克笔	5盒	300.00
2021/1/15	打印机	1台	298.00
2021/1/16	点钞机	1台	349.00
2021/1/17	复印纸	2箱	100.00
2021/1/20	展板	2个	150.00
2021/1/21	培训椅	5个	345.00
2021/1/22	文件柜	2个	360.00
2021/1/23	广告牌	4个	269.00
2021/1/24	办公沙发	2个	560.00
2021/1/26	复合机	1台	2999.00
2021/1/28	收款机	1台	1099.00

图 6-26　iloc 方法提取数据规则

注 意

在使用 iloc 方法的时候，一定要注意冒号右侧的索引数字是取不到的，避免数据提取错误。

任务三　清洗成本汇总表

【任务描述】

日常工作过程中，经常会出现财务核算系统导出的数据表不规整，可能会出现缺失数据、重复数据、异常数据等各种情况，在开始正式的数据分析之前，我们需要先把这些不太规整的数据处理掉。A 企业销售成本信息保存在“成本汇总表.xlsx”素材文件中，这些数据在采集时或多或少都存在一些问题，如存在缺失数据等。本任务将实现读取 A 企业“成本汇总表.xlsx”数据、删除缺失数据、补充缺失数据的操作，帮助初学者掌握清洗数据的方法。A 企业销售成本信息见表 6-4。

表 6-4　A 企业销售成本汇总表（部分）

客户 ID	客户省份	下单日期	产品序列号	产品名称	产品类别	产品成本
15632	浙江	2021/1/2	57962235	公路自行车	自行车	399.00

续表

客户 ID	客户省份	下单日期	产品序列号	产品名称	产品类别	产品成本
57962	江苏	2021/1/2	36540041	山地自行车	自行车	800.00
45875	湖北	2021/1/2	25646522	折叠自行车	自行车	100.00
25222	海南	2021/1/2	25426545	自行车车灯	配件	15.00
63545	陕西	2021/1/3	24512222	自行车车锁	配件	8.00
12522	甘肃	2021/1/3	54862255	尾灯	配件	16.00
63245	广东	2021/1/3	36524852	车把	配件	11.00
15632	浙江	2021/1/3	25874512	脚踏	配件	22.00

【任务分析】

在使用 pandas 进行数据处理和分析之前，需要集中对没有实际意义的、格式非法的、不在指定范围内的无效数据进行清洗。数据清洗是整个数据分析过程中最为重要的一环，其主要目的是把有用的数据留下、无用的数据删掉，只有将无效数据变成有用数据才有可能产生好的分析结果。

本任务中，首先读取“成本汇总表.xlsx”数据，查看是否有缺失数据，对于整行数据都缺失的，删除该数据行。对于只缺失部分数据的数据行，用“0”填充缺失数据。因删除重复数据后索引是混乱的，所以需要将索引再进行重置。

【知识准备】

一、缺失数据的操作

（一）缺失数据的查看

缺失值就是因为某些原因导致部分数据为空。对于为空的这部分数据一般有两种处理方式，一种是删除，即把含有缺失值的数据删除；另一种是填充，即把缺失的那部分数据用某个值代替。

一般来说使用 pandas 进行缺失数据的查看有两种方法，一种是前面任务学习的 info( ) 方法，另一种是 isnull( ) 方法。

【示例 6-31】读取数据表，使用 info( ) 方法查看数据缺失情况，代码如下：

```
import pandas as pd# 导入 pandas 模块
df = pd.read_excel(r"C:\Users\Administrator\Desktop\区域销售统计表.xlsx")
```

```
df.info()
```

运行代码，结果如图 6-27 所示。

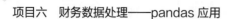

```
<class 'pandas.core.frame.DataFrame'>
RangeIndex: 73 entries, 0 to 72
Data columns (total 6 columns):
 #   Column  Non-Null Count  Dtype
---  ------  --------------  -----
 0   订单编号    72 non-null     float64
 1   下单日期    72 non-null     datetime64[ns]
 2   产品名称    72 non-null     object
 3   销售单价    69 non-null     float64
 4   销售数量    71 non-null     float64
 5   销售金额    70 non-null     float64
dtypes: datetime64[ns](1), float64(4), object(1)
memory usage: 3.5+ KB
```

图 6-27 【示例 6-31】运行结果

根据【示例 6-31】数据表的详细信息可以得出，此数据表有 73 行数据，每一列数据都有数据缺失。info() 这个方法并不能直观地展示出哪个位置的数据为缺失状态，而使用 isnull() 方法可以直接展示出整个数据的情况，如果是缺失值则返回 True，如果不是缺失值则返回 False。

【示例 6-32】读取数据表，使用 isnull() 方法查看数据缺失情况，代码如下：

```
df=pd.read_excel(r"C:\Users\Administrator\Desktop\区域销售统计表.xlsx")
df.isnull()
```

运行代码，结果如图 6-28 所示。

	订单编号	下单日期	产品名称	销售单价	销售数量	销售金额
0	False	False	False	False	False	False
1	False	False	False	False	False	False
2	False	False	False	False	True	False
3	False	False	False	False	False	False
4	False	False	False	False	False	False
...	...	...	...	...	...	...
68	False	False	False	False	False	False
69	False	False	False	False	False	False
70	False	False	False	True	False	False
71	False	False	False	False	False	False
72	False	False	False	False	False	False

73 rows × 6 columns

图 6-28 【示例 6-32】运行结果

（二）缺失数据的删除

对于数据表中的缺失数据，一般情况下是要删除的。在 pandas 中，通常使用的是 dropna() 方法，dropna() 方法默认删除有缺失值的行，也就是只要某一行有缺失值就把这一行删除。但是对于财务人员来说，这种操作可能会删掉有效数据。有时只需要删除全部为空白行的数据，这时需要给 dropna() 传入一个参数 how = 'all' 即可。

【示例 6-33】删除缺失值，代码如下：

```
df = pd.read_excel(r"C:\Users\Administrator\Desktop\区域销售统计表.xlsx")
df.dropna(how = 'all')
```

运行代码，结果如图 6-29 所示。

	订单编号	下单日期	产品名称	销售单价	销售数量	销售金额
0	2.145635e+11	2021-09-01	公路自行车	699.0	180.0	125820.0
1	2.145635e+11	2021-09-01	公路自行车	699.0	180.0	125820.0
2	2.546542e+11	2021-09-01	山地自行车	1298.0	NaN	97350.0
3	2.541248e+11	2021-09-01	折叠自行车	288.0	14.0	4032.0
4	2.365875e+11	2021-09-01	自行车头巾	12.8	26.0	332.8
...	...	...	...	...	...	...
68	5.246636e+11	2021-09-30	自行车车锁	18.8	69.0	1297.2
69	2.122556e+11	2021-09-30	尾灯	39.0	58.0	2262.0
70	2.120179e+11	2021-09-30	车把	NaN	45.0	1305.0
71	2.566545e+11	2021-09-30	脚踏	59.0	52.0	3068.0
72	1.544456e+11	2021-09-30	长袖骑行服	148.0	55.0	8140.0

72 rows × 6 columns

图 6-29 【示例 6-33】运行结果

通过【示例 6-33】我们可以看出，同样的数据表，运行 dropna() 方法之后，变成了 72 行数据，说明表中有一个全部数据为空的行被删除掉了。

（三）缺失数据的填充

工作过程中，一般情况下只要数据表的数据缺失比例不是过高，尽量不要删除，可以通过数据填充，避免因无法找回删除数据造成麻烦。在 pandas 中利用 fillna() 方法对数据表中的所有缺失值进行填充，在 fillna() 后面括号中输入要填充的值即可，例如，将数据表中的缺失数据全部填充为“0”。

【示例 6-34】填充缺失数据，代码如下：

```
df = pd.read_excel(r"C:\Users\Administrator\Desktop\区域销售统计表.xlsx")
```

```
df.fillna(0)
```

运行代码，结果如图 6-30 所示。

	订单编号	下单日期	产品名称	销售单价	销售数量	销售金额
0	2.145635e+11	2021-09-01 00:00:00	公路自行车	699.0	180.0	125820.0
1	2.145635e+11	2021-09-01 00:00:00	公路自行车	699.0	180.0	125820.0
2	2.546542e+11	2021-09-01 00:00:00	山地自行车	1298.0	0.0	97350.0
3	2.541248e+11	2021-09-01 00:00:00	折叠自行车	288.0	14.0	4032.0
4	2.365875e+11	2021-09-01 00:00:00	自行车头巾	12.8	26.0	332.8
...	...	...	...	...	...	...
68	5.246636e+11	2021-09-30 00:00:00	自行车车锁	18.8	69.0	1297.2
69	2.122556e+11	2021-09-30 00:00:00	尾灯	39.0	58.0	2262.0
70	2.120179e+11	2021-09-30 00:00:00	车把	0.0	45.0	1305.0
71	2.566545e+11	2021-09-30 00:00:00	脚踏	59.0	52.0	3068.0
72	1.544456e+11	2021-09-30 00:00:00	长袖骑行服	148.0	55.0	8140.0

73 rows × 6 columns

图 6-30 【示例 6-34】运行结果

通过 fillna() 的方法，已经将表中缺失的数据全都填充为数字 0，整个数据表完整了很多，这样也有利于后续的数据分析工作。

二、重复数据的操作

（一）按字段进行重复数据删除

数据表中的重复数据一般内容相同，但是记录了多条，有时我们需要对重复数据进行甄别，甄别后进行删除处理。在 pandas 中，使用 drop_duplicates() 方法，该方法默认对所有值进行重复值判断，且默认保留第一个（行）值。

【示例 6-35】删除重复数据，代码如下：

```
df = pd.read_excel(r"C:\Users\Administrator\Desktop\区域销售统计表.xlsx")
df.drop_duplicates(inplace = True)
df
```

运行代码，结果如图 6-31 所示。

通过图 6-31 可以看到最后的统计已经变为 68 行数据了，说明重复数据已经通过 drop_duplicates() 方法进行了删除。参数 inplace 的作用是是否在原对象基础上进行修改。inplace = True，表示直接在原数据表修改；inplace = False，表示创建新的数据表进行修改。

	订单编号	下单日期	产品名称	销售单价	销售数量	销售金额
0	2.145635e+11	2021-09-01	公路自行车	699.0	180.0	125820.0
2	2.546542e+11	2021-09-01	山地自行车	1298.0	NaN	97350.0
3	2.541248e+11	2021-09-01	折叠自行车	288.0	14.0	4032.0
4	2.365875e+11	2021-09-01	自行车头巾	12.8	26.0	332.8
5	2.545478e+11	2021-09-02	自行车车锁	NaN	35.0	658.0
...	...	...	...	...	...	...
68	5.246636e+11	2021-09-30	自行车车锁	18.8	69.0	1297.2
69	2.122556e+11	2021-09-30	尾灯	39.0	58.0	2262.0
70	2.120179e+11	2021-09-30	车把	NaN	45.0	1305.0
71	2.566545e+11	2021-09-30	脚踏	59.0	52.0	3068.0
72	1.544456e+11	2021-09-30	长袖骑行服	148.0	55.0	8140.0

68 rows × 6 columns

图 6-31 【示例 6-35】运行结果

（二）按列进行重复值删除

前面是针对所有字段进行的重复值判断，我们同样也可以只针对某一列或某几列进行重复值删除的判断，这需要在 drop_duplicates( ) 方法中添加要判断的列名。

【示例 6-36】按列删除重复值，代码如下：

```
df = pd.read_excel(r"C:\Users\Administrator\Desktop\ 区域销售统计表.xlsx")
df.drop_duplicates(" 产品名称 ")
```

运行代码，结果如图 6-32 所示。

	订单编号	下单日期	产品名称	销售单价	销售数量	销售金额
0	2.145635e+11	2021-09-01	公路自行车	699.0	180.0	125820.0
2	2.546542e+11	2021-09-01	山地自行车	1298.0	NaN	97350.0
3	2.541248e+11	2021-09-01	折叠自行车	288.0	14.0	4032.0
4	2.365875e+11	2021-09-01	自行车头巾	12.8	26.0	332.8
5	2.545478e+11	2021-09-02	自行车车锁	NaN	35.0	658.0
6	3.654215e+11	2021-09-02	尾灯	39.0	78.0	3042.0
7	1.245455e+11	2021-09-02	车把	29.0	52.0	1508.0
8	2.589899e+11	2021-09-02	脚踏	59.0	100.0	5900.0
9	9.898970e+11	2021-09-03	长袖骑行服	148.0	25.0	3700.0
10	6.958545e+11	2021-09-04	骑行短裤	59.0	36.0	2124.0
11	6.552546e+11	2021-09-05	骑行长裤	139.0	63.0	8757.0
12	5.287541e+11	2021-09-06	头盔	89.0	55.0	4895.0
22	2.563263e+11	2021-09-14	自行车车灯	35.0	60.0	2100.0
52	NaN	NaT	NaN	NaN	NaN	NaN

图 6-32 【示例 6-36】运行结果

三、索引重置

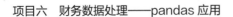

在进行重复值删除后新生成的表格数据索引是混乱的，此时需要将索引进行重置，使数据表的索引重新以 0 开头进行排序，利用 reset_index 方法可以实现这个需求。对【示例 6-35】中运行后的数据进行重置索引，详见下面示例。

【示例 6-37】重置索引，代码如下：

```
df.reset_index(drop = True, inplace = True)
df
```

运行代码，结果如图 6-33 所示。

	订单编号	下单日期	产品名称	销售单价	销售数量	销售金额
0	2.145635e+11	2021-09-01	公路自行车	699.0	180.0	125820.0
1	2.546542e+11	2021-09-01	山地自行车	1298.0	NaN	97350.0
2	2.541248e+11	2021-09-01	折叠自行车	288.0	14.0	4032.0
3	2.365875e+11	2021-09-01	自行车头巾	12.8	26.0	332.8
4	2.545478e+11	2021-09-02	自行车车锁	NaN	35.0	658.0
...	...	...	...	...	...	...
63	5.246636e+11	2021-09-30	自行车车锁	18.8	69.0	1297.2
64	2.122556e+11	2021-09-30	尾灯	39.0	58.0	2262.0
65	2.120179e+11	2021-09-30	车把	NaN	45.0	1305.0
66	2.566545e+11	2021-09-30	脚踏	59.0	52.0	3068.0
67	1.544456e+11	2021-09-30	长袖骑行服	148.0	55.0	8140.0

68 rows × 6 columns

图 6-33 【示例 6-37】运行结果

通过对比图 6-31 和图 6-33，可以发现索引进行了重排列。代码中 drop 是指是否删除原有索引，True 为删除；inplace 前面已经学习过，inplace=True 指直接修改现有的数据表。

【任务实施】

使用 pandas 来实现数据的清洗。

步骤 1：导入查看数据。导入 pandas 模块，运用 pandas 模块导入数据表“成本汇总表.xlsx”，运用 info() 方法查看数据表中所有数据的行列数及数据类型。代码如下：

```
# 导入 pandas 模块
import pandas as pd
```

```
# 读入文件
df = pd.read_excel(r"C:\Users\Administrator\Desktop\成本汇总表.xlsx")
df.info()
```

运行代码，结果如图 6-34 所示。

```
<class 'pandas.core.frame.DataFrame'>
RangeIndex: 51 entries, 0 to 50
Data columns (total 7 columns):
 #   Column  Non-Null Count  Dtype
---  ------  --------------  -----
 0   客户ID    49 non-null     float64
 1   客户省份    49 non-null     object
 2   下单日期    49 non-null     datetime64[ns]
 3   产品序列号   49 non-null     float64
 4   产品名称    49 non-null     object
 5   产品类别    49 non-null     object
 6   产品成本    46 non-null     float64
dtypes: datetime64[ns](1), float64(3), object(3)
memory usage: 2.9+ KB
```

图 6-34　“成本汇总表”所有数据的数据类型

代码解析：

通过查看整个数据表的情况，我们了解到数据表一共有 51 行，行索引从 0 到 50。一共有 7 列，列索引为“客户 ID”“客户省份”“下单日期”等。每一列的非空值都不满足 51 个，说明数据表中有缺失值。

步骤 2：删除空白行。运用 dropna( ) 方法删除数据表中的空白行。代码如下：

```
# 缺失数据的空白行删除
df.dropna(how = "all", inplace = True)
df.head(10)
```

运行代码，结果如图 6-35 所示。

	客户ID	客户省份	下单日期	产品序列号	产品名称	产品类别	产品成本
0	15632.0	浙江	2021-01-02	57962235.0	公路自行车	自行车	399.0
1	57962.0	江苏	2021-01-02	36540041.0	山地自行车	自行车	800.0
2	45875.0	湖北	2021-01-02	25646522.0	折叠自行车	自行车	NaN
3	25222.0	海南	2021-01-02	25426545.0	自行车车灯	配件	15.0
4	63545.0	陕西	2021-01-03	24512222.0	自行车车锁	配件	8.0
5	63545.0	陕西	2021-01-03	24512222.0	自行车车锁	配件	8.0
6	12522.0	甘肃	2021-01-03	54862255.0	尾灯	配件	16.0
7	63245.0	广东	2021-01-03	36524852.0	车把	配件	11.0
9	57962.0	江苏	2021-01-07	57962235.0	公路自行车	自行车	399.0
10	45875.0	湖北	2021-01-07	36540041.0	山地自行车	自行车	800.0

图 6-35　删除空白行后的数据表

代码解析：

运用 dropna( ) 方法删除了数据表中整行都没有数据的空白行，通过图 6-35 显示的部分数据可以看到，索引为 8 的行没有了，说明该行是空白行，被删除了。

步骤 3：填充空白数据。运用 fillna( ) 将“0”填充到空白数据处。代码如下：

```
# 使用“0”填充空白数据
df.fillna(0, inplace = True)
df.head(10)
```

运行代码，结果如图 6-36 所示。

	客户ID	客户省份	下单日期	产品序列号	产品名称	产品类别	产品成本
0	15632.0	浙江	2021-01-02	57962235.0	公路自行车	自行车	399.0
1	57962.0	江苏	2021-01-02	36540041.0	山地自行车	自行车	800.0
2	45875.0	湖北	2021-01-02	25646522.0	折叠自行车	自行车	0.0
3	25222.0	海南	2021-01-02	25426545.0	自行车车灯	配件	15.0
4	63545.0	陕西	2021-01-03	24512222.0	自行车车锁	配件	8.0
5	63545.0	陕西	2021-01-03	24512222.0	自行车车锁	配件	8.0
6	12522.0	甘肃	2021-01-03	54862255.0	尾灯	配件	16.0
7	63245.0	广东	2021-01-03	36524852.0	车把	配件	11.0
9	57962.0	江苏	2021-01-07	57962235.0	公路自行车	自行车	399.0
10	45875.0	湖北	2021-01-07	36540041.0	山地自行车	自行车	800.0

图 6-36　填充空白数据后的数据表

代码解析：

运用 fillna( ) 方法，用 0 填充数据表中的空白数据，图 6-36 中第三行的“产品成本”列数据原来显示“NaN”，填充后变为 0。

步骤 4：删除重复值。运用 drop_duplicates( ) 方法将重复数据删除（查看前 11 行数据）。代码如下：

```
# 删除重复数据
df.drop_duplicates(inplace = True)
df.head(10)
```

运行代码，结果如图 6-37 所示。

代码解析：

从图 6-36 中可以发现第 5 行和第 6 行数据是重复的，通过运用 drop_duplicates( ) 方法删除重复值。参数 inplace = True 表示直接修改现有的数据表。删除重复数据之后，现在的索引是混乱的，需要重置索引。

	客户ID	客户省份	下单日期	产品序列号	产品名称	产品类别	产品成本
0	15632.0	浙江	2021-01-02	57962235.0	公路自行车	自行车	399.0
1	57962.0	江苏	2021-01-02	36540041.0	山地自行车	自行车	800.0
2	45875.0	湖北	2021-01-02	25646522.0	折叠自行车	自行车	0.0
3	25222.0	海南	2021-01-02	25426545.0	自行车车灯	配件	15.0
4	63545.0	陕西	2021-01-03	24512222.0	自行车车锁	配件	8.0
6	12522.0	甘肃	2021-01-03	54862255.0	尾灯	配件	16.0
7	63245.0	广东	2021-01-03	36524852.0	车把	配件	11.0
9	57962.0	江苏	2021-01-07	57962235.0	公路自行车	自行车	399.0
10	45875.0	湖北	2021-01-07	36540041.0	山地自行车	自行车	800.0
11	25222.0	海南	2021-01-07	25646522.0	折叠自行车	自行车	100.0

图 6-37 删除重复值后的数据表

步骤 5：重置索引。运用 reset_index() 方法将数据重置索引。代码如下：

```
# 重置索引
df.reset_index(drop = True, inplace = True)
df.head(10)
```

运行代码，结果如图 6-38 所示。

	客户ID	客户省份	下单日期	产品序列号	产品名称	产品类别	产品成本
0	15632.0	浙江	2021-01-02	57962235.0	公路自行车	自行车	399.0
1	57962.0	江苏	2021-01-02	36540041.0	山地自行车	自行车	800.0
2	45875.0	湖北	2021-01-02	25646522.0	折叠自行车	自行车	0.0
3	25222.0	海南	2021-01-02	25426545.0	自行车车灯	配件	15.0
4	63545.0	陕西	2021-01-03	24512222.0	自行车车锁	配件	8.0
5	12522.0	甘肃	2021-01-03	54862255.0	尾灯	配件	16.0
6	63245.0	广东	2021-01-03	36524852.0	车把	配件	11.0
7	57962.0	江苏	2021-01-07	57962235.0	公路自行车	自行车	399.0
8	45875.0	湖北	2021-01-07	36540041.0	山地自行车	自行车	800.0
9	25222.0	海南	2021-01-07	25646522.0	折叠自行车	自行车	100.0

图 6-38 重置索引后的数据表

代码解析：

通过运用 reset_index() 的方法，把步骤 4 中索引混乱的数据表进行重置索引，就形成了图 6-38 中索引整齐的数据表。

注 意

（1）使用 inplace 参数时，如果数据处理后未显示变化，需要加“inplace = True”。

（2）使用 fillna( ) 方法时，如果想使用符号代替空值，需要加引号使之变成字符串格式。

【拓展提升】

异常值的检测与处理

异常值就是相比正常数据而言过高或过低的数据，比如一个人的年龄是 −3 岁或者 300 岁都算是一个异常值，因为这个与实际情况差距过大。

对于异常值一般有以下几种处理方式。

（1）删除这是最常用的处理方式。在 Python 中，通过过滤的方法对异常值进行删除。比如 df 表中有年龄这个指标，要把年龄大于 200 的删掉，可以通过筛选把年龄小于等于 200 的数据筛出来，筛出来的部分就是删除大于 200 的值以后的新表。

（2）把异常值当作缺失值来填充。对异常值进行填充，就是对异常值进行替换，利用 replace( ) 方法可以对特定的值进行替换。

（3）把异常值当作特殊情况，研究异常值出现的原因。

任务四 合并收入成本数据

【任务描述】

数据预处理的常规步骤包括数据清洗、数据集成、数据转换和数据归约，但实际处理中并不是必须包含每一个步骤，也可能步骤之间有一定的交集。任务三已经完成了数据清洗工作，本任务将对数据做进一步的合并工作。A 企业的销售数据保存在“区域销售汇总表”工作簿的“销售统计表”中，产品成本数据保存在同一工作簿下的“产品成本表”中，当 A 企业要查看总的收入和成本信息时，需要将上述两个数据表合并。本任务将完成“销售统计表”和“产品成本表”的合并。A 企业销售数据和成本数据分别见表 6−5、表 6−6 所示。

表 6-5　A 企业销售统计表（部分）

客户 ID	客户省份	下单日期	产品序列号	产品名称	产品类别	销售数量	销售单价（元）
15632	浙江	2021/1/2	57962235	公路自行车	自行车	56	699.00
57962	江苏	2021/1/2	36540041	山地自行车	自行车	25	1 298.00
45875	湖北	2021/1/2	25646522	折叠自行车	自行车	10	288.00
25222	海南	2021/1/2	25426545	自行车车灯	配件	25	35.00
63545	陕西	2021/1/3	24512222	自行车车锁	配件	48	22.00
12522	甘肃	2021/1/3	54862255	尾灯	配件	32	39.00
63245	广东	2021/1/3	36524852	车把	配件	56	29.00

表 6-6　A 企业产品成本表

产品序列号	产品名称	产品成本价（元）
57962235	公路自行车	399.00
36540041	山地自行车	800.00
25646522	折叠自行车	100.00
25426545	自行车车灯	15.00
24512222	自行车车锁	8.00
54862255	尾灯	16.00
36524852	车把	11.00
25874512	脚踏	22.00
45632546	长袖骑行服	77.00
59654425	骑行短裤	20.00
24521111	骑行长裤	66.00
25632455	头盔	23.00
26644222	自行车头巾	5.00

【任务分析】

在数据分析的实际开发中，数据种类比较繁多，经常会出现一类数据一张表的现象。如果数据量很大时表的数量也会相对增加，此时如果将一些有关联的数据整合在一张表中，以后再对这张表进行数据的分析工作将会大大地提高工作效率。pandas 提供了很多合并数据的方法。

本任务中，销售数据保存在“区域销售汇总表”工作簿的“销售统计表”中，产品成本数据保存在同一工作簿下的“产品成本表”中，当 A 企业要查看总的收入和成本信息时，需要将上述两个数据表合并。具体操作时按照指定的项目名称将两个表格进行横向合并，最终形成综合的收入成本数据。

【知识准备】

数据合并有横向合并和纵向合并，一般在数据处理中，常用的是横向合并。横向合并的方式很多，比如有一对一合并，多对一合并、多对多合并以及指定连接方式的合并。

一、一对一合并

一对一合并就是需要合并的两个数据表有唯一的一列公共列，可以通过这一列公共列把两个数据表格合并连接在一起。使用的是 merge() 方法，合并前首先要看一下两个需要合并的表的情况。

【示例 6-38】读取数据连接工作簿中的第 1 个数据表，代码如下：

```
import pandas as pd
df1 = pd.read_excel(r"C:\Users\Administrator\Desktop\数据连接.xlsx", sheet_name = 0)
df1
```

运行代码，结果如图 6-39 所示。

	采购日期	采购物品	采购数量
0	2021-01-06	投影仪	1台
1	2021-01-10	马克笔	5盒
2	2021-01-15	打印机	1台
3	2021-01-16	点钞机	1台
4	2021-01-17	复印纸	2箱
5	2021-01-20	展板	2个
6	2021-01-21	培训椅	5个
7	2021-01-22	文件柜	2个

图 6-39 【示例 6-38】运行结果

【示例 6-39】读取数据连接工作簿中的第 2 个数据表，代码如下：

```
df2 = pd.read_excel(r"C:\Users\Administrator\Desktop\数据连接.xlsx", sheet_name = 1)
df2
```

运行代码，结果如图 6-40 所示。

	采购物品	采购金额
0	投影仪	2000
1	马克笔	300
2	打印机	298
3	点钞机	349
4	复印纸	100
5	展板	150
6	培训椅	345
7	文件柜	360

图 6-40 【示例 6-39】运行结果

看到两个待合并的数据表情况后，下面使用 pd.merge() 的方法进行两个表格的合并。

【示例 6-40】合并数据表，代码如下：

```
pd.merge(df1, df2)
```

运行代码，结果如图 6-41 所示。

	采购日期	采购物品	采购数量	采购金额
0	2021-01-06	投影仪	1台	2000
1	2021-01-10	马克笔	5盒	300
2	2021-01-15	打印机	1台	298
3	2021-01-16	点钞机	1台	349
4	2021-01-17	复印纸	2箱	100
5	2021-01-20	展板	2个	150
6	2021-01-21	培训椅	5个	345
7	2021-01-22	文件柜	2个	360

图 6-41 【示例 6-40】运行结果

从运行【示例 6-40】可以看出，merge() 方法会自动寻找两个数据表中的公共列，然后以公共列为基准对两个表格进行合并。【示例 6-40】中的公共列是“采购物品”这一列，两个数据表的数据最终合二为一。

二、多对一合并

多对一合并指的是两个数据表的公共列不是一对一的对应关系，其中一个数据表的公共列有重复值，另一个数据表的公共列是唯一的。这两个数据表的拼接结果是保留第一个数据表的重复值，然后在第二个数据表中增加数据的重复值，达到最后的合并效果。合并前先看一下待合并的两个数据表的情况。

【示例 6-41】读取数据连接工作簿中的第 4 个数据表，代码如下：

```
df3 = pd.read_excel(r"C:\Users\Administrator\Desktop\数据连接.xlsx", sheet_name = 3)
df3
```

运行代码，结果如图 6-42 所示。

	物品编码	物品名称	采购数量
0	101	投影仪	1台
1	102	马克笔	5盒
2	103	打印机	1台

图 6-42 【示例 6-41】运行结果

【示例 6-42】读取数据连接工作簿中的第 5 个数据表，代码如下：

```
df4 = pd.read_excel(r"C:\Users\Administrator\Desktop\数据连接.xlsx", sheet_name = 4)
df4
```

运行代码，结果如图 6-43 所示。

	物品编码	采购日期	采购金额
0	101	20211201	2000
1	101	20220201	3500
2	102	20211001	298
3	102	20220401	349
4	103	20211101	499
5	103	20211201	599

图 6-43 【示例 6-42】运行结果

可以看到 df3 和 df4 有相同的“物品编码”这一列，但是 df4 的该列数据有重复情况。下面，将两个数据表进行合并。

【示例 6-43】合并数据表，代码如下：

```
pd.merge(df3, df4)
```

运行代码，结果如图 6-44 所示。

	物品编码	物品名称	采购数量	采购日期	采购金额
0	101	投影仪	1台	20211201	2000
1	101	投影仪	1台	20220201	3500
2	102	马克笔	5盒	20211001	298
3	102	马克笔	5盒	20220401	349
4	103	打印机	1台	20211101	499
5	103	打印机	1台	20211201	599

图 6-44 【示例 6-43】运行结果

从最终的结果可以看出，两个数据表通过“物品编码”这一列进行了合并，保留了 df4 中的重复值数据，而且在 df3 中也增加了对应的数据，合并后的数据表格内容更为丰富。

三、多对多合并

多对多合并是指待合并的两个数据表的公共列不是一对一的，两个数据表中的公共列都有重复值。

首先看一下两个待合并的数据表的具体情况。

【示例 6-44】读取数据连接工作簿中的第 6 个数据表，代码如下：

```
df5 = pd.read_excel(r"C:\Users\Administrator\Desktop\数据连接.xlsx", sheet_name = 5)
df5
```

运行代码，结果如图 6-45 所示。

	物品编码	物品名称	采购数量
0	101	投影仪	1台
1	101	投影仪	2台
2	102	马克笔	5盒
3	102	马克笔	6盒
4	103	打印机	1台
5	103	打印机	2台

图 6-45 【示例 6-44】运行结果

【示例 6-45】读取数据连接工作簿中的第 7 个数据表，代码如下：

```
df6 = pd.read_excel(r"C:\Users\Administrator\Desktop\数据连接.xlsx", sheet_name = 6)
df6
```

运行代码，结果如图 6-46 所示。

	物品编码	采购金额
0	101	2000
1	101	5000
2	102	298
3	102	349
4	103	399
5	103	749

图 6-46 【示例 6-45】运行结果

根据【示例 6-44】和【示例 6-45】可以得出，两个待合并的数据表都有“物品编码”这个公共列，并且都有正常的重复项的数据。下面进行两个数据表的合并操作。

【示例 6-46】合并数据表，代码如下：

```
pd.merge(df5, df6)
```

运行代码，结果如图 6-47 所示。

	物品编码	物品名称	采购数量	采购金额
0	101	投影仪	1台	2000
1	101	投影仪	1台	5000
2	101	投影仪	2台	2000
3	101	投影仪	2台	5000
4	102	马克笔	5盒	298
5	102	马克笔	5盒	349
6	102	马克笔	6盒	298
7	102	马克笔	6盒	349
8	103	打印机	1台	399
9	103	打印机	1台	749
10	103	打印机	2台	399
11	103	打印机	2台	749

图 6-47 【示例 6-46】运行结果

从最终的结果可以看出，两个数据表通过“物品编码”这一列进行了合并，保留了 df5 和 df6 中的重复值数据，且互相增加了对方的数据，导致有些数据不应该合并在一起的也被自动合并到了一起，所以需要进行指定合并方式，进行准确的数据表合并。

四、其他合并方式

（一）on 参数指定连接列

merge( ) 方法可以用 on 参数来指定连接列，比如下面这个示例是用“物品编码”和“物品名称”两列做连接列。

【示例 6–47】读取数据连接工作簿中的第 8 个数据表，代码如下：

```
df7 = pd.read_excel(r"C:\Users\Administrator\Desktop\数据连接.xlsx", sheet_name = 7)
df7
```

运行代码，结果如图 6–48 所示。

	物品编码	物品名称	采购数量
0	101	投影仪	5台
1	102	马克笔	5盒
2	103	打印机	1台

图 6–48 【示例 6–47】运行结果

【示例 6–48】读取数据连接工作簿中的第 9 个数据表，代码如下：

```
df8 = pd.read_excel(r"C:\Users\Administrator\Desktop\数据连接.xlsx", sheet_name = 8)
df8
```

运行代码，结果如图 6–49 所示。

	物品编码	物品名称	采购金额
0	101	投影仪	6995
1	102	马克笔	560
2	103	打印机	609

图 6–49 【示例 6–48】运行结果

【示例 6–49】合并数据表，代码如下：

```
pd.merge(df7, df8, on = [" 物品编码 ", " 物品名称 "])
```

运行代码，结果如图 6–50 所示。

	物品编码	物品名称	采购数量	采购金额
0	101	投影仪	5台	6995
1	102	马克笔	5盒	560
2	103	打印机	1台	609

图 6–50 【示例 6–49】运行结果

通过“物品编码”和“物品名称”，df7 和 df8 合并成了一个数据表，既展示了“采购数量”数据，也展示了“采购金额”数据。

（二）指定左右表的连接列

当两个数据表中没有相同的列名，但是数据值一样，合并两个数据表时要分别指定两个表（左表和右表）的连接列，使用的参数分别是 left_on 和 right_on。left_on 参数是指定左表用作连接列的列名，right_on 参数是指定右表用作连接列的列名。具体设置请参照以下示例。

【示例 6-50】读取数据连接工作簿中的第 10 个数据表，代码如下：

```
df9 = pd.read_excel(r"C:\Users\Administrator\Desktop\数据连接.xlsx", sheet_name = 9)
df9
```

运行代码，结果如图 6-51 所示。

	物品编码	物品名称	采购数量
0	101	投影仪	1台
1	102	马克笔	5盒
2	103	打印机	1台
3	104	点钞机	1台
4	105	复印纸	2箱
5	106	展板	2个
6	107	培训椅	5个
7	108	文件柜	2个

图 6-51 【示例 6-50】运行结果

【示例 6-51】读取数据连接工作簿中的第 11 个数据表，代码如下：

```
df10 = pd.read_excel(r"C:\Users\Administrator\Desktop\数据连接.xlsx", sheet_name = 10)
df10
```

运行代码，结果如图 6-52 所示。

	编码	采购单价	采购金额
0	101	2500	2500
1	102	60	300
2	103	298	298
3	104	349	349
4	105	50	100
5	106	75	150
6	107	69	345
7	108	180	360

图 6-52 【示例 6-51】运行结果

【示例 6-52】合并数据表，指定左表连接列和右表连接列，代码如下：

```
pd.merge(df9,df10,left_on = " 物品编码 ", right_on = " 编码 ")
```

运行代码，结果如图 6-53 所示。

	物品编码	物品名称	采购数量	编码	采购单价	采购金额
0	101	投影仪	1台	101	2500	2500
1	102	马克笔	5盒	102	60	300
2	103	打印机	1台	103	298	298
3	104	点钞机	1台	104	349	349
4	105	复印纸	2箱	105	50	100
5	106	展板	2个	106	75	150
6	107	培训椅	5个	107	69	345
7	108	文件柜	2个	108	180	360

图 6-53 【示例 6-52】运行结果

通过【示例 6-52】，可以看出，df9 的“物品编码”和 df10 的“编码”数据内容是一样的，只是因为列名不同，所以在进行数据表合并时，需要将左右数据表进行列名的确认，这样两个数据表才能正确地合并在一起。

（三）索引列做连接列

索引列没有真正的数据，但是可以用来连接两个数据表，使用的参数分别是 left_index 和 right_index。left_index 用来指定左表的索引，right_index 用来指定右表的索引。

【示例 6-53】读取数据连接工作簿中的第 10 个数据表，指定索引列，代码如下：

```
df9 = pd.read_excel (r"C:\Users\Administrator\Desktop\ 数据连接.xlsx", sheet_name = 9).\
                set_index(" 物品编码 ")
df9
```

运行代码，结果如图 6-54 所示。

	物品名称	采购数量
物品编码		
101	投影仪	1台
102	马克笔	5盒
103	打印机	1台
104	点钞机	1台
105	复印纸	2箱
106	展板	2个
107	培训椅	5个
108	文件柜	2个

图 6-54 【示例 6-53】运行结果

【示例 6-53】中，参数 set_index 将“物品编码”列转化为了行索引，符号“\”为续行符。

【示例 6-54】读取数据连接工作簿中的第 11 个数据表，指定索引列，代码如下：

```
df10 = pd.read_excel (r"C:\Users\Administrator\Desktop\数据连接.xlsx", sheet_name =
                10). set_index(" 编码 ")
df10
```

运行代码，结果如图 6-55 所示。

	采购单价	采购金额
编码		
101	2500	2500
102	60	300
103	298	298
104	349	349
105	50	100
106	75	150
107	69	345
108	180	360

图 6-55 【示例 6-54】运行结果

【示例 6-53】中的左、右表首先设置一列索引列，连接列均为各自的索引。

【示例 6-55】按指定的索引列作为连接列合并数据表，代码如下：

```
pd.merge(df9, df10, left_index = True, right_index = True)
```

运行代码，结果如图 6-56 所示。

	物品名称	采购数量	采购单价	采购金额
物品编码				
101	投影仪	1台	2500	2500
102	马克笔	5盒	60	300
103	打印机	1台	298	298
104	点钞机	1台	349	349
105	复印纸	2箱	50	100
106	展板	2个	75	150
107	培训椅	5个	69	345
108	文件柜	2个	180	360

图 6-56 【示例 6-55】运行结果

通过设置新的索引列，利用“物品编码”和“编码”将两个待连接的数据表合并在一起。

在【示例 6-46】中讲到，因为数据表 df5 和 df6“物品编码”均有重复数据，所以按照这一列进行合并后，导致数据不合理。但是这两张数据表的索引值是唯一的，所以我们可以使用索引进行合并。

【示例 6-56】按指定的索引作为连接列合并数据表，代码如下：

```
pd.merge(df5,df6,left_index = True,right_index = True)
```

运行代码，结果如图 6-57 所示：

	物品编码_x	物品名称	采购数量	物品编码_y	采购金额
0	101	投影仪	1台	101	2000
1	101	投影仪	2台	101	5000
2	102	马克笔	5盒	102	298
3	102	马克笔	6盒	102	349
4	103	打印机	1台	103	399
5	103	打印机	2台	103	749

图 6-57 【示例 6-56】运行结果

通过设置索引连接，将两个待合并的数据表合并在一起，这样就不会有重复数据出现。

（四）参数 how 指定合并方式

现实情况中，我们在操作数据表合并时，可能找不到公共列，这时候需要用参数 how 来指明具体的连接合并方式。how = 'inner' 表示内连接，how = 'left' 表示左连接，how = 'right' 表示右连接，how = 'outer' 表示外连接。

（1）内连接：取两个数据表的交集。

（2）左连接：以左数据表为基础，右数据表往左数据表上拼接。

（3）右连接：以右数据表为基础，左数据表往右数据表上拼接。

（4）外连接：取两个数据表的并集。

【示例 6-57】读取数据连接工作簿中的第 10 个数据表，代码如下：

```
df9 = pd.read_excel(r"C:\Users\Administrator\Desktop\数据连接.xlsx", sheet_name = 9)
df9
```

运行代码，结果如图 6-58 所示。

	物品编码	物品名称	采购数量
0	101	投影仪	1台
1	102	马克笔	5盒
2	103	打印机	1台
3	104	点钞机	1台
4	105	复印纸	2箱
5	106	展板	2个
6	107	培训椅	5个
7	108	文件柜	2个

图 6-58 【示例 6-57】运行结果

【示例 6-58】读取数据连接工作簿中的第 12 个数据表，代码如下：

```
df11 = pd.read_excel(r"C:\Users\Administrator\Desktop\数据连接.xlsx", sheet_name = 11)
df11
```

运行代码，结果如图 6-59 所示。

	物品编码	采购单价	采购金额
0	101	2000	2000
1	102	60	300
2	103	298	298
3	104	349	349
4	105	50	100
5	106	75	150

图 6-59 【示例 6-58】运行结果

【示例 6-59】按照"物品编码"列进行内连接，代码如下：

```
pd.merge(df9,df11,on = " 物品编码 ",how = 'inner')
```

运行代码，结果如图 6-60 所示。

	物品编码	物品名称	采购数量	采购单价	采购金额
0	101	投影仪	1台	2000	2000
1	102	马克笔	5盒	60	300
2	103	打印机	1台	298	298
3	104	点钞机	1台	349	349
4	105	复印纸	2箱	50	100
5	106	展板	2个	75	150

图 6-60 【示例 6-59】运行结果

通过【示例 6-59】可以看出，内连接将两个数据表的交集部分进行了连接，剔除了“物品编码”为 107 和 108 的数据。

【示例 6-60】读取数据连接工作簿中的第 10 个和第 12 个数据表，按照“物品编码”列进行左连接，代码如下：

```
df9 = pd.read_excel(r"C:\Users\Administrator\Desktop\数据连接.xlsx", sheet_name = 9)
df11 = pd.read_excel(r"C:\Users\Administrator\Desktop\数据连接.xlsx", sheet_name = 11)
pd.merge(df9,df11,on = " 物品编码 ",how = 'left')
```

运行代码，结果如图 6-61 所示。

	物品编码	物品名称	采购数量	采购单价	采购金额
0	101	投影仪	1台	2000.0	2000.0
1	102	马克笔	5盒	60.0	300.0
2	103	打印机	1台	298.0	298.0
3	104	点钞机	1台	349.0	349.0
4	105	复印纸	2箱	50.0	100.0
5	106	展板	2个	75.0	150.0
6	107	培训椅	5个	NaN	NaN
7	108	文件柜	2个	NaN	NaN

图 6-61 【示例 6-60】运行结果

通过图 6-61 可以看出，以左数据表（图 6-58）为基础，将右数据表（图 6-59）拼接上，右数据表中没有物品编码为 107、108 的物品信息，连接过来的信息用 NaN 填充。

【任务实施】

使用 pandas 来实现数据的合并。

步骤 1：导入查看数据。导入 pandas 模块，运用 pandas 导入数据表“区域销售汇总表.xlsx”工作簿里索引为 0 和 1 的数据表。代码如下：

```
# 导入 pandas 模块
import pandas as pd
# 读入文件
df1 = pd.read_excel (r"C:\Users\Administrator\Desktop\区域销售汇总表.xlsx",
                     sheet_name = 0)
df2 = pd.read_excel (r"C:\Users\Administrator\Desktop\区域销售汇总表.xlsx",
                     sheet_name = 1)
```

步骤 2：合并数据。运用 merge( ) 方法按照"产品序列号""产品名称"合并数据表 df1 和 df2，以左数据表（df1）为基础，右数据表（df2）往左数据表上合并。代码如下：

```
# 按照产品序列号和产品名称合并两张表
df = pd.merge(df1, df2, how = 'left', on = [" 产品序列号 ", " 产品名称 "])
# 表格展示
df
```

运行代码，结果如图 6-62 所示。

	客户ID	客户省份	下单日期	产品序列号	产品名称	产品类别	销售数量	销售单价	产品成本价
0	15632	浙江	2021-01-02	57962235	公路自行车	自行车	56	699	399
1	57962	江苏	2021-01-02	36540041	山地自行车	自行车	25	1298	800
2	45875	湖北	2021-01-02	25646522	折叠自行车	自行车	10	288	100
3	25222	海南	2021-01-02	25426545	自行车车灯	配件	25	35	15
4	63545	陕西	2021-01-03	24512222	自行车车锁	配件	48	22	8
...	...	...	...	...	...	...	...	...	...
43	63245	广东	2021-01-28	25632455	头盔	骑行装备	45	89	23
44	78254	河南	2021-01-28	26644222	自行车头巾	骑行装备	87	19	5
45	12254	湖南	2021-01-29	57962235	公路自行车	自行车	55	699	399
46	68895	福建	2021-01-30	36540041	山地自行车	自行车	60	1298	800
47	12254	湖南	2021-01-31	25646522	折叠自行车	自行车	78	288	100

48 rows × 9 columns

图 6-62　数据表 df1 和 df2 合并后结果

代码解析：

代码"df = pd.merge(df1,df2,how = 'left', on = [" 产品序列号 ", " 产品名称 "])"中，参数 how = 'left' 表示以左数据表为基础，右数据表往左数据表上合并，即以 df1 为基础，df2 往 df1 上合并。参数 on = [" 产品序列号 ", " 产品名称 "]，表示指定按照列"产品序列号""产品名称"合并，即按照这两列匹配数据进行合并。

注 意

（1）列索引名称需要与表格中名称完全一致。

（2）使用 merge( ) 方法合并数据时，尤其要注意中括号、小括号的填写。

【拓展提升】

数据表纵向合并

顾名思义，数据表纵向合并就是将两个数据表在垂直方向进行连接，一般的应用场景就是将分离的若干个结构相同的数据表合并成一个数据表，一般使用concat( ) 方法。

【示例 6-61】读取数据连接工作簿中的第 14 个数据表，代码如下：

```
df13 = pd.read_excel (r"C:\Users\Administrator\Desktop\数据连接.xlsx", sheet_name = 13)
df13
```

运行代码，结果如图 6-63 所示。

	物品编码	物品名称	采购数量	采购金额
0	101	投影仪	1台	2000
1	102	马克笔	5盒	300
2	103	打印机	1台	298
3	104	点钞机	1台	349

图 6-63 【示例 6-61】运行结果

【示例 6-62】读取数据连接工作簿中的第 15 个数据表，代码如下：

```
df14 = pd.read_excel(r"C:\Users\Administrator\Desktop\数据连接.xlsx", sheet_name = 14)
df14
```

运行代码，结果如图 6-64 所示。

	物品编码	物品名称	采购数量	采购金额
0	105	复印纸	2箱	100
1	106	展板	2个	150
2	107	培训椅	5个	345
3	108	文件柜	2个	360

图 6-64 【示例 6-62】运行结果

【示例 6-63】纵向合并数据表，代码如下：

```
pd.concat([df13,df14])
```

运行代码，结果如图 6-65 所示。

	物品编码	物品名称	采购数量	采购金额
0	101	投影仪	1台	2000
1	102	马克笔	5盒	300
2	103	打印机	1台	298
3	104	点钞机	1台	349
0	105	复印纸	2箱	100
1	106	展板	2个	150
2	107	培训椅	5个	345
3	108	文件柜	2个	360

图 6-65 【示例 6-63】运行结果

通过 concat() 方法，两个数据结构相同的数据表纵向地合并在了一起。

任务五　计算销售毛利

【任务描述】

当收到一份有成千上万行数据的源文件时，我们会对数据进行分类汇总，以更清晰地展现我们关注的数据并进行后续计算。A 企业的产品销售数据保存在“销售毛利计算表”中，包含客户 ID、客户省份、产品序列号和产品名称等信息，本任务围绕 A 企业销售数据，运用 pandas 对数据进行计算和分组，通过本任务的学习掌握数据的分组和运算。A 企业销售毛利数据如表 6-7 所示。

表 6-7　A 企业销售毛利计算表（部分）

客户ID	客户省份	下单日期	产品序列号	产品名称	产品类别	销售数量	销售单价	产品成本价格
15632	浙江	2021/1/2	57962235	公路自行车	自行车	56	699.00	399.00
57962	江苏	2021/1/2	36540041	山地自行车	自行车	25	1 298.00	800.00
45875	湖北	2021/1/2	25646522	折叠自行车	自行车	10	288.00	100.00
25222	海南	2021/1/2	25426545	自行车车灯	配件	25	35.00	15.00
63545	陕西	2021/1/3	24512222	自行车车锁	配件	48	22.00	8.00

【任务分析】

在对数据处理的过程中，除了前期对数据的清洗，更多的工作是需要根据不同的分析需求对数据进行整合。比如需要统计某类数据的出现次数，或者需要按照不同级别来分别统计等。为满足这些需求，比较常用的方法即分组和聚合。pandas 支持这样的功能，掌握好 pandas 中这些功能，可以使数据处理的效率大大提高。

本任务中，A 企业的产品销售数据保存在“销售毛利计算表”中，首先要读取数据表，然后运用销售数量和销售单价数据计算销售收入，运用销售数量和产品成本价格数据计算销售成本，销售收入减去销售成本得到销售毛利。此时的销售毛利是各个产品的销售毛利，然后将不同产品按照“产品类别”进行分组，对分组后的各类产品统计销售毛利，最终得到的是各类产品的销售毛利合计数。

【知识准备】

一、数据分组

（一）单列分组

数据分组一般是指把整个数据表分成若干组，然后对分组后的数据进行计算，或者根据业务需要，将计算后的数据再进行合并。在 pandas 模块中对数据分组使用的语句是 groupby( )，分组时直接将列名传给 groupby( )。

【示例 6-64】读取“分组和运算”工作簿中第 2 个工作表，代码如下：

```
import pandas as pd
df = pd.read_excel(r"C:\Users\Administrator\Desktop\分组和运算.xlsx", sheet_name = 1)
df
```

运行代码，结果如图 6-66 所示。

	客户ID	客户省份	下单日期	产品序列号	产品名称	产品类别	销售数量	销售单价	产品成本价
0	15632	浙江	2021-01-02	57962235	公路自行车	自行车	56	699	399
1	57962	江苏	2021-01-02	36540041	山地自行车	自行车	25	1298	800
2	45875	湖北	2021-01-02	25646522	折叠自行车	自行车	10	288	100
3	25222	海南	2021-01-02	25426545	自行车车灯	配件	25	35	15
4	63545	陕西	2021-01-03	24512222	自行车车锁	配件	48	22	8
5	57962	江苏	2021-01-07	57962235	公路自行车	自行车	98	699	399
6	45875	湖北	2021-01-07	36540041	山地自行车	自行车	45	1298	800
7	25222	海南	2021-01-07	25646522	折叠自行车	自行车	69	288	100
8	63545	陕西	2021-01-07	25426545	自行车车灯	配件	24	35	15
9	12522	甘肃	2021-01-11	24512222	自行车车锁	配件	56	22	8

图 6-66 【示例 6-64】运行结果

【示例 6-65】数据按“产品类别”分组，代码如下：

```
df.groupby(" 产品类别 ")
```

运行代码，结果如下：

```
<pandas.core.groupby.generic.Data Frame GroupBy object at 0x000002EDF3AB5E48>
```

从【示例 6-65】可以看出，传入列名后，groupby( ) 方法返回的不是 DataFrame 格式的数据表，而是一个内存地址，我们需要对这些分组数据进行汇总计算以后才会最终展示出来。

【示例 6-66】数据按“产品类别”分组后进行计数运算，代码如下：

```
df.groupby(" 产品类别 ").count( )
```

运行代码，结果如图 6-67 所示。

	客户ID	客户省份	下单日期	产品序列号	产品名称	销售数量	销售单价	产品成本价
产品类别								
自行车	6	6	6	6	6	6	6	6
配件	4	4	4	4	4	4	4	4

图 6-67 【示例 6-66】运行结果

【示例 6-66】是根据“产品类别”对所有数据进行分组，然后对分组以后的数据分别进行计数运算，最后进行合并展示。

（二）多列分组

上面示例是按照一列进行分组，也可以按照多列进行分组，只需要将多个列名以列表的形式传给 groupby( ) 即可。

【示例 6-67】读取“分组和运算”工作簿中第 2 个工作表，按照“客户 ID”和“产品名称”列分组后进行求和运算，代码如下：

```
df=pd.read_excel(r"C:\Users\Administrator\Desktop\分组和运算.xlsx",sheet_name=1)
df.groupby([" 客户 ID"," 产品名称 "]).sum( )
```

运行代码，结果如图 6-68 所示。

		产品序列号	销售数量	销售单价	产品成本价
客户ID	产品名称				
12522	自行车车锁	24512222	56	22	8
15632	公路自行车	57962235	56	699	399
25222	折叠自行车	25646522	69	288	100
	自行车车灯	25426545	25	35	15
45875	山地自行车	36540041	45	1298	800
	折叠自行车	25646522	10	288	100
57962	公路自行车	57962235	98	699	399
	山地自行车	36540041	25	1298	800
63545	自行车车灯	25426545	24	35	15
	自行车车锁	24512222	48	22	8

图 6-68 【示例 6-67】运行结果

分组的汇总计算可以有多种组合方式，可以根据实际工作需求进行自主组合。例如，获取这几类客户的销售数量分别有多少，先按照“客户 ID”和“产品名称”进行分组，然后把“销售数量”这一列取出来，在这一列的基础上进行计算汇总。

【示例 6–68】读取“分组和运算”工作簿中第 2 个工作表，按照“客户 ID”和“产品名称”列分组，对“销售数量”列进行求和运算，代码如下：

```
df = pd.read_excel(r"C:\Users\Administrator\Desktop\分组和运算.xlsx", sheet_name = 1)
df.groupby([" 客户 ID", " 产品名称 "])[" 销售数量 "].sum( )
```

运行代码，结果如图 6–69 所示。

```
客户ID   产品名称
12522   自行车车锁    56
15632   公路自行车    56
25222   折叠自行车    69
        自行车车灯    25
45875   山地自行车    45
        折叠自行车    10
57962   公路自行车    98
        山地自行车    25
63545   自行车车灯    24
        自行车车锁    48
Name: 销售数量, dtype: int64
```

图 6–69 【示例 6–68】运行结果

二、数据运算

（一）四则运算

加减乘除是数学中基本的四则运算，在 pandas 模块中，数据表同样可以进行这种操作。两列相加的操作如下。

【示例 6–69】读取“数据运算”工作簿中第 2 个工作表，代码如下：

```
df = pd.read_excel(r"C:\Users\Administrator\Desktop\数据运算.xlsx", sheet_name = 1)
df
```

运行代码，结果如图 6–70 所示。

	单号	产品名称	销售费用	管理费用
0	202106123001	BACKPACK	960	3900
1	202106123002	LUGGAGE	990	3960
2	202106123003	WALLET	4500	9350
3	202106123004	BACKPACK	368	1495
4	202106123005	HANDBAG	936	3822
5	202106123006	LUGGAGE	1870	7480
6	202106123007	WALLET	7020	14586
7	202106123008	WALLET	9000	18700
8	202106123009	BACKPACK	400	1625
9	202106123010	WALLET	3240	6732

图 6–70 【示例 6–69】运行结果

【示例 6-70】新增“期间费用”列数据，值为“销售费用”列与“管理费用”列数据之和，代码如下：

```
df[" 期间费用 "] = df[" 销售费用 "] + df[" 管理费用 "]
df
```

运行代码，结果如图 6-71 所示。

	单号	产品名称	销售费用	管理费用	期间费用
0	202106123001	BACKPACK	960	3900	4860
1	202106123002	LUGGAGE	990	3960	4950
2	202106123003	WALLET	4500	9350	13850
3	202106123004	BACKPACK	368	1495	1863
4	202106123005	HANDBAG	936	3822	4758
5	202106123006	LUGGAGE	1870	7480	9350
6	202106123007	WALLET	7020	14586	21606
7	202106123008	WALLET	9000	18700	27700
8	202106123009	BACKPACK	400	1625	2025
9	202106123010	WALLET	3240	6732	9972

图 6-71 【示例 6-70】运行结果

【示例 6-70】中，“销售费用”和“管理费用”两列相加，得到“期间费用”数据，同时也在数据表 df 中新增了一列“期间费用”。

下面我们看一个两列相减的示例，语法使用和加法类似，直接将加号改变为减号即可。

【示例 6-71】读取“数据运算”工作簿中第 1 个工作表，代码如下：

```
df = pd.read_excel(r"C:\Users\Administrator\Desktop\ 数据运算.xlsx", sheet_name = 0)
df
```

运行代码，结果如图 6-72 所示。

	单号	产品名称	成本价（元/个）	销售价（元/个）	销售数量（个）	产品成本（元）	销售收入（元）
0	202106123001	BACKPACK	16	65	60	960	3900
1	202106123002	LUGGAGE	22	88	45	990	3960
2	202106123003	WALLET	90	187	50	4500	9350
3	202106123004	BACKPACK	16	65	23	368	1495
4	202106123005	HANDBAG	36	147	26	936	3822
5	202106123006	LUGGAGE	22	88	85	1870	7480
6	202106123007	WALLET	90	187	78	7020	14586
7	202106123008	WALLET	90	187	100	9000	18700
8	202106123009	BACKPACK	16	65	25	400	1625
9	202106123010	WALLET	90	187	36	3240	6732

图 6-72 【示例 6-71】运行结果

【示例 6-72】新增“销售毛利”列数据，值为“销售收入（元）”列数据减去“产品成本（元）”列数据，代码如下：

```
df[" 销售毛利 "] = df[" 销售收入 ( 元 )"] – df[" 产品成本 ( 元 )"]
df[" 销售毛利 "]
```

运行代码，结果如图 6-73 所示。

```
0    2940
1    2970
2    4850
3    1127
4    2886
5    5610
6    7566
7    9700
8    1225
9    3492
Name: 销售毛利, dtype: int64
```

图 6-73 【示例 6-72】运行结果

【示例 6-72】中，“销售收入（元）”和“产品成本（元）”两列相减，得到“销售毛利”数据，同时也在数据表 df 中新增了一列“销售毛利”，单独查看该列数据时，显示的是一个 Series 数据结构。下面我们看一个乘法的示例，通过单价与数量相乘，计算销售收入。

【示例 6-73】读取“数据运算”工作簿中第 3 个工作表，代码如下：

```
df = pd.read_excel(r"C:\Users\Administrator\Desktop\ 数据运算.xlsx", sheet_name = 2)
df
```

运行代码，结果如图 6-74 所示。

	单号	产品名称	销售价（元/个）	销售数量（个）
0	202106123001	BACKPACK	65	60
1	202106123002	LUGGAGE	88	45
2	202106123003	WALLET	187	50
3	202106123004	BACKPACK	65	23
4	202106123005	HANDBAG	147	26
5	202106123006	LUGGAGE	88	85
6	202106123007	WALLET	187	78
7	202106123008	WALLET	187	100
8	202106123009	BACKPACK	65	25
9	202106123010	WALLET	187	36

图 6-74 【示例 6-73】运行结果

【示例 6-74】新增“销售收入”列数据，值为“销售价（元 / 个）”列数据乘以“销售数量（个）”列数据，代码如下：

```
df[" 销售收入 "] = df[" 销售价 ( 元 / 个 )"]*df[" 销售数量 ( 个 )"]
df[" 销售收入 "]
```

运行代码，结果如图 6-75 所示。

```
0     3900
1     3960
2     9350
3     1495
4     3822
5     7480
6    14586
7    18700
8     1625
9     6732
Name: 销售收入, dtype: int64
```

图 6-75 【示例 6-74】运行结果

最后我们来看一下除法，以数据除以一个常数作为示例。

【示例 6-75】读取“数据运算”工作簿中第 3 个工作表，将“销售价 (元 / 个)”列数据除以 2，代码如下：

```
df = pd.read_excel(r"C:\Users\Administrator\Desktop\ 数据运算.xlsx", sheet_name = 2)
df[" 销售价 ( 元 / 个 )"]/2
```

运行代码，结果如图 6-76 所示。

```
0    32.5
1    44.0
2    93.5
3    32.5
4    73.5
5    44.0
6    93.5
7    93.5
8    32.5
9    93.5
Name: 销售价（元/个）, dtype: float64
```

图 6-76 【示例 6-75】运行结果

【示例 6-75】是一列数据除以一个常数，现实工作需求中，任意一列数据都可以进行加减乘除一个常数值的操作，大家可以自行练习。

（二）比较运算

比较运算顾名思义，就是大于、等于、小于的运算比较。本任务主要是数据列与数据列之间的运算比较。

【示例 6-76】读取“数据运算”工作簿中第 4 个工作表，代码如下：

```
df = pd.read_excel(r"C:\Users\Administrator\Desktop\ 数据运算.xlsx", sheet_name = 3)
df
```

运行代码，结果如图 6-77 所示。

	单号	产品名称	成本价（元/个）	销售价（元/个）
0	202106123001	BACKPACK	16	65
1	202106123002	LUGGAGE	22	88
2	202106123003	WALLET	90	187
3	202106123004	BACKPACK	16	65
4	202106123005	HANDBAG	36	147
5	202106123006	LUGGAGE	22	88
6	202106123007	WALLET	90	187
7	202106123008	WALLET	90	187
8	202106123009	BACKPACK	16	65
9	202106123010	WALLET	90	187

图 6-77 【示例 6-76】运行结果

【示例 6-77】将“成本价（元/个）”列与“销售价（元/个）”列进行比较运算，代码如下：

```
df["成本价(元/个)"]> df["销售价(元/个)"]
```

运行代码，结果如图 6-78 所示。

```
0    False
1    False
2    False
3    False
4    False
5    False
6    False
7    False
8    False
9    False
dtype: bool
```

图 6-78 【示例 6-77】运行结果

从图 6-77 的数据表中可以看出，成本价都是小于销售价的，所以进行比较运算的时候，按照“>”运行，结果都是显示“False”。其他的比较运算与此类似，修改比较运算符即可。

（三）数据汇总运算

1. 求和运算

求和运算是财务数据最基础的计算方式之一，可以使用 sum() 方法对数据进行汇总运算。

【示例 6-78】读取“数据运算”工作簿中第 3 个工作表，代码如下：

```
df = pd.read_excel(r"C:\Users\Administrator\Desktop\数据运算.xlsx", sheet_name = 2)
df
```

运行代码，结果如图 6-79 所示。

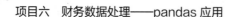

	单号	产品名称	销售价（元/个）	销售数量（个）
0	202106123001	BACKPACK	65	60
1	202106123002	LUGGAGE	88	45
2	202106123003	WALLET	187	50
3	202106123004	BACKPACK	65	23
4	202106123005	HANDBAG	147	26
5	202106123006	LUGGAGE	88	85
6	202106123007	WALLET	187	78
7	202106123008	WALLET	187	100
8	202106123009	BACKPACK	65	25
9	202106123010	WALLET	187	36

图 6-79 【示例 6-78】运行结果

【示例 6-79】对数据列“销售数量（个）”求和，代码如下：

```
df[" 销售数量 ( 个 )"].sum()
```

运行代码，结果如下：

```
528
```

想获取某列数据的合计值，直接读取列名后，加上 sum() 语句即可。如果是获取行数据的合计值，需要在 sum() 语句中设置参数“axis = 1”。

【示例 6-80】读取“数据运算”工作簿中第 2 个工作表，对数据列“销售费用”和“管理费用”两列按行求和，代码如下：

```
df = pd.read_excel(r"C:\Users\Administrator\Desktop\ 数据运算 .xlsx",
sheet_name = 1)
df[[" 销售费用 "," 管理费用 "]].sum(axis = 1)
```

运行代码，结果如图 6-80 所示。

```
0     4860
1     4950
2    13850
3     1863
4     4758
5     9350
6    21606
7    27700
8     2025
9     9972
dtype: int64
```

图 6-80 【示例 6-80】运行结果

2. 平均值运算

平均值计算同样也是财务数据非常重要的计算方式，使用的是 mean() 方法，需要注意的是，如果对整个数据表进行均值计算，得到的数据是每一列的均值。

【示例 6-81】读取“数据运算”工作簿中“材料消耗明细表”工作表，对数据列“材料耗用数量（kg）”“单位成本（元）”求平均值，代码如下：

```
df = pd.read_excel(r"C:\Users\Administrator\Desktop\ 数据运算 .xlsx",
sheet_name = " 材料消耗明细表 ")
df[[" 材料耗用数量（kg）"," 单位成本（元）"]].mean()
```

运行代码，结果如图 6-81 所示。

```
材料耗用数量（kg）    117727.833333
单位成本（元）          598.556000
dtype: float64
```

图 6-81 【示例 6-81】运行结果

当然，也可以按照行来求取均值，同样是需要在 mean() 语句中设置参数“axis = 1”，同按行求和计算一样，此处不再单独举例。

3. 最大（小）值运算

最大值和最小值的计算，分别使用 max() 和 min() 方法。

【示例 6-82】读取“数据运算”工作簿中“材料消耗明细表”工作表，对数据列“材料耗用数量（kg）”“单位成本（元）”求最大值，代码如下：

```
df = pd.read_excel(r"C:\Users\Administrator\Desktop\ 数据运算 .xlsx",
sheet_name = " 材料消耗明细表 ")
df[[" 材料耗用数量（kg）"," 单位成本（元）"]].max()
```

运行代码，结果如图 6-82 所示。

```
材料耗用数量（kg）    220972.50
单位成本（元）          629.57
dtype: float64
```

图 6-82 【示例 6-82】运行结果

【示例 6-83】对 df 数据列“材料耗用数量（kg）”“单位成本（元）”求最小值，代码如下：

```
df[[" 材料耗用数量（kg）"," 单位成本（元）"]].min()
```

运行代码，结果如图 6-83 所示。

```
材料耗用数量（kg）    50000.00
单位成本（元）          540.31
dtype: float64
```

图 6-83 【示例 6-83】运行结果

在 max() 和 min() 语句中设置参数“axis = 1”，意义是一样的，都是去获取行的最大值和最小值。

【示例 6-84】对 df 所有数值列按行求最大值，代码如下：

```
df = pd.read_excel(r"C:\Users\Administrator\Desktop\ 数据运算 .xlsx",
sheet_name = " 生产费用明细表 ")
df.iloc[::,2:].max(axis = 1)
```

运行代码，结果如图 6-84 所示。

```
0    56766760.00
1    71442190.00
2    71128090.00
3    76271315.00
4    79178412.94
dtype: float64
```

图 6-84 【示例 6-84】运行结果

因【示例 6-84】中，“年份”“产品”列为非数值数据，所以使用 iloc 方法进行索引切片，选择所有行及所有数值列数据求最大值。

【示例 6-85】对 df 所有数值列按行求最小值，代码如下：

```
df.iloc[::,2:].min(axis = 1)
```

运行代码，结果如图 6-85 所示。

```
0    3528.0
1    3432.0
2    3623.4
3    3904.0
4    5250.0
dtype: float64
```

图 6-85 【示例 6-85】运行结果

4. 方差、标准差运算

方差是用来衡量一组数据的离散程度（即数据波动幅度）的。确定投资产品的风险和收益时，经常会用到方差。标准差是方差的平方根，同样也是表示数据的离散程度的。求方差使用的是 var() 语句，求标准差使用的是 std() 语句。

【示例 6-86】读取“数据运算”工作簿中“材料消耗明细表”工作表，对数据列“材料耗用数量（kg）”“单位成本（元）”求方差，代码如下：

```
df = pd.read_excel(r"C:\Users\Administrator\Desktop\ 数据运算 .xlsx",
sheet_name = " 材料消耗明细表 ")
df[[" 材料耗用数量（kg）"," 单位成本（元）"]].var()
```

运行代码，结果如图 6-86 所示。

```
材料耗用数量（kg）      3.219149e+09
单位成本（元）          1.035222e+03
dtype: float64
```

图 6-86 【示例 6-86】运行结果

【示例 6-87】对 df 数据列“材料耗用数量（kg）”“单位成本（元）”求标准差，代码如下：

```
df[["材料耗用数量（kg）","单位成本（元）"]].std()
```

运行代码，结果如图 6-87 所示。

```
材料耗用数量（kg）      56737.544838
单位成本（元）            32.174872
dtype: float64
```

图 6-87 【示例 6-87】运行结果

5. 计数运算

计算某一个数据表区域中有效数值的个数就是计数运算，使用 count( ) 方法进行操作。

【示例 6-88】读取“数据运算”工作簿中第 4 个工作表，对所有数据进行计数运算，代码如下：

```
df = pd.read_excel(r"C:\Users\Administrator\Desktop\数据运算.xlsx", sheet_name = 3)
df.count( )
```

运行代码，结果如图 6-88 所示。

```
单号              10
产品名称          10
成本价（元/个）    10
销售价（元/个）    10
dtype: int64
```

图 6-88 【示例 6-88】运行结果

【示例 6-89】对 df 数据按行计数，代码如下：

```
df.count(axis = 1)
```

运行代码，结果如图 6-89 所示。

```
0    4
1    4
2    4
3    4
4    4
5    4
6    4
7    4
8    4
9    4
dtype: int64
```

图 6-89 【示例 6-89】运行结果

count( ) 方法默认是列的计数运算，行的计数运算要使用“axis = 1”参数进行操作。

【任务实施】

使用 pandas 来实现数据的运算和分组。

步骤 1：导入数据。导入 pandas 模块，运用 pandas 导入数据表“销售毛利计算表.xlsx”。代码如下：

```
# 导入 pandas 模块
import pandas as pd
# 读入文件
df = pd.read_excel (r"C"\Users\Administrator\Desktop\ 销售毛利计算表.xlsx",
                sheet_name = 0)
```

步骤 2：计算销售收入、销售成本和销售毛利。选取数据表的“销售数量”列数据和“销售单价”列数据相乘得到“销售收入”，同理计算“销售成本”，然后得出“销售毛利”。代码如下：

```
# 数据列计算
df[" 销售收入 "] = df[" 销售数量 "]*df[" 销售单价 "]
df[" 销售成本 "] = df[" 销售数量 "]*df[" 产品成本价格 "]
df[" 销售毛利 "] = df[" 销售收入 "]-df[" 销售成本 "]
df.head( )
```

运行代码，结果如图 6-90 所示。

	客户ID	客户省份	下单日期	产品序列号	产品名称	产品类别	销售数量	销售单价	产品成本价格	销售收入	销售成本	销售毛利
0	15632	浙江	2021-01-02	57962235	公路自行车	自行车	56	699	399	39144	22344	16800
1	57962	江苏	2021-01-02	36540041	山地自行车	自行车	25	1298	800	32450	20000	12450
2	45875	湖北	2021-01-02	25646522	折叠自行车	自行车	10	288	100	2880	1000	1880
3	25222	海南	2021-01-02	25426545	自行车车灯	配件	25	35	15	875	375	500
4	63545	陕西	2021-01-03	24512222	自行车车锁	配件	48	22	8	1056	384	672

图 6-90　“销售收入”“销售成本”“销售毛利”计算结果

步骤 3：分组汇总销售毛利。按照“产品类别”对数据表进行分组，然后对“销售毛利”列进行求和运算，得到不同类别产品的销售收入合计数。代码如下：

```
# 数据分组后按指定项目求和
```

```
df.groupby(" 产品类别 ")[' 销售毛利 '].sum()
```

运行代码，可以得到运行结果如下：

```
产品类别
自行车        226974
配件          17733
骑行装备      38021
Name: 销售毛利 , dtype:int64
```

注 意

在使用求和运算的语法时，sum 后面一定要加上“()”。

【拓展提升】

数据透视

Python 中数据透视表的制作原理与 Excel 中的制作原理是一样的。Python 中的数据透视表用到的是 pivot_table() 方法。

【示例 6-90】读取“经营数据”工作簿第一个数据表，查看前 5 行数据，代码如下：

```
df1 = pd.read_excel ( r"C:\Users\Administrator\Desktop\ 经营数据.xlsx", sheet_name = 0,
                      converters = {" 年 ":str, " 公司 ":str})
df1.head()
```

运行代码，结果如图 6-91 所示。

	年	月	公司	营业收入	营业成本	利润总额	净利润	资产合计	负债合计	权益合计
0	2019	Jan	10104	34603.70	52479.27	6140.64	8573.19	355024.70	-584170.26	939194.95
1	2019	Jan	10105	158326.61	142732.97	14948.80	14211.79	715383.07	736184.44	-20801.37
2	2019	Jan	10108	98515.01	88478.95	8204.14	6658.71	545261.37	344963.70	200297.66
3	2019	Jan	10110	21531.00	20762.68	361.40	361.40	134095.92	294480.98	-160385.06
4	2019	Jan	10111	27109.50	26018.61	578.37	578.37	158604.36	319261.84	-160657.48

图 6-91 【示例 6-90】运行结果

接下来，在数据透视表中对数据使用 aggfunc 方式来定义运算，月作为 index，年作为 columns，营业收入作为 values，对 values 执行 sum 运算。

【示例 6-91】对 df1 进行数据透视，设置行列索引，设置值并执行求和运算，代码如下：

```
df2 = pd.pivot_table (df1,index = [" 月 "], columns = [" 年 "], values  = [" 营业收入 "],
                      aggfunc = 'sum')
df2
```

运行代码，结果如图 6-92 所示。

	营业收入	
年	2019	2020
月		
Apr	1232499.31	1339006.08
Aug	1596895.87	1886833.36
Dec	1294592.28	NaN
Feb	1421489.05	1454893.41
Jan	1239924.24	1452800.29
Jul	1519952.08	1763512.74
Jun	1350744.35	1557692.71
Mar	1251168.17	1363490.21
May	1274746.55	1458726.56
Nov	1169817.88	NaN
Oct	1284852.26	1475830.61
Sep	1223536.81	1380265.71

图 6-92 【示例 6-91】运行结果

pandas 模块中数据透视表中的合计列默认是关闭的，使用 margins 参数 margins = True 就可以显示出来，合计列的名称默认为“All”，可以通过设置参数 margins_name 的值进行修改。

【示例 6-92】对 df1 进行数据透视，设置行列索引，设置值并执行求和运算，显示合计列并命名为“总计”，代码如下：

```
df3 = pd.pivot_table (df1,index = [" 月 "], columns = [" 年 "], values = [" 营业收入 "],
                      aggfunc = 'sum', margins = True, margins_name = " 总计 ")
df3
```

运行代码，结果如图 6-93 所示。

在数据透视表中出现了 NaN，其表示缺失值，可以通过设置参数 fill_value 的值对缺失值进行填充。

【示例 6-93】对 df1 进行数据透视，设置行列索引，设置值并执行求和运算，显示合计列并命名为“总计”，将缺失值填充为 0，代码如下：

```
df4 = pd.pivot_table (df1, index = [" 月 "], columns  = [" 年 "], values = [" 营业收入 "],
```

年 月	营业收入 2019	2020	总计
Apr	1232499.31	1339006.08	2571505.39
Aug	1596895.87	1886833.36	3483729.23
Dec	1294592.28	NaN	1294592.28
Feb	1421489.05	1454893.41	2876382.46
Jan	1239924.24	1452800.29	2692724.53
Jul	1519952.08	1763512.74	3283464.82
Jun	1350744.35	1557692.71	2908437.06
Mar	1251168.17	1363490.21	2614658.38
May	1274746.55	1458726.56	2733473.11
Nov	1169817.88	NaN	1169817.88
Oct	1284852.26	1475830.61	2760682.87
Sep	1223536.81	1380265.71	2603802.52
总计	15860218.85	15133051.68	30993270.53

图 6-93 【示例 6-92】运行结果

```
                aggfunc = 'sum', margins = True, margins_name = " 总计 ",
                fill_value = 0)
df4
```

运行代码，结果如图 6-94 所示。

年 月	营业收入 2019	2020	总计
Apr	1232499.31	1339006.08	2571505.39
Aug	1596895.87	1886833.36	3483729.23
Dec	1294592.28	0.00	1294592.28
Feb	1421489.05	1454893.41	2876382.46
Jan	1239924.24	1452800.29	2692724.53
Jul	1519952.08	1763512.74	3283464.82
Jun	1350744.35	1557692.71	2908437.06
Mar	1251168.17	1363490.21	2614658.38
May	1274746.55	1458726.56	2733473.11
Nov	1169817.88	0.00	1169817.88
Oct	1284852.26	1475830.61	2760682.87
Sep	1223536.81	1380265.71	2603802.52
总计	15860218.85	15133051.68	30993270.53

图 6-94 【示例 6-93】运行结果

技能实训 >>>

一、单选题

1. 关于 DataFrame 的表述，错误的是（　　）。

A. DataFrame 是一个表格型的数据类型，每列值数据可以不同

B. DataFrame 既有行索引，又有列索引

C. DataFrame 常用于表达一维数据

D. DataFrame 可以由 Python 列表、字典等作为参数来创建

2. 使用 pandas 读取 Excel 文件，如果要导入第二页 sheet，pd.read_excel() 中，sheet_name 参数应该怎么写（　　）。

A. sheet_name = 1　　B. sheet_name = 'sheet'

C. sheet_name = 'sheet1'　　D. sheet_name = 'sheet02'

3. 布尔索引按照多列满足一定条件筛选 DataFrame 中的数据，下面写法正确的是（　　）。

A.df[(df[' 列 1'] == 条件) & (df[' 列 2']> 条件)]

B.df[(df[' 列 1'] == 条件) and (df[' 列 2']> 条件)]

C.df[(df[' 列 1'] = 条件) & (df[' 列 2']> 条件)]

D.df[(df[' 列 1'] = 条件) and (df[' 列 2']> 条件)]

4. 下列选项中，用于填充缺失值的方法是（　　）。

A. isnull()　　B. drop()

C. notnull()　　D. fillna()

5. 关于 merge() 函数的说法正确的是（　　）。

A. merge() 函数既可以实现横向拼接又可以实现纵向拼接

B. merge() 函数可以对多表进行操作

C. merge() 函数可以按键进行拼接

D. merge() 函数只能实现纵向拼接

6. 对于如图 6-95 所示数据表 df 的分组运算，下列选项中对代码的解析错误的是（　　）。

A. df.groupby(' 年份 ')，表示按“年份”进行分组

B. df.groupby(' 年份 ').sum()，表示按“年份”分组并求每个团队的比赛总分

C. df.groupby(' 团队 ')，表示按“团队”进行分组

D. df.groupby(' 团队 ').sum()，表示按“团队”分组并求每个团队的比赛总分

	年份	团队	排名	得分
0	2018	骑士	1	876
1	2019	骑士	2	786
2	2018	魔鬼	2	863
3	2019	魔鬼	1	799
4	2020	国王	1	769
5	2021	国王	1	812
6	2018	国王	3	854
7	2019	皇家	3	781

图 6-95　比赛得分

二、实操题

1. 根据表 6-8 中的数据，完成操作。

表 6-8　A 企业产品生产预算

产品	需求数量（箱）	期初数量（箱）	期末数量（箱）	生产数量（箱）
阿胶浆	62 309	100.00	0.00	
阿胶颗粒	64 669	335.00	0.00	
阿胶糕	115 493	25.00	0.00	

（1）创建 DataFrame 对象 sc_ys 存储表 6-8 的数据。

（2）输出“需求数量（箱）”列 的数据。

（3）输出“期初数量（箱）”和“期末数量（箱）”列的数据。

（4）计算“生产数量（箱）”的数据，并将计算结果新增到 sc_ys 中。

2. 数据表“部分费用明细表 .xls”（在“教材配套代码包”—“技能实训”中获取）中存放了 2017—2021 年各部门费用明细，请据此文件完成下面操作。

（1）将“部分费用明细表.xls”工作表数据读入 DataFrame 对象 bm_fy 中。

（2）计算各个年度各个部门的费用总和，并将计算结果新增到 bm_fy 中。

（3）计算各个年度“办公费”合计数。

（4）按“年份”分组统计各个年度所有部门的费用合计数。

（5）按“部门”分组统计各个部门所有年度的费用合计数。

项目七

财务报表数据可视化——pyecharts 应用

如果要向老板汇报公司的年度经营情况，有三种不同的展示形式分别是文字、表格和图形，你会选择哪种？假如你是老板，那么你希望收到下属发来哪种形式的汇报呢？相信大部分人的选择顺序都是图形、表格、文字，即所谓的字不如表，表不如图。之所以会优先选择图形的形式，是因为图形呈现的内容更加直观、丰富，不仅可以看出每个月具体的数值，而且可以看出趋势及最值点。这种借助图形来清晰有效地表达信息的方式称为可视化，可视化可以帮助我们更好地传递信息。pyecharts 是 Python 中常见的可视化模块。在财务数据处理之后，进行可视化操作，能使数据更加直观展示。本项目中将重点讲解 pyecharts 模块在财务数据可视化过程中的应用。

学习目标 >>>

知识目标

1. 掌握 pyecharts 模块的基本使用方法
2. 掌握柱状图的绘制方法
3. 掌握折线图的绘制方法
4. 掌握饼图的绘制方法

技能目标

1. 能导入 pyecharts 模块的图形和配置项
2. 能运用 pyecharts 模块简单的配置项
3. 能运用 pyecharts 模块绘制柱状图
4. 能运用 pyecharts 模块绘制折线图
5. 能运用 pyecharts 模块绘制饼图

素养目标

1. 在对数据进行可视化的过程中，培养学生的数据分析思维
2. 培养学生在企业推进数字化转型的过程中对数据的理解及业务的分析能力

立志问学 >>>

弘扬长征精神，走好新时代长征路

习近平总书记指出“每一代人有每一代人的长征路，每一代人都要走好自己的长征路。今天，我们这一代的长征，就是要实现“两个一百年”奋斗目标、实现中华民族伟大复兴的中国梦。”

学习长征精神，是我们每一个新时代青年的责任和义务。新技术的发展，为我们提供了更多了解、学习长征精神的途径。将可视化技术引入长征精神的学习中，置身长征时期的实景，在虚拟的环境中，切身感受革命先烈为新中国所作的伟大牺

牲，获取对历史和文化深刻的情感认同。从而牢记前人的付出，不过分沉浸在舒适安逸的生活里，将长征精神贯彻于心。

思维导图 >>>

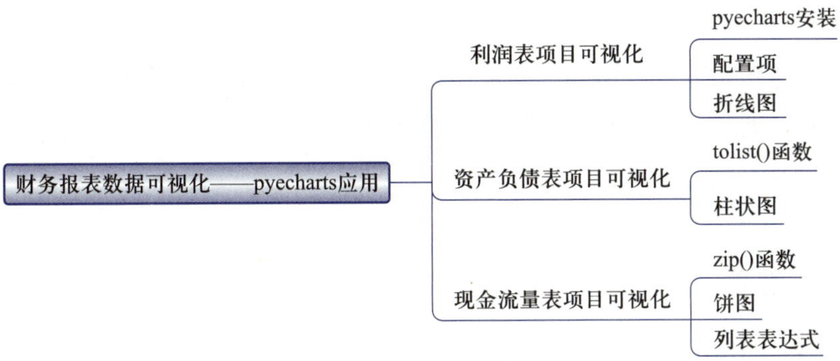

任务一　利润表项目可视化

【任务描述】

利润表反映企业的经营成果，包含营业收入、营业成本、销售费用、管理费用等数据，本任务选取利润表中的管理费用项目进行可视化，绘制管理费用趋势折线图。通过本任务的学习掌握运用 pyecharts 模块绘制折线图。A 企业各年份管理费用明细如表 7-1 所示。

表 7-1　A 企业各年份管理费用明细表

年份	2015 年	2016 年	2017 年	2018 年	2019 年	2020 年
金额	29 118 180	49 137 740	72 225 690	112 971 490	134 524 240	175 443 490

【任务分析】

Anaconda 包含一些常用的第三方模块，使用时可以直接调用，例如 pandas 模块。而 pyecharts 模块不在 Anaconda 中，使用 pyecharts 模块需要先使用 pip 语句安装。在具体使用时，需要导入模块。pyecharts 模块包含很多内容，不需要一次性导入模块所有内容，只需要导入需要的内容即可。本任务要绘制折线图，那么只需要从 pyecharts 中导入折线图模块。如果需要对图形进行配置，那么导入 pyecharts 中的子模块 options 并取别名为 opts 即可。

安装导入相关模块后，就可以开始设置图形了。图形是由数据形成的，所以首先要准备数据。数据准备好之后，就可以创建图表对象了。本任务创建折线图对象，即将创建图表的函数赋值给变量，然后将前面准备的数据与创建的图表进行关联，即设置 x 轴和 y 轴数据。根据需要设置配置项内容，例如设置图表主标题和副标题。最后展示生成的图表。

【知识准备】

一、pyecharts 安装

pyecharts 作为一款将 Python 与 Echarts 结合的强大的数据可视化工具，主要优势是支持的图形样式非常全，而且有丰富的主题可供选择，样式美观。

由于 pyecharts 是一个第三方模块，如果之前没有安装的话，首先要进行安装，代码如下：

```
pip install pyecharts
```

如果已经成功安装则跳过此步骤，直接引入使用即可。调用 pyecharts 模块非常简单，代码如下：

```
from pyecharts.charts import 图表名
```

制作的图表种类需要在引入 pyecharts 时就进行代码的确认，比如想进行折线图的制作，就可以将图表类名改为 Line，如果进行饼图的制作，则改为 Pie 即可。

注 意

pyecharts 只支持列表、元组等 Python 原生数据类型，不支持 DataFrame 等数据形式。如需使用 DataFrame 等数据类型制作图表，需先转换数据类型后再进行图表制作。

二、配置项

pyecharts 的图表样式都是通过配置来操作的，包括全局配置项和系列配置项。

（一）全局配置项

pyecharts 的全局配置项非常丰富，这里简单学习初始化配置项、标题配置项和图例配置项。全局配置项通过 set_global_options 方法设置。

1. 初始化配置项

在初始化配置项中，可以设置画布的长、宽、网页标题、图表主题、背景色等。初始化可通过 options.InitOpts 设置，代码如下：

```
# 表示设置柱状图的长为 600px, 宽为 400px
bar = Bar(init_opts = options.InitOpts("600px", "400px"))
```

2. 标题配置项

标题配置项中常用的有标题内容及展示位置、标题字体、大小等，代码如下：

```
#title_opts 为全局配置项中标题配置项
''' options.TitleOpts 为配置标题配置项的方法，参数包括图表标题名称 title、位置
  pos_left、pos_right 等，以下代码中 center 表示居中显示 '''
title_opts = options.TitleOpts(title = " 示例 ", pos_left = "center", pos_right = "center")
#title_textstyle_opts 是 options.TitleOpts 的另一个参数，表示文本类型
''' options.TextStyleOpts 为设置文本字体、大小的值，以下代码中表示字体为“微软
  雅黑”，字体大小为 12'''
title_textstyle_opts = options.TextStyleOpts(font_family = " 微软雅黑 ", font_size = "12")
```

3. 图例配置项

图例的展示形式、位置也是需要在全局配置项中设置的，代码如下：

```
#legend_opts 表示全局配置的图例配置项
#options.LegendOpts 表示配置图例配置项的方法，可以配置位置、字体、大小等
legend_opts = options.LegendOpts (pos_bottom = "0", textstyle_opts = options.
                                  TextStyleOpts(font_family = " 微软雅黑 ",
                                  font_size = "8"))
```

（二）系列配置项

系列配置项通过 set_series_opts 方法设置。这里简单学习标签配置项、分割线配置项和图元样式配置项。

1. 标签配置项

标签配置项可配置标签的字体颜色、字体大小等，代码如下：

```
#label_opts 表示标签选项参数
#options.LabelOpts 表示配置标签选项的方法
# 方法包括颜色配置、字体、大小等
set_series_opts (label_opts = options.LabelOpts(color = "#0A0A0D", font_family =
            " 微软雅黑 ", font_size = "10"))
```

2. 分割线配置项

分割线配置项作为系列配置项，常用作全局配置项中的 *y* 轴样式的参数值，代码如下：

```
# 是否展示坐标轴 y 轴的分割线
yaxis_opts = options.AxisOpts(splitline_opts = options.SplitLineOpts(is_show = True))
```

3. 图元样式配置项

每个图表类型都有自己独特的配置项，比如柱状图，可以设置柱子之间的宽度、柱子的宽度以及柱子的颜色，代码如下：

```
# category_gap 可以设置柱子的宽度，因为默认的柱子宽度可能较宽，不美观
# options.ItemStyleOpts 可以设置柱子的颜色
bar.add_yaxis ("", data, category_gap = '60%', itemstyle_opts = options.ItemStyleOpts (
        color = "#ccc"))
```

（三）常见配置项

pyecharts 的全局配置项和系列配置项都是非常丰富的，下面简单列举一些常用的配置项。全局配置项见表 7-2～表 7-8，系列配置项见表 7-9～表 7-11。

表 7-2　初始化配置项 InitOpts

配置项	解释
theme	图表主题
width	图表画布宽度，css 长度单位
height	图表画布高度，css 长度单位

表 7-3　标题配置项 TitleOpts

配置项	解释
title	主标题文本，支持使用 \n 换行
subtitle	副标题文本，支持使用 \n 换行
item_gap	主副标题之间的间距
title_textstyle_opts	主标题字体样式配置项
subtitle_textstyle_opts	副标题字体样式配置项

表 7-4　图例配置项 LegendOpts

配置项	解释
type_	可选 plain 或 scroll。plain 为普通图例，scroll 为滚动图例
selected_mode	图例选择的模式，控制是否可以通过单击图例改变系列的显示状态。默认开启图例选择，可以设成 false 关闭
is_show	是否显示图例组件
orient	图例列表的布局朝向。可选：horizontal 或 vertical

表 7-5　坐标轴配置项 AxisOpts

配置项	解释
type_	坐标轴类型。可选择 value、category、time、log
name	坐标轴名称
is_show	是否显示 *x* 轴
position	*x* 轴的位置。可选：top，bottom
offset	*y* 轴相对于默认位置的偏移，在相同的 position 上有多个 *y* 轴时有用

表 7-6　坐标轴指示器配置项 AxisPointer

配置项	解释
is_show	默认显示坐标轴指示器
type	指示器类型。line 为直线指示器，shadow 为阴影指示器，none 为无指示器

表 7-7　提示框配置项 TooltipOpts

配置项	解释
is_show	是否显示提示框组件，包括提示框浮层和 axisPointer
trigger	触发类型。item：数据项图形触发，主要在散点图、饼图等无类目轴的图表中使用。axis：坐标轴触发，主要在柱状图、折线图等会使用类目轴的图表中使用。none：什么都不触发
axis_pointer_type	指示器类型。line：直线指示器。shadow：阴影指示器。none：无指示器。cross：十字准星指示器。其实是种简写，表示启用两个正交的轴的 axisPointer。

表 7-8　工具箱配置项 ToolboxOpts

配置项	解释
is_show	是否显示工具栏组件
orient	工具栏 icon 的布局朝向。可选：horizontal 或 vertical
pos_left	工具栏组件离容器左侧的距离
pos_right	工具栏组件离容器右侧的距离
pos_top	工具栏组件离容器上侧的距离，如 top、middle、bottom，组件会根据相应的位置自动对齐

表 7-9　图元样式配置项 ItemStyleOpts

配置项	解释
color	图形的颜色
color0	阴线图形的颜色
border_color	图形的描边颜色
border_color0	阴线图形的描边颜色
border_width	描边宽度，默认不描边
opacity	图形透明度。支持从 0 到 1 的数字，为 0 时不绘制该图形
area_color	区域的颜色

表 7-10　文字样式配置项 TextStyleOpts

配置项	解释
color	文字颜色
font_size	文字的字体大小
align	文字水平对齐方式，默认自动
vertical_align	文字垂直对齐方式，默认自动
line_height	行高
shadow_blur	文字块的背景阴影长度
width	文字块的宽度
height	文字块的高度

表 7-11　标签配置项 LabelOpts

配置项	解释
is_show	是否显示
position	标签的位置，可选 top，left，right，bottom，inside，insideLeft，insideRight，insideTop，insideBottom，insideTopLeft，insideBottomLeft，insideTopRight，insideBottomRight
formatter	标签内容格式器，支持字符串模板和回调函数两种形式，字符串模板与回调函数返回的字符串均支持用 \n 换行

三、折线图

折线图在财务数据展示模型中地位非常重要，因为它可以展示出随时间而改变的连续变动情况，因此非常适用于财务数据分析。折线图的基本样式如图 7-1 所示。

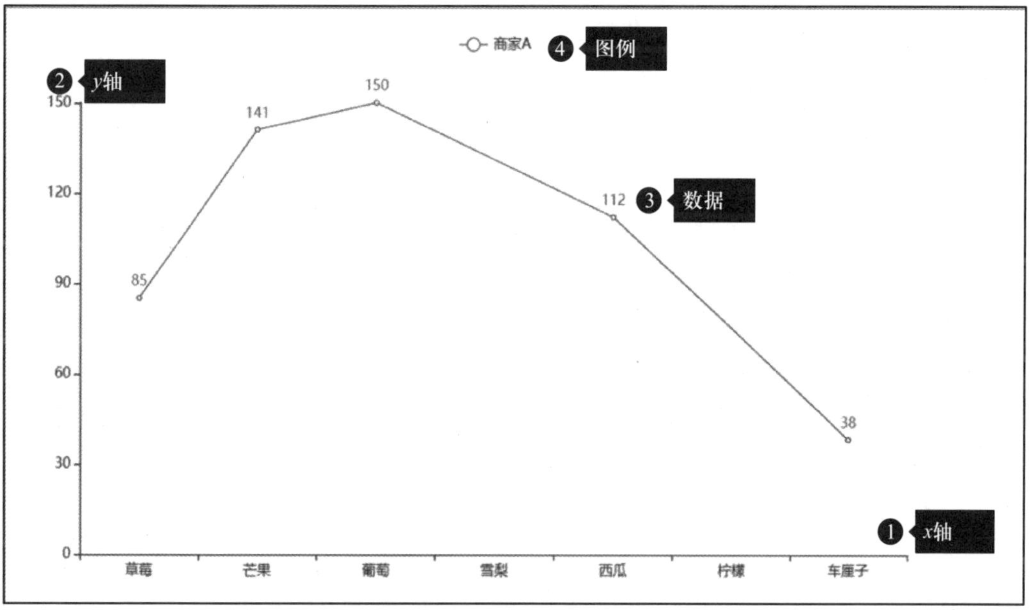

图 7-1　折线图样式

【任务实施】

应用 pyecharts 模块绘制管理费用的折线图。

步骤 1：导入创建折线图 Line 和配置项，代码如下：

```
# 导入 pyecharts 模块并创建一个折线图
```

```
from pyecharts.charts import Line
# 调用 options 包
from pyecharts import options as opts
```

代码解析：

运用 from 语句从 pyecharts 模块中导入折线图模块 Line，运用 from 语句从 pyecharts 模块中导入配置项模块并命名为 opts。

步骤 2：准备数据，代码如下：

```
# 将年份和管理费用数据存储到列表中
year = ["2015 年 ", "2016 年 ", "2017 年 ", "2018 年 ", "2019 年 ", "2020 年 "]
data  = [29118180, 49137740, 72225690, 112971490, 134524240, 175443490]
```

代码解析：

创建列表 year 存储年份数据，创建列表 data 存储管理费用金额数据。用于生成折线图 x 轴和 y 轴的数据需要是列表数据类型，如果不是，需要转换为列表才可以使用。

步骤 3：设置图表对象，代码如下：

```
# 将折线图赋值给 line
line = Line( )
```

代码解析：

代码表示将折线类型图表 Line( ) 赋值给变量 line。

步骤 4：关联数据，代码如下：

```
# 添加折线图 x 轴数据内容
line.add_xaxis(year)
# 添加折线图 y 轴数据内容，设置图例名称为“管理费用”
line.add_yaxis(" 管理费用 ", data)
```

代码解析：

代码“line.add_xaxis(year)”表示关联 x 轴数据，year 即步骤 2 中存储年份数据的列表。

代码“line.add_yaxis(" 管理费用 ",data)”表示关联 y 轴数据，“管理费用”表示图例名称，data 即步骤 2 中存储管理费用数据的列表。

步骤 5：设置配置项。设置图形主标题和副标题，代码如下：

```
# 在全局配置项设置主标题内容和副标题内容
line.set_global_opts (title_opts = opts.TitleOpts(title = " 管理费用 ", subtitle =
                    "2015 年 -2020 年 "))
```

代码解析：

代码“line.set_global_opts()”表示设置折线图的全局配置项。

其中参数“title_opts = opts.TitleOpts()”表示设置的是标题配置项，“title = "管理费用", subtitle = "2015 年 -2020 年 "”表示设置的主标题为“管理费用”，副标题为“2015 年 -2020 年”。

步骤 6：生成显示图表，代码如下：

```
# 展示绘制完成的图片
line.render_notebook()
```

运行代码，结果如图 7-2 所示。

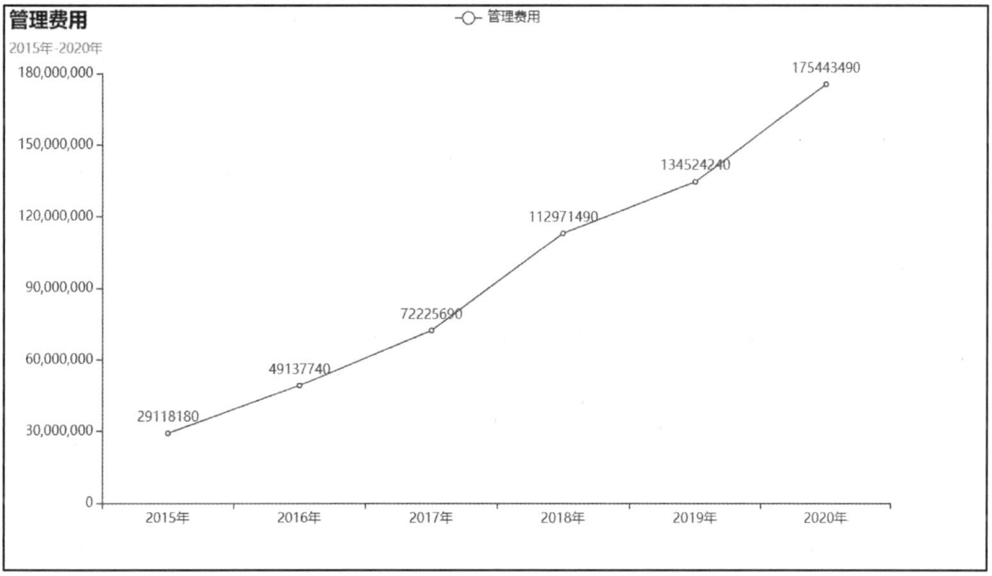

图 7-2　管理费用趋势折线图

代码解析：

render() 会将设置的图形生成本地 html 文件，默认会在当前目录生成 render.html 文件。本任务运用的是 Jupyter Notebook，用的是 render_notebook() 方法，这样可以直接将图表渲染在计算机屏幕上。

注 意

当配置项目非常多的时候，一定要注意括号的配对问题，一般报错的情况大部分是因为语句格式问题导致的。

【拓展提升】

在任务实施中，展示的是单条折线图，实务中，经常会看到通过多条折线图去观察不同项目之间的走向趋势，从而去做对比分析。

【示例 7-1】创建多条数据折线图，代码如下：

```
# 导入 pyecharts 模块并创建一个折线图
from pyecharts.charts import Line
# 调用 options 包
from pyecharts import options as opts
x_attr = ["1 月 ","2 月 ","3 月 ","4 月 ","5 月 ","6 月 "]
data1 = [5,20,36,10,75,90]
data2 = [10,25,8,60,20,80]
line=(Line()
      .add_xaxis(x_attr)
      .add_yaxis(" 商家 1",data1)
      .add_yaxis(" 商家 2",data2)
      .set_global_opts(
        title_opts=opts.TitleOpts(title=" 双折线示例图 "),
        legend_opts=opts.LegendOpts(pos_left="20%"),)
     )
line.render_notebook()
```

运行代码，结果如图 7-3 所示。

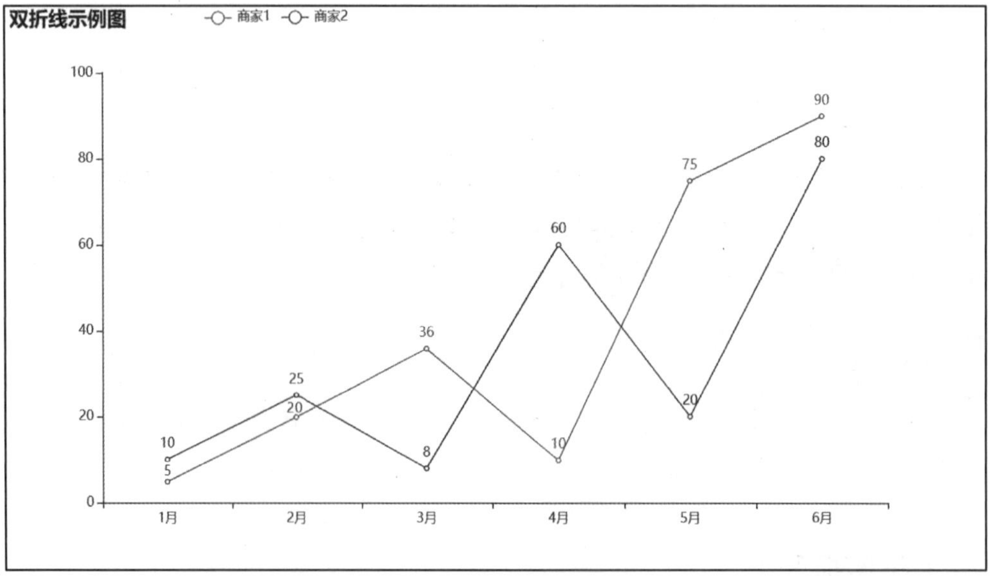

图 7-3 【示例 7-1】运行结果

任务二 资产负债表项目可视化

【任务描述】

资产负债表反映企业的财务状况，包含货币资金、应收账款、存货、固定资产等数据，本任务选取资产负债表中的库存现金项目进行可视化，绘制库存现金柱状图。通过本任务的学习掌握运用 pyecharts 模块绘制柱状图。A 企业 2016 年—2020 年资产项目账面价值如表 7-12 所示。

表 7-12　A 企业 2016 年—2020 年资产项目账面价值表

年份	货币资金	应收账款	存货	固定资产	无形资产
2016	49 944 150	57 899 740	7 542 630	76 920 000	10 800 000
2017	57 298 963	104 456 070	9 661 147	72 780 000	10 200 000
2018	22 121 907	106 683 300	10 618 609	68 640 000	9 600 000
2019	58 924 327.45	116 598 033	7 170 123.55	64 500 000	9 000 000
2020	37 617 048.92	203 687 302.5	6 621 370.55	82 411 392.5	8 400 000

【任务分析】

任务一中，我们绘制了折线图，绘制折线图的数据是逐个存放在列表中然后生成的图形。实务中，一般利用从信息系统中导出的报表或者自制的分析表生成分析图形。本任务的数据来源是从计算机中导入的数据表，经过一些方法处理后形成列表数据类型，然后用来绘制柱状图。

首先，安装导入需要的模块，本任务导入的模块有 pandas 模块、pyecharts 模块中柱状图模块和配置项模块。然后，准备数据，利用 pandas 模块导入数据表并转化为 DataFrame 数据，选取要生成的图形的数据列，将其转化为列表数据类型。数据准备好之后，就可以创建图表对象。

本任务创建柱状图，首先将创建图表的函数赋值给变量。然后将前面准备的数据与创建的图表进行关联，即设置 x 轴和 y 轴数据，根据需要设置配置项内容，例如设置图表主标题和副标题。最后展示生成的图表。

【知识准备】

一、tolist( ) 函数

任务一中，在设置折线图的 x 轴和 y 轴数据时，是直接将数据给出，也可以直接读取数据表获取 x 轴和 y 轴数据。但是需要注意的是，从数据表中获取的数据是 Series 数据结构，需要将其转换为列表才可以使用。这个时候，需要用到 tolist( ) 函数，将 Series 的值以列表的形式表示。

【示例 7-2】将 Series 数据结构转换为列表数据，代码如下：

```
import pandas as pd
s1 = pd.Series(['a', 'b', 'c'])
s1.tolist( )
```

运行代码，结果如下：

```
['a', 'b', 'c']
```

【示例 7-3】将 Series 数据结构转换为嵌套列表数据，代码如下：

```
import pandas as pd
s1 = pd.Series([[1000, 800, 890], [1200, 680, 750, 970], [1100, 1230, 1430, 690]])
s1.tolist( )
```

运行代码，结果如下：

```
[[1000,800,890], [1200, 680, 750, 970], [1100, 1230, 1430, 690]]
```

二、柱状图

柱状图是财务数据分析中常见的一种数据展现方式，是一种以长方形的长度为变量的统计图表，长方形的长度与它所对应的变量数值呈一定比例关系。柱状图的基本样式如图 7-4 所示。

【任务实施】

使用 pyecharts 绘制柱状图。

步骤 1：导入模块。导入 pandas 模块、pyecharts 模块中的柱状图和 pyecharts 的配置项，代码如下：

```
# 导入 pandas 模块
import pandas as pd
# 导入 pyecharts 模块并创建一个柱状图
```

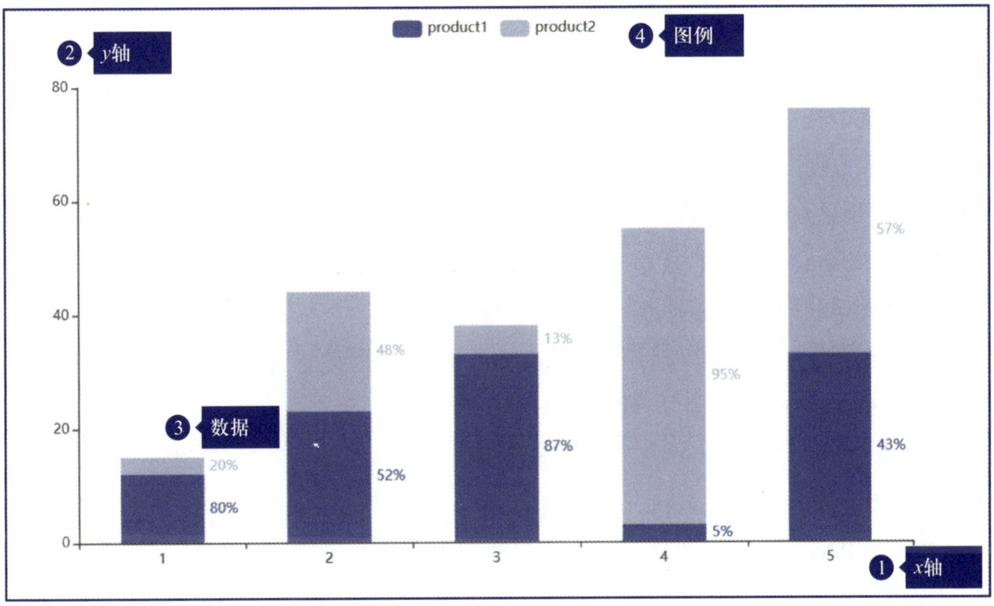

图 7-4　柱状图样式

```
from pyecharts.charts import Bar
# 调用 options 包
from pyecharts import options as opts
```

步骤 2：准备数据。导入“资产负债表”数据，代码如下：

```
# 导入数据
df = pd.read_excel(r'C:\1 工作文件 \Python\ 数据表 \ 资产负债表.xlsx')
```

步骤 3：创建图表对象。将柱状图赋值给变量，代码如下：

```
# 创建图表对象
bar = Bar()
```

步骤 4：关联对象。将步骤 2 准备好的数据关联给柱状图。设置 x 轴、y 轴数据，获取的数据需要用 tolist() 函数转换为列表，设置图例名称为“货币资金”。代码如下：

```
# 创建图表对象
year = df[' 年份 '].tolist()
amount = df[' 货币资金 '].tolist()
bar.add_xaxis(year)
bar.add_yaxis(' 货币资金 ', amount)
```

代码解析：

代码“year = df[' 年份 '].tolist()”中，“df[' 年份 ']”表示选择 df 数据表中“年份”列的数据，tolist() 的作用是将该列的数据转化为列表数据类型，最后将列表数据赋值给变量 year。

代码“amount = df[' 货币资金 '].tolist( )”中，“df[' 货币资金 ']”表示选择 df 数据表中“货币资金”列的数据，tolist( ) 的作用是将该列的数据转化为列表数据类型，最后将列表数据赋值给变量 amount。

代码“bar.add_xaxis(year)”表示关联 x 轴数据，year 即存储年份数据的列表。

代码“bar.add_yaxis(' 货币资金 ', amount)”表示关联 y 轴数据，amount 即存储货币资金数据的列表，图例名称为“货币资金”。

步骤 5：设置配置项。运用标题配置项，将主标题设置为“货币资金”，副标题设置为“2016 年 –2020 年”。代码如下：

```
# 在全局配置项设置主标题内容和副标题内容
bar.set_global opts(title_opts = opts.TitleOpts(title = " 货币资金 ", subtitle = “2016 年 –2020 年 "))
```

代码解析：

代码“bar.set_global_opts( )”表示设置柱状图的全局配置项。

其中参数“title_opts = opts.TitleOpts( )”表示设置的是标题配置项，“title = " 货币资金 ", subtitle = "2016 年 –2020 年 "”表示设置的主标题为“货币资金”，副标题为“2016 年 –2020 年”。

步骤 6：生成图表。代码如下：

```
# 渲染图表
bar.render_notebook( )
```

运行代码，结果如图 7–5 所示。

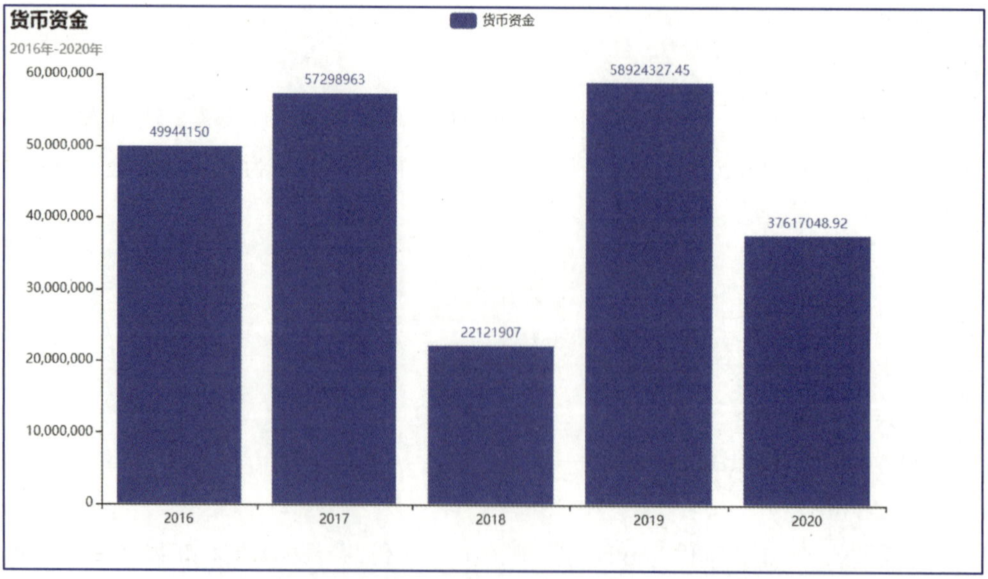

图 7–5　绘制货币资金柱状图

代码解析：

render( ) 会将设置的图形生成本地 html 文件，默认会在当前目录生成 render.html 文件。本任务运用的是 Jupyter Notebook，用的是 render_notebook( ) 方法，这样可以直接将图表渲染在计算机屏幕上。

【拓展提升】

在任务实施中，展示的是单条柱状图，实务中，经常会通过多个柱状图去直观地表示不同项目之间的数据大小，从而去做分析。

【示例 7-4】绘制堆叠柱状图，代码如下：

```
from pyecharts import options as opts
from pyecharts.charts import Bar
from pyecharts.faker import Faker    # 导入 Faker 库生成随机数据
( Bar( )
  .add_xaxis(Faker.choose( ))
  .add_yaxis(" 商家 A", Faker.values( ), stack="stack1")
  .add_yaxis(" 商家 B", Faker.values( ), stack="stack1")
  .set_series_opts(label_opts=opts.LabelOpts(is_show=False))
  .set_global_opts(title_opts=opts.TitleOpts(title="Bar- 堆叠数据 ( 全部 )"))
  .render_notebook( )
)
```

运行代码，结果如图 7-6 所示。

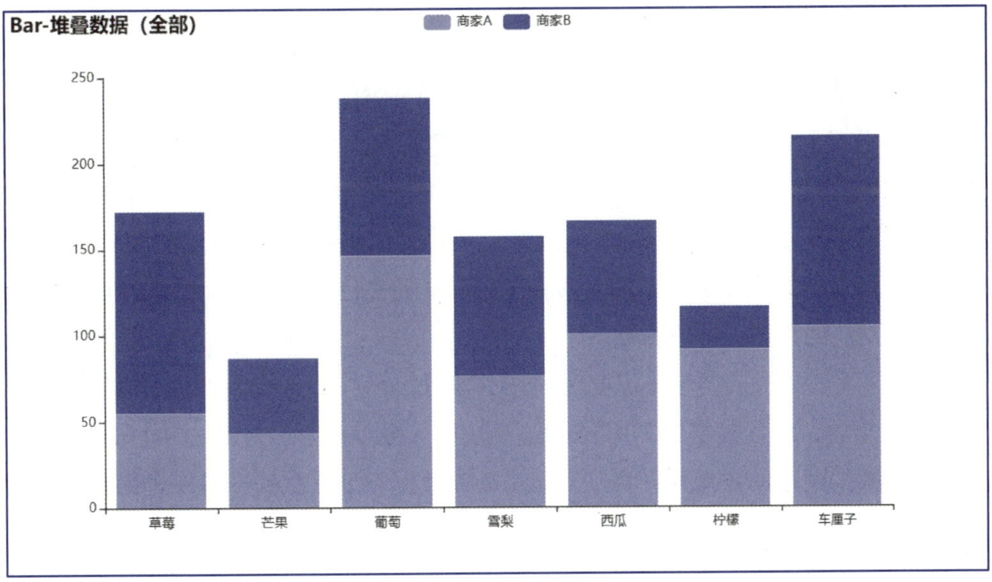

图 7-6 【示例 7-4】运行结果

任务三　现金流量表项目可视化

【任务描述】

现金流量表反映一定时期内（如月度、季度或年度）企业经营活动、投资活动和筹资活动对其现金及现金等价物所产生的影响。本任务选取现金流量表中经营活动现金流出项目进行可视化，绘制企业经营活动现金流出项目饼图。通过本任务的学习掌握运用 pyecharts 模块绘制饼图。A 企业经营活动现金流出见表 7-13。

表 7-13　A 企业经营活动现金流出表

项目	金额
购买商品、接受劳务支付的现金	265 195 371
支付给职工以及为职工支付的现金	26 277 400
支付的各项税费	25 818 810
支付其他与经营活动有关的现金	61 209 378.05

【任务分析】

饼图广泛地应用在各个领域，用于表示不同分类的占比情况，通过弧度大小来对比各种分类。饼图通过将一个圆饼按照分类的占比划分成多个区块，整个圆饼代表数据的总量，每个区块（圆弧）表示该分类占总体的比例大小，所有区块（圆弧）的加和等于 100%。因为饼图上的每一块代表的是每个项目所占的比重，所以它不同于前面的折线图和柱状图是按照 x 轴和 y 轴去设置图形，而是按照项目或者类别与其对应的数据去设置图形。

本任务中，首先安装导入需要的 pandas 模块、pyecharts 模块中饼图模块和配置项模块。然后，准备数据，利用 pandas 模块导入数据表并转化为 DataFrame 数据，选取要生成的图形的数据列，将其转化为列表数据类型。数据准备好之后，就可以创建图表对象。

本任务创建饼图，首先将创建图表的函数赋值给变量。然后将前面准备的数据与创建的图表进行关联，关联时需要将项目和数据两两一组打包成元组组成的列表，根据需要设置配置项内容，例如设置图表主标题和副标题。最后展示生成的图表。

【知识准备】

一、zip() 函数

zip() 函数用于将可迭代的对象作为参数，将对象中对应的元素打包成一个个元组，然后返回由这些元组组成的列表。

如果各个迭代器的元素个数不一致，则返回列表长度与最短的对象相同，利用 * 号操作符，可以将元组解压为列表。代码如下：

```
zip([iterable, ...])
```

【示例 7-5】使用 zip() 函数将元素打包成元组组成的列表，代码如下：

```
a = [1, 2, 3]
b  = [4, 5, 6]
d = zip(a, b)
e = list(d)
# 因为 zip 函数返回一个 zip 类型对象，所以需要转换为 list 类型查看打包结果
e
```

运行代码，结果如下：

```
[(1, 4), (2, 5), (3, 6)]
```

【示例 7-6】使用 zip(*) 函数将打包的列表解压，代码如下：

```
a  = [(1,4), (2,5), (3,6)]
r = zip(*a)
g = list(r)
g
```

运行代码，结果如下：

```
[(1, 2, 3), (4, 5, 6)]
```

二、饼图

饼图经常出现在财务数据分析模型中，因为它可以展示出个体占总体的比重，所以非常适合展示财务数据的比例情况，饼图的基本样式如图 7-7 所示。

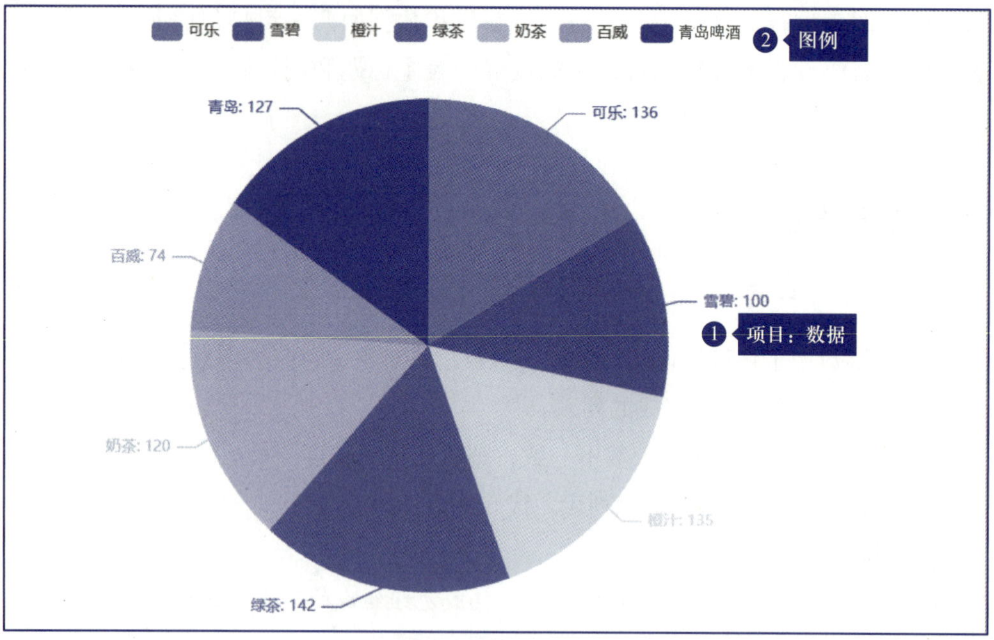

图 7-7　饼图样式

三、列表表达式

在 Python 中，列表表达式可以利用 range() 区间、元组、列表、字典和集合等数据类型，快速生成一个满足指定需求的列表。

Python 的列表表达式有以下两种写法：

[表达式 for 变量 in 列表]

[表达式 for 变量 in 列表 if 条件]

毫无疑问，列表表达式生成的是一个列表。它可以简化一个循环的操作。

【示例 7-7】不使用列表表达式，将元素逐个添加入空列表，代码如下：

```
# 不使用列表表达式
a = [ ]
for i in range(10):
    a.append(i)
print(a)
```

运行代码，结果如下：

```
[0, 1, 2, 3, 4, 5, 6, 7, 8, 9]
```

【示例 7-8】使用列表表达式，将元素逐个添加入空列表，代码如下：

```
# 使用列表表达式
b = [i for i in range(10)]
```

```
print(b)
```

运行代码，结果如下：

```
[0, 1, 2, 3, 4, 5, 6, 7, 8, 9]
```

【示例 7–9】使用列表表达式，将满足条件的元素相乘，代码如下：

```
# 使用列表表达式
c =[x*y for x in range(1, 5) if x > 2 for y in range(1, 4) if y < 3]
c
```

运行代码，结果如下：

```
[3, 6, 4, 8]
```

【任务实施】

使用 pyecharts 来绘制饼图。

步骤 1：导入模块。导入 pandas 模块、pyecharts 模块中的饼图和 pyecharts 的配置项。代码如下：

```
# 导入 pandas 模块
import pandas as pd
# 导入 pyecharts 模块并创建一个柱状图
from pyecharts.charts import Pie
# 调用 options 包
from pyecharts import options as opts
```

步骤 2：准备数据。导入“经营活动现金流出”数据表数据，代码如下：

```
# 导入数据
df = pd.read_excel(r'C:\1 工作文件 \Python\ 数据表 \ 经营活动现金流出.xlsx')
```

步骤 3：创建图表对象。将柱状图赋值给变量，代码如下：

```
# 创建图表对象
pie = Pie()
```

步骤 4：关联对象。将步骤 2 准备好的数据关联给饼图。设置项目、金额数据，获取的数据需要用 tolist() 函数转换为列表，设置图例名称为“经营活动现金流出”，代码如下：

```
# 创建图表对象
x = df[' 项目 '].tolist()
y = df[' 金额 '].tolist()
pie.add(' 经营活动现金流出 ', [(k, v)for k, v in zip(x, y)])
```

代码解析：

代码“x = df[' 项目 '].tolist( )”中，“df [‘项目’]”表示选择 df 数据表中“项目”列的数据，tolist( ) 的作用是将该列的数据转化为列表数据类型，最后将列表数据赋值给变量 x。

代码“y = df[' 金额 '].tolist( )”中，“df [‘金额’]”表示选择 df 数据表中“金额”列的数据，tolist( ) 的作用是将该列的数据转化为列表数据类型，最后将列表数据赋值给变量 y。

代码“pie.add(' 经营活动现金流出 ', [(k, v)for k, v in zip(x, y)])”中，“[(k, v) for k, v in zip(x, y)]”是一个列表表达式。其中，zip(x, y) 表示将列表 x 和列表 y 中的数据打包成元组组成的列表，然后运用 for 循环语句依次令 k, v 访问 zip(x, y) 所形成的列表，随后将所有数据关联给饼图。

步骤 5：设置配置项。运用标题配置项，将主标题设置为“经营活动”，代码如下：

```
# 在全局配置项设置主标题内容
pie.set_global_opts(title_opts = opts.TitleOpts(title = " 经营活动 "))
```

步骤 6：生成图表，代码如下：

```
# 渲染图表
pie.render_notebook( )
```

运行代码，结果如图 7-8 所示。

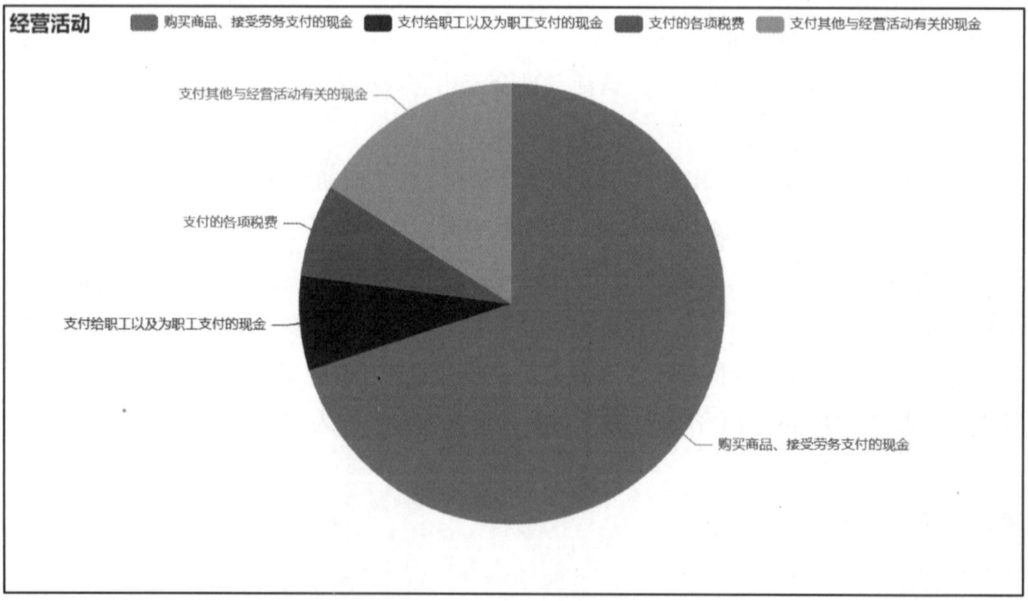

图 7-8　企业经营活动现金流出项目饼图

【拓展提升】

在任务实施中，展示的饼图按照不同项目分成了不同的块，将鼠标放到图形上，才会看到具体的项目及其对应的数据或占比。如果想将每个项目对应的数据或占比直接明确地显示在图表上，则可以使用配置项进行设置。

【示例 7-10】绘制饼图并显示项目数据，代码如下：

```
from pyecharts import options as opts
from pyecharts.charts import Pie
from pyecharts.faker import Faker
( Pie( )
.add("", [list(z) for z in zip(Faker.choose( ), Faker.values( ))])
.set_global_opts(title_opts=opts.TitleOpts(title="Pie- 基本示例 "))
.set_series_opts(label_opts=opts.LabelOpts(formatter="{b}: {c}"))
.render_notebook( ) )
```

运行代码，结果如图 7-9 所示。

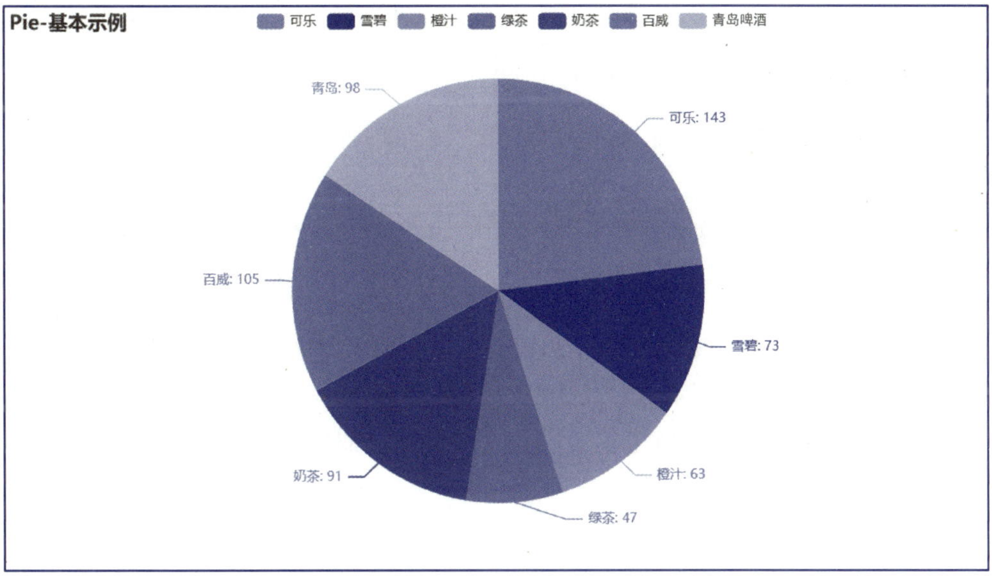

图 7-9 【示例 7-10】运行结果

技能实训 >>>

一、单选题

1. 下列选项中，关于 pyecharts 模块的说法不正确的是（　　）。

A. pyecharts 是一个用于生成 Echarts 图表的模块

B. pyecharts 提供了绘制折线图、柱状图、饼图和箱线图等图形的方法

C. pyecharts 运用 conda 语句安装

D. pyecharts 绘制的图表美观且具有交互性

2. pyecharts 中，用于绘制折线图的函数是（　　）。

A. pie()　　　　B. bar()

C. plot()　　　　D. line()

二、实训题

已知：某公司 2019—2021 年各产品期末库存数量如表 7-14 所示。

表 7-14　2019—2021 年产品期末库存量

项目	2019 年	2020 年	2021 年
A 产品期末库存数量	69 770	94 890	135 470
B 产品期末库存数量	44 180	48 930	25 660
C 产品期末库存数量	56 100	82 440	59 710

要求：

（1）绘制折线图，展示 A 产品 2019—2021 年期末库存数量变化趋势。

（2）绘制柱状图，展示 B 产品 2019—2021 年期末库存数量。

（3）绘制饼图，展示 2021 年 A、B、C 三种产品期末库存数量占比。

项目八
Python 财务数据综合应用

财务分析不仅要用到财务数据，更需要深入到企业的业务数据进行分析，这样才能追本溯源，使分析结果有效作用于企业的业务决策和管理决策。

通过前面的学习，我们已经对 Python 的基础语法，比如数据输出与输入、数据格式化、数据存储、数据运算、数据循环判断、函数应用等有了充分的了解，对 Python 中的第三方模块 pandas 这一数据处理与分析工具有了深刻的认识，对数据可视化工具 pyecharts 的应用也有了一定的了解。在此基础上，结合企业实际的财务数据案例场景，来学习 Python 在财务分析实务中是如何应用的。

学习目标 >>>

知识目标

1. 掌握利用 pandas 模块进行数据读取与清洗的方法
2. 掌握利用 pandas 模块进行数据连接与合并的方法
3. 掌握利用 pandas 模块进行数据分组与运算的方法
4. 熟悉 Python 中 map( )、enumerate( ) 等内置函数的调用和使用方法，熟悉 pandas 中 iterrows( )、apply( )、iteritems( ) 等函数的调用和使用方法
5. 掌握自定义函数的创建和使用方法
6. 熟悉利用 pyecharts 模块进行数据可视化的方法

技能目标

1. 能运用 pandas 模块进行数据的读取与清洗
2. 能运用 pandas 模块进行数据的连接与合并
3. 能运用 pandas 模块进行数据的分组与运算
4. 能根据实际需求创建自定义函数进行数据的处理与运算
5. 能根据实际需求调用相应的内置函数进行数据的处理与运算
6. 能根据 pyecharts 模块的使用规则进行财务数据分析结果的可视化展现

素养目标

1. 坚持理论学习与实际应用相结合，做到知行合一
2. 在编写程序代码的过程中，培养认真细致的工作态度
3. 在设计 Python 程序的过程中，提升逻辑思维能力，培养创新思维

立志问学 >>>

新技术发展创造新机遇

随着人类社会的持续发展，机器人流程自动化和人工智能越来越多地被利用，新

技术对会计职业的冲击成为当下最为关注、最为紧迫的问题。与此同时，这些技术为财务人员的转型升级提供了新的契机，使会计人员有时间和精力完成更具增值性、创造性的活动，“数据服务官”将在未来扮演极为重要的角色。“经济越发展，会计越重要”，会计将不再是原来的簿记会计，将摆脱传统核算型、程序性任务的束缚，将工作重心转移到管理流程优化、程序决策规划等非程序性任务上来，未来的会计将以业务管理会计、数据管理会计、价值管理会计、战略管理会计等多种复合形式存在。所以未来的会计人才应在夯实会计理论的基础上，拓展专业复合程度，加强数据处理、财务决策和战略管理等知识的学习，从而提升专通结合的综合能力，培养前瞻性和创新性思维，增强对新技术环境的适应能力和市场竞争力。

思维导图 >>>

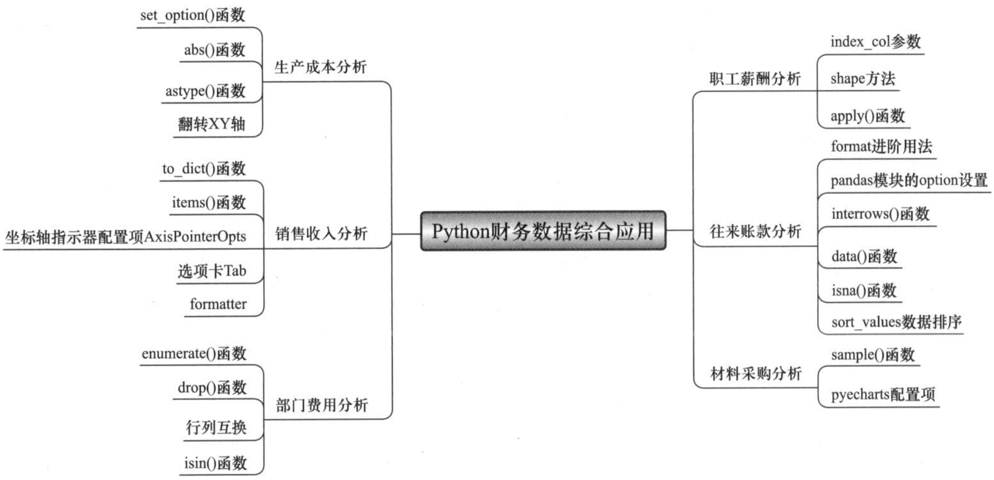

任务一 职工薪酬分析

【任务描述】

本任务将根据A企业职工薪酬核算数据计算2021年6月职工薪酬应发金额、社会保险费和公积金中单位承担的金额和个人承担的金额、个人所得税、职工薪酬的实发金额。

【任务分析】

本任务要对职工薪酬进行计算分析，首先要导入 pandas 模块，然后读取“职工薪酬基本信息表”和“员工 2021 年 6 月考勤表”，分别对两个表格进行数据清洗后合并为“应发工资计算表”，计算“标准小时工资”“绩效工资”“应发工资”等内容，然后将“应发工资计算表”与“个税基本信息表”合并为“职工薪酬及税额计算表”，计算“社会保险费和住房公积金”“个人所得税”“实发工资”等内容，具体任务执行流程如图 8-1 所示。

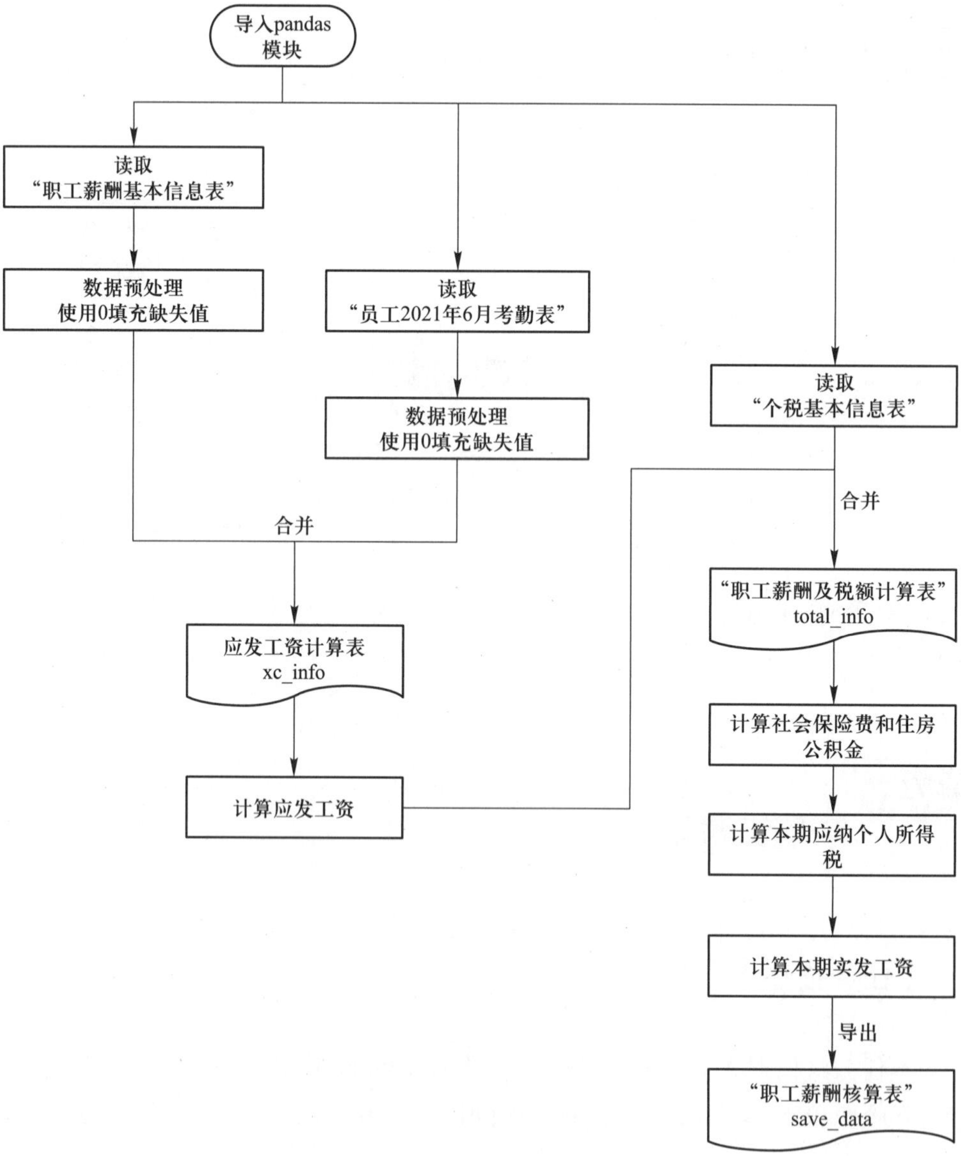

图 8-1　职工薪酬分析执行流程图

在计算应发工资、社会保险费、公积金以及个人所得税等项目时，主要是运用 pandas 模块对相关数据进行算术运算、比较运算、均值计算（mean() 函数）和汇总统计（sum() 函数）等操作，注意计算过程中的小数位数保留以及可能涉及的重置索引以及索引重命名等问题。

【知识准备】

一、index_col 参数

pandas 模块读取 Excel 文件工作表中的数据后会转为 DataFrame 对象，DataFrame 对象是有行索引和列索引的，所以 read_excel() 函数有两个参数来对行索引和列索引进行设置。指定哪一行作为列索引用 header 参数，指定哪一列作为行索引用 index_col 参数。代码如下：

```
pd.read_excel(' 文件地址 ', index_col = ' 列名 ')
```

当 index_col 为默认值 None，或者 index_col = False 时，重新设置一列成为 index 值。当 index_col = 0 时，默认第一列为 index 值。

【示例 8-1】读取销售统计表，设置“单号”列为行索引，预览前五行数据，代码如下：

```
import pandas as pd
# 读取销售统计表，索引为销售统计表的单号
xc = pd.read_excel(' 销售统计表 .xlsx',index_col=' 单号 ')
xc.head()
```

运行代码，结果如图 8-2 所示。

单号	销售分部	产品名称	成本价（元/个）	销售价（元/个）	销售数量（个）	产品成本（元）	销售收入（元）	销售毛利（元）
201806123001	销售一部	BACKPACK	16	65	60	960	3900	2940
201806123002	销售一部	LUGGAGE	22	88	45	990	3960	2970
201806123003	销售一部	WALLET	90	187	50	4500	9350	4850
201806123004	销售一部	BACKPACK	16	65	23	368	1495	1127
201806123005	销售一部	HANDBAG	36	147	26	936	3822	2886

图 8-2 【示例 8-1】运行结果

二、shape 方法

在数据处理项目中，已经学习了利用 shape 方法获取数据表的大小，shape 方法还可以以元组的形式返回行、列数。如果想要单独获取行数和列数，可以使用 shape 方法，代码如下：

```
# df 表示 DataFrame 数据
df.shape[0]            # 获取表格的行数
df.shape[1]            # 获取表格的列数
```

【示例 8-2】读取职工薪酬基本信息表，设置“序号”列为行索引，获取表格行数和列数，代码如下：

```
import pandas as pd
# 读取职工薪酬基本信息表，索引为职工薪酬基本信息表的序号
xc = pd.read_excel ('职工薪酬核算数据表.xlsx', sheet_name = '职工薪酬基本信息表',
                    index_col = '序号')
print(xc.shape[0])
print(xc.shape[1])
```

运行代码，结果如下：

```
128
6
```

三、apply() 函数

apply() 函数是 pandas 模块里面所有函数中自由度最高的函数。该函数语法格式代码如下：

```
DataFrame.apply (func, axis = 0, broadcast = False, raw = False, reduce = None, args = (),
                 **kwds)
```

该函数最有用的是第一个参数 func，这个参数是函数。这个函数需要自己实现，函数的传入参数根据 axis 来定，默认参数 axis = 0，表示按列对数据进行操作，axis = 1，表示按行对数据进行操作。比如 axis = 1，就会把一行数据作为 Series 的数据结构传入给自己实现的函数中，在函数中实现对 Series 不同属性之间的计算，返回一个结果，而 apply 函数会自动遍历每一行 DataFrame 的数据，最后将所有结果组合成一个 Series 数据结构并返回。

【示例 8-3】创建一个包含数量、单价的数据结构 df，代码如下：

```
import pandas as pd
# 创建一个 DataFrame 数据结构
data  = {" 数量 ":[30000, 40000, 50000, 60000], " 单价 ":[1000, 2000, 3000, 4000]}
df = pd.DataFrame(data)
df
```

运行代码，结果如图 8-3 所示。

	数量	单价
0	30000	1000
1	40000	2000
2	50000	3000
3	60000	4000

图 8-3 【示例 8-3】运行结果

【示例 8-4】对 df 中的数量、单价数据列分别除以 100，代码如下：

```
#给每个“数量”“单价”分别都除以 100
df[['数量','单价']].apply(lambda x:x/100, axis = 0)
```

运行代码，结果如图 8-4 所示。

	数量	单价
0	300.0	10.0
1	400.0	20.0
2	500.0	30.0
3	600.0	40.0

图 8-4 【示例 8-4】运行结果

【示例 8-5】自定义收入函数，对 df 计算每一行的收入，代码如下：

```
def m(row):
    row['收入'] = row['数量']*row['单价']
    return row
df[['数量','单价']].apply(m, axis = 1)
```

运行代码，结果如图 8-5 所示。

	数量	单价	收入
0	30000	1000	30000000
1	40000	2000	80000000
2	50000	3000	150000000
3	60000	4000	240000000

图 8-5 【示例 8-5】运行结果

【任务实施】

职工薪酬分析

进行职工薪酬分析。

步骤 1：导入 pandas 模块，代码如下：

```
#引入 pandas 模块
import pandas as pd
```

步骤 2：数据预处理。

（1）读取“职工薪酬基本信息表”并对缺失值进行填充，代码如下：

```
#需要读取的表格
file ='职工薪酬核算数据表.xlsx'
#读取职工薪酬基本信息表，索引为职工薪酬基本信息表的序号
xc = pd.read_excel(file, sheet_name = '职工薪酬基本信息表', index_col = '序号')
#使用 0 填充缺失数据
xc = xc.fillna(0)
xc.head()
```

通过运行代码，可以得到运行结果如图 8-6 所示。

序号	姓名	部门	基本工资	岗位工资	绩效工资	社会保险缴费基数
1	周晓杰	市场部	3000	6000	0.0	8655.00
2	刘甜甜	市场部	3000	5000	0.0	6600.00
3	吕思孟	市场部	3000	5000	0.0	6600.00
4	张晓菲	市场部	3000	5000	0.0	6600.00
5	吴爱强	市场部	3000	5000	0.0	5738.08

图 8-6　填充缺失值后的职工薪酬基本信息表

（2）读取“员工 2021 年 6 月考勤表”并对缺失值进行填充。代码如下：

```
#读取员工 2021 年 6 月考勤表
kq = pd.read_excel(file, sheet_name = '员工 2021 年 6 月考勤表', index_col = '序号')
#使用 0 填充缺失数据
kq = kq.fillna(0)
kq.head()
```

通过运行代码，可以得到运行结果如图 8-7 所示。

序号	姓名	部门	应出勤天数（天）	实出勤天数（天）	法定假日加班（小时）	周末加班（小时）	工作日加班（小时）	请假（小时）
1	周晓杰	市场部	22	22.0	8.0	16.0	4.0	0.0
2	刘甜甜	市场部	22	22.0	0.0	0.0	0.0	0.0
3	吕思孟	市场部	22	22.0	0.0	0.0	0.0	0.0
4	张晓菲	市场部	22	22.0	0.0	0.0	0.0	0.0
5	吴爱强	市场部	22	20.0	0.0	0.0	0.0	16.0

图 8-7　填充缺失值后的员工考勤表

（3）读取“个税基本信息表”，代码如下：

```
#读取个税基本信息表
gs = pd.read_excel(file, sheet_name = '个税基本信息表', index_col = '序号')
gs.head()
```

通过运行代码，可以得到运行结果如图 8–8 所示。

序号	姓名	部门	1–5月累计收入额	1–5月累计减除费用	1–5月累计专项扣除	1–6月累计专项附加扣除	1–5月累计已预缴税额
1	周晓杰	市场部	54306.7	25000	7919.35	12000	381.6
2	刘甜甜	市场部	32700.0	25000	6039.00	6000	0.0
3	吕思孟	市场部	32700.0	25000	6039.00	6000	0.0
4	张晓菲	市场部	32700.0	25000	6039.00	6600	0.0
5	吴爱强	市场部	28390.4	25000	5250.35	6000	0.0

图 8–8　个税基本信息表

步骤 3：合并“职工薪酬基本信息表”和“员工 2021 年 6 月考勤表”，代码如下：

```
#根据姓名和部门，合并职工薪酬基本信息表和员工考勤表为应发工资计算表
xc_info = pd.merge(xc, kq, on = ['姓名', '部门'])
xc_info.head()
```

通过运行上述代码，可以得到运行结果如图 8–9 所示。

	姓名	部门	基本工资	岗位工资	绩效工资	社会保险缴费基数	应出勤天数(天)	实出勤天数(天)	法定假日加班(小时)	周末加班(小时)	工作日加班(小时)	请假(小时)
0	周晓杰	市场部	3000	6000	0.0	8655.00	22	22.0	8.0	16.0	4.0	0.0
1	刘甜甜	市场部	3000	5000	0.0	6600.00	22	22.0	0.0	0.0	0.0	0.0
2	吕思孟	市场部	3000	5000	0.0	6600.00	22	22.0	0.0	0.0	0.0	0.0
3	张晓菲	市场部	3000	5000	0.0	6600.00	22	22.0	0.0	0.0	0.0	0.0
4	吴爱强	市场部	3000	5000	0.0	5738.08	22	20.0	0.0	0.0	0.0	16.0

图 8–9　职工薪酬基本信息表和员工考勤表合并结果

这里运用 merge() 函数，根据姓名和部门，将“职工薪酬基本信息表”和“员工 2021 年 6 月考勤表”进行横向合并。

步骤 4：计算应发工资。

（1）依次计算出标准小时工资、加班工资、缺勤，计算出本期职工薪酬应发金额。

根据公式：

本期职工薪酬应发金额 = 基本工资 + 岗位工资 + 绩效工资 + 加班工资 − 缺勤

其中，

加班工资 = 标准小时工资 ×（法定假日加班小时数 × 3 + 周末加班小时数 × 2 + 工作日加班小时数 × 1.5）

缺勤 = 标准小时工资 × 请假小时数

标准小时工资 =（基本工资 + 岗位工资 + 绩效工资）÷ 应出勤天数 ÷ 8

计算标准小时工资、加班工资、缺勤，代码如下：

```
# 计算标准小时工资
xc_info['标准小时工资'] = (xc_info['基本工资'] + xc_info['岗位工资'] +
                        xc_info['绩效工资'])/xc_info['应出勤天数(天)']/8
# 计算加班工资
xc_info['加班工资'] = xc_info['标准小时工资']*(xc_info['法定假日加班(小时)']
                    *3 + xc_info['周末加班(小时)']*2 +
                    xc_info['工作日加班(小时)']*1.5)
# 计算缺勤
xc_info['缺勤'] = xc_info['标准小时工资']*xc_info['请假(小时)']
# 上述计算结果保留两位小数
xc_info[['标准小时工资','加班工资','缺勤']] = xc_info[['标准小时工资',
                                                '加班工资','缺勤']].round(2)
xc_info.head()
```

通过运行代码，可以得到运行结果如图 8-10 所示。

	姓名	部门	基本工资	岗位工资	绩效工资	社会保险缴费基数	应出勤天数(天)	实出勤天数(天)	法定假日加班(小时)	周末加班(小时)	工作日加班(小时)	请假(小时)	标准小时工资	加班工资	缺勤
0	周晓杰	市场部	3000	6000	0.0	8655.00	22	22.0	8.0	16.0	4.0	0.0	51.14	3170.45	0.00
1	刘甜甜	市场部	3000	5000	0.0	6600.00	22	22.0	0.0	0.0	0.0	0.0	45.45	0.00	0.00
2	吕思孟	市场部	3000	5000	0.0	6600.00	22	22.0	0.0	0.0	0.0	0.0	45.45	0.00	0.00
3	张晓菲	市场部	3000	5000	0.0	6600.00	22	22.0	0.0	0.0	0.0	0.0	45.45	0.00	0.00
4	吴爱强	市场部	3000	5000	0.0	5738.08	22	20.0	0.0	0.0	0.0	16.0	45.45	0.00	727.27

图 8-10　标准小时工资、加班工资、缺勤计算结果

（2）计算出本期职工薪酬应发金额。代码如下：

```
# 计算应发工资
# 应发金额 = 基本工资 + 岗位工资 + 绩效工资 + 加班工资 − 缺勤
xc_info['应发工资'] = (xc_info['基本工资'] + xc_info['岗位工资'] +
```

```
                    xc_info['绩效工资'] + xc_info['加班工资']-
                    xc_info['缺勤']).round(2)
# 计算结果保留两位小数
xc_info['应发工资'] = xc_info['应发工资'].round(2)
xc_info.head()
```

通过运行代码，可以得到运行结果如图 8-11 所示。

	姓名	部门	基本工资	岗位工资	绩效工资	社会保险缴费基数	应出勤天数(天)	实出勤天数(天)	法定假日加班（小时)	周末加班(小时)	工作日加班(小时)	请假(小时)	标准小时工资	加班工资	缺勤	应发工资
0	周晓杰	市场部	3000	6000	0.0	8655.00	22	22.0	8.0	16.0	4.0	0.0	51.14	3170.45	0.00	12170.45
1	刘甜甜	市场部	3000	5000	0.0	6600.00	22	22.0	0.0	0.0	0.0	0.0	45.45	0.00	0.00	8000.00
2	吕思孟	市场部	3000	5000	0.0	6600.00	22	22.0	0.0	0.0	0.0	0.0	45.45	0.00	0.00	8000.00
3	张晓菲	市场部	3000	5000	0.0	6600.00	22	22.0	0.0	0.0	0.0	0.0	45.45	0.00	0.00	8000.00
4	吴爱强	市场部	3000	5000	0.0	5738.08	22	20.0	0.0	0.0	0.0	16.0	45.45	0.00	727.27	7272.73

图 8-11　应发工资计算结果

步骤 5：计算社会保险费和住房公积金。

根据社会保险缴费基数和计提比例，分别计算单位和个人承担的社会保险费和住房公积金。社会保险费和住房公积金计提比例如表 8-1 所示。

表 8-1　社会保险费和住房公积金计提比例

养老		医疗		失业		工伤	住房公积金	
单位	个人	单位	个人	单位	个人	单位	单位比例	个人比例
16%	8%	8%	2%	0.7%	0.3%	0.1%	8%	8%

其中，

单位承担的社会保险费和住房公积金 = 社会保险费缴费基数 ×（16% + 8% + 0.7% + 0.1% + 8%）

个人承担的社会保险费和住房公积金 = 社会保险费缴费基数 ×（8% + 2% + 0.3% + 8%）

计算社会保险费和住房公积金代码如下：

```
# 合并上面的应发工资计算表和个税基本信息表
```

```
total_info = pd.merge(xc_info, gs, on = ['姓名', '部门'])
# 计算单位承担的社保费和公积金（保留两位小数）
total_info['单位缴纳养老'] = total_info['社会保险缴费基数']*0.16
total_info['单位缴纳医疗'] = total_info['社会保险缴费基数']*0.08
total_info['单位缴纳失业'] = total_info['社会保险缴费基数']*0.007
total_info['单位缴纳工伤'] = total_info['社会保险缴费基数']*0.001
total_info['单位缴纳公积金'] = total_info['社会保险缴费基数']*0.08
# 计算个人承担的社保费和公积金（保留两位小数）
total_info['个人缴纳养老'] = total_info['社会保险缴费基数']*0.08
total_info['个人缴纳医疗'] = total_info['社会保险缴费基数']*0.02
total_info['个人缴纳失业'] = total_info['社会保险缴费基数']*0.003
total_info['个人缴纳公积金'] = total_info['社会保险缴费基数']*0.08
# 上述计算结果保留两位小数
total_info[['单位缴纳养老', '单位缴纳医疗', '单位缴纳失业', '单位缴纳工伤',
        '单位缴纳公积金', '个人缴纳养老', '个人缴纳医疗', '个人缴纳失业',
        '个人缴纳公积金']] = total_info[['单位缴纳养老', '单位缴纳医疗',
        '单位缴纳失业', '单位缴纳工伤', '单位缴纳公积金', '个人缴纳养老',
        '个人缴纳医疗', '个人缴纳失业', '个人缴纳公积金']].round(2)
```

步骤 6：计算本期应纳个人所得税。

本期个人所得税 = 累计应纳税额 − 累计已预缴税额

其中，

累计应纳税额 = 累计应纳税所得额 × 税率 − 速算扣除数

个人所得税与预扣率如表 8-2 所示。

表 8-2　个人所得税与预扣率表

（居民个人工资、薪金所得预扣预缴适用）

级数	累计预扣预缴应纳税所得额	预扣率（%）	速算扣除数
1	不超过 36 000 元的部分	3	0
2	超过 36 000 元至 144 000 元的部分	10	2 520
3	超过 144 000 元至 300 000 元的部分	20	16 920
4	超过 300 000 元至 420 000 元的部分	25	31 920
5	超过 420 000 元至 660 000 元的部分	30	52 920
6	超过 660 000 元至 960 000 元的部分	35	85 920
7	超过 960 000 元的部分	45	181 920

累计应纳税所得额 = 累计收入额 − 累计减除费用 − 累计专项扣除 − 累计专项附加扣除

累计收入额 = 1—5 月累计收入额 + 本期职工应发金额

累计减除费用 = 1—5 月累计减除费用 + 5 000

累计专项扣除 = 1—5 月累计专项扣除 + 本期个人承担的社会保险费和住房公积金

累计专项附加扣除即为 1—6 月累计专项附加扣除。累计已预缴税额即为 1—5 月累计已预缴税额。

（1）根据本期应纳个人所得税计算公式，首先需要依次计算出 1—6 月累计收入额、1—6 月累计减除费用、1—6 月累计专项扣除，在此基础上计算出 1—6 月累计应纳税所得额。代码如下：

```
#计算 1—6 月累计收入额
total_info['1—6 月累计收入额 '] = total_info['1—5 月累计收入额 '] +\
                                  total_info[' 应发工资 ']
#计算 1—6 月累计减除费用
total_info['1—6 月累计减除费用 '] = total_info['1—5 月累计减除费用 '] + 5000
#计算 1—6 月累计专项扣除
total_info['1—6 月累计专项扣除 '] = total_info[[' 个人缴纳养老 ', ' 个人缴纳医疗 ',
        ' 个人缴纳失业 ', ' 个人缴纳公积金 ']].sum(axis = 1) +\
        total_info['1—5 月累计专项扣除 ']
         #计算 1—6 月累计应纳税所得额
total_info['1—6 月累积应纳税所得额 '] = total_info['1—6 月累计收入额 ']−\
        total_info['1—6 月累计减除费用 ']−total_info['1—6 月累计专项扣除 ']−\
        total_info['1—6 月累计专项附加扣除 ']
```

（2）根据 1—6 月累计应纳税所得额的计算结果从个人所得税与预扣率表中找到相应的税率和速算扣除数，就可以计算出 1—6 月累计应纳税额。代码如下：

```
#计算 1—6 月累计应纳税额
#累计应纳税额 = 累计应纳税所得额 * 税率 − 速算扣除数
def func(num):
    if num > 960000:
        return num*0.45−181920
    elif num > 660000:
        return num*0.35−85920
    elif num > 420000:
        return num*0.3−52920
```

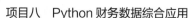

```
    elif num > 300000:
        return num*0.25-31920
    elif num > 144000:
        return num*0.2-16920
    elif num > 36000:
        return num*0.1-2520
    else:
        return num*0.03-0
total_info['1—6 月累计应纳税额 '] = total_info['1—6 月累积应纳税所得额 '].apply(func)
# 计算结果保留两位小数
total_info['1—6 月累计应纳税额 '] = total_info['1—6 月累计应纳税额 '].round(2)
```

（3）根据公式，用 1—6 月累计应纳税额减去 1—5 月累计已预缴税额，就可以得出本期个人所得税税额。如果计算出来的本期个人所得税税额小于等于 0，说明本期不需要交个人所得税，即本期个人所得税税额为 0。代码如下：

```
# 计算属于 6 月的应纳税额
total_info[' 本期个人所得税 '] = total_info['1—6 月累计应纳税额 ']-\
                                  total_info['1—5 月累计已预缴税额 ']
# 如果个人所得税小于等于 0, 平 0
total_info.loc[total_info[' 本期个人所得税 ']<=0, ' 本期个人所得税 '] = 0
```

步骤 7：计算本期实发工资并汇总上述计算结果。代码如下：

```
# 计算 6 月职工薪酬的实发金额
# 本期职工薪酬的实发金额 = 本期职工薪酬应发金额 - 个人承担的社会保险费和
                                  住房公积金 - 本期个人所得税
total_info[' 实发工资 '] = total_info[' 应发工资 ']-total_info[[' 个人缴纳养老 ',
                         ' 个人缴纳医疗 ', ' 个人缴纳失业 ', ' 个人缴纳公积金 ']].
                         sum(axis = 1)-total_info[' 本期个人所得税 ']
total_info.head()
```

通过运行代码，可以得到运行结果如图 8-12 所示。

步骤 8：根据任务要求汇总相关计算结果，导出职工薪酬核算表。代码如下：

```
# 新建 DataFrame 存储需要导出信息
save_data = pd.DataFrame()
save_data[[' 姓名 ', ' 部门 ', ' 本期职工薪酬应发金额 ']] = total_info[[' 姓名 ', ' 部门 ',
        ' 应发工资 ']]
```

	姓名	部门	基本工资	岗位工资	绩效工资	社会保险缴费基数	应出勤天数(天)	实出勤天数(天)	法定假日加班(小时)	周末加班(小时)	...	个人缴纳医疗	个人缴纳失业	个人缴纳公积金	1—6月累计收入额	1—6月累计减除费用	1—6月累计专项扣除	1—6月累计应纳税所得额	1—6月累计应纳税额	本期个人所得税	实发工资
0	周晓杰	市场部	3000	6000	0.0	8655.00	22	22.0	8.0	16.0	...	173.10	25.96	692.40	66477.15	30000	9503.21	14973.94	449.22	67.62	10518.97
1	刘甜甜	市场部	3000	5000	0.0	6600.00	22	22.0	0.0	0.0	...	132.00	19.80	528.00	40700.00	30000	7246.80	-2546.80	-76.40	0.00	6792.20
2	吕思孟	市场部	3000	5000	0.0	6600.00	22	22.0	0.0	0.0	...	132.00	19.80	528.00	40700.00	30000	7246.80	-2546.80	-76.40	0.00	6792.20
3	张晓菲	市场部	3000	5000	0.0	6600.00	22	22.0	0.0	0.0	...	132.00	19.80	528.00	40700.00	30000	7246.80	-3146.80	-94.40	0.00	6792.20
4	吴爱强	市场部	3000	5000	0.0	5738.08	22	20.0	0.0	0.0	...	114.76	17.21	459.05	35663.13	30000	6300.42	-6637.29	-199.12	0.00	6222.66

5 rows × 37 columns

图 8-12　本期实发工资计算结果

```
save_data['社保费和公积金单位承担金额'] = total_info[['单位缴纳养老',
        '单位缴纳医疗','单位缴纳失业','单位缴纳工伤','单位缴纳公积金']].\
        sum(axis = 1)
save_data['社保费和公积金个人承担金额'] = total_info[['个人缴纳养老',
        '个人缴纳医疗','个人缴纳失业','个人缴纳公积金']].sum(axis = 1)
save_data[['本期个人所得税','本期职工薪酬实发金额']] = \
        total_info[['本期个人所得税','实发工资']]
#重新设置索引，将索引重命名为序号
save_data.index = range(1, save_data.shape[0] + 1)
save_data.index.name = '序号'
save_data.head()
```

通过运行代码，可以得到运行结果如图 8-13 所示。

序号	姓名	部门	本期职工薪酬应发金额	社保费和公积金单位承担金额	社保费和公积金个人承担金额	本期个人所得税	本期职工薪酬实发金额
1	周晓杰	市场部	12170.45	2838.83	1583.86	67.62	10518.97
2	刘甜甜	市场部	8000.00	2164.80	1207.80	0.00	6792.20
3	吕思孟	市场部	8000.00	2164.80	1207.80	0.00	6792.20
4	张晓菲	市场部	8000.00	2164.80	1207.80	0.00	6792.20
5	吴爱强	市场部	7272.73	1882.10	1050.07	0.00	6222.66

图 8-13　职工薪酬核算表

save_data 重置的索引，是用 range() 函数生成的一个整数序列，开始值为 1，结束值为 save_data.shape[0] + 1，即表格 save_data 的行数加 1，序列里不包含该结束值。

步骤 9：导出数据，代码如下：

```
# 导出职工薪酬核算表
save_data.to_excel(' 职工薪酬核算表.xlsx')
```

【拓展提升】

map( ) 函数

日常的数据处理中，经常会对一个 DataFrame 对象进行逐行、逐列和逐元素的操作，对应这些操作，pandas 中除了前面讲到的 apply( ) 函数，还有 map( ) 函数也可以解决绝大部分这样的数据处理需求。

map( ) 函数是 Python 的内置函数，会根据提供的函数对指定的序列做映射。map( ) 函数的格式是：

```
map(function, iterable, ...)
```

第一个参数 function 接受一个函数名，后面的参数 iterable 接受一个或多个可迭代的序列，返回的是一个集合。把函数依次作用在序列中的每一个元素上，得到一个新的序列并返回。注意，map( ) 不改变原序列，而是返回一个新序列。

Series 中的 map( ) 函数可以接受一个函数或含有映射关系的字典型对象。使用 map( ) 是一种实现元素级转换以及其他数据清理工作的便捷方式。同样的功能，DataFrame 中对应的是 applymap( ) 函数以及 apply( ) 函数。

【示例 8-6】创建 DataFrame 数据结构，代码如下：

```
import pandas as pd
# 创建一个 DataFrame 数据结构
data = {"height": [176, 169, 172, 180], "weight": [71, 55, 67, 60], "gender": [" 男 ",
        " 女 ", " 女 ", " 男 "], "age": [33, 25, 51, 39]}
df = pd.DataFrame(data)
df
```

运行代码，结果如图 8-14 所示。

	height	weight	gender	age
0	176	71	男	33
1	169	55	女	25
2	172	67	女	51
3	180	60	男	39

图 8-14 【示例 8-6】运行结果

如果需要把图 8-14 数据集中 gender 列的男替换为 1，女替换为 0，使用 Series.map() 可以很容易做到，最少仅需一行代码。

【示例 8-7】将 df 中 gender 列的男替换为 1，女替换为 0，代码如下：

```
def gender_map(x):
    if x ==' 男 ':
        gender = 1
    else:
        gender = 0
    return gender
df['gender'] = df['gender'].map(gender_map)
df
```

运行代码，结果如图 8-15 所示。

	height	weight	gender	age
0	176	71	1	33
1	169	55	0	25
2	172	67	0	51
3	180	60	1	39

图 8-15 【示例 8-7】运行结果

不论是利用字典还是函数进行映射，map() 函数都是把对应的数据逐个当作参数传入到字典或函数中，得到映射后的值。

任务二　往来账款分析

【任务描述】

本任务根据 A 企业“客户往来账”数据，以应收账款的凭证日期为依据统计账龄。A 企业应收账款的回款采用先进先出法，即每次收到的回款优先冲减最早的应收账款。分段统计截止到 2021 年 6 月 30 日的应收账款账龄，账龄区间分为：0—6 月、6 月—1 年、1—2 年、2 年以上，共四个区间，生成应收账款账龄分析表。

【任务分析】

本任务要对应收账款的账龄进行分析，不仅要用到 pandas 模块，还要用到 Python 内置的 datetime 模块。

通过观察客户往来账数据，要进行账龄分析，首先要对客户数据进行分组，计算出客户的应收账款余额，从而统计出应收账款余额为正的客户数据。通过观察这些余额为正的客户数据，我们会发现有些应收账款借方发生额其实已经回款，这部分数据无须进行账龄分析，需要过滤掉。因此，实际只需要统计最后的应收账款余额分布在哪几笔借方发生额里就可以得到应收账款账龄。

在设计程序代码时，会涉及自定义函数的应用，通过定义一个函数来统计每个客户的未回款应收账款对应的交易记录，自定义函数里面还会涉及过账日期的排序、数据分组、iterrows() 函数和 apply() 函数等的应用。在计算每笔实际应收账款的账龄时，账龄以月份数据表示，会涉及 date 对象的计算和 map() 函数的应用。在具体划分账龄区间时，主要用到的是 if-elif-else 判断语句。最后通过构建数据透视表进行数据分析。

【知识准备】

一、format 进阶用法

format 是字符串内嵌的一种方法，用于格式化字符串。以大括号 {} 来标明被替换的字符串，一定程度上与 % 目的一致。但在某些方面更加的方便。

如何使用 format 保留两位小数呢？需要使用 {:.2f}，在用 % 进行格式化时使用的是 %:.2f。

【示例 8-8】format 格式化保留两位小数，代码如下：

```
s = 'π is{:.2f}'.format(3.1415926)
print(s)
```

运行代码，结果如下：

```
π is 3.14
```

同时这种方法还可以用于字符串截取，不过数字后面不能加 f。

【示例 8-9】format 格式化截取字符串，代码如下：

```
s = "{:.1}".format('Hello')
print(s)
```

运行代码，结果如下：

```
H
```

二、pandas 模块的 option 设置

通过 pandas 模块的使用，经常要交互式地展示表格（DataFrame）、分析表格，而表格的格式就显得尤为重要，因为大部分时候如果直接展示表格，格式并不是很友好。这些缺点都可以通过 pandas 的选项功能 option 来解决。短短几行代码，只要提前配置好，一次设置，全局生效。

（一）数字格式化展现

pandas 模块中有一个选项 display.float_format 可以用来格式化任何浮点列。这个仅适用于浮点列，对于其他数据类型，必须将它们转换为浮点数才可以。DataFrame 表格里小数的位数显示不全或者有科学计数法表示的情况下，格式化设置代码如下：

```
pd.options.display.float_format = '{:,}'.format
```

（二）精确度

如果只需要小数点后的 2 位数字，可以这样设置格式化，代码如下：

```
pd.options.display.float_format = '{:,.2f}'.format
```

【示例 8-10】使用字典创建 DataFrame 数据结构，设置 pandas 数据展示的格式为小数点后两位，代码如下：

```
import pandas as pd
# 创建一个 DataFrame 数据结构
data = {" 销售毛利率 ": [0.3421, 0.2378, 0.3921], " 利润增长率 ": [0.2236, 0.3671,
    0.1989], " 成本降低率 ": [0.0987, 0.1129, 0.2018]}
df = pd.DataFrame(data)
# 设置 pandas 数据展示的格式为小数点后两位
pd.options.display.float_format = '{:, .2f}'.format
df
```

运行代码，结果如图 8-16。

	销售毛利率	利润增长率	成本降低率
0	0.34	0.22	0.10
1	0.24	0.37	0.11
2	0.39	0.20	0.20

图 8-16 【示例 8-10】运行结果

三、iterrows() 函数

iterrows() 是对 DataFrame 中的行进行迭代的一个生成器，它返回每行的索引及一个包含行本身的对象。iterrows() 通常与 for 循环结合使用。所以，在需要遍历行数据的时候，就可以使用 iterrows() 方法实现了。

【示例 8-11】使用字典创建 DataFrame 数据结构 df，代码如下：

```
import pandas as pd
# 创建一个 DataFrame 数据结构
data = {" 采购物品 ": [" 投影仪 ", " 马克笔 ", " 打印机 ", " 点钞机 "], " 采购数量 ":
        [1, 10, 2, 1], " 采购金额 ": [3500, 100, 4000, 400]}
df = pd.DataFrame(data)
df
```

运行代码，结果如图 8-17 所示。

	采购物品	采购数量	采购金额
0	投影仪	1	3500
1	马克笔	10	100
2	打印机	2	4000
3	点钞机	1	400

图 8-17 【示例 8-11】运行结果

【示例 8-12】遍历 df 的行数据并输出，代码如下：

```
# 遍历行
for index, row in df.iterrows():
    '''index 表示索引，row 是一个 Series 结构，可以通过列名或者列索引来获取
每一个元素 '''
    print(row)
```

运行代码，结果如下：

```
采购物品    投影仪
采购数量    1
采购金额    3500
Name:0, dtype: object
采购物品    马克笔
采购数量    10
采购金额    100
```

```
Name:1, dtype:object
采购物品　打印机
采购数量　2
采购金额　4000
Name:2, dtype:object
采购物品　点钞机
采购数量　1
采购金额　400
Name:3, dtype:object
```

四、date() 函数

date 是 datetime 模块中的类，是日期对象，使用公历日历存储日期。date 对象由年份（year）、月份（month）及日期（day）三部分构成。代码如下：

```
date(year, month, day)
```

通过 year，month，day 三个数据描述可以进行数据访问。

【示例 8-13】导入日期对象，访问变量中的年份，代码如下：

```
from datetime import datetime, date
a = date(2021, 6, 30)
a.year
```

运行代码，结果如下：

```
2021
```

五、isna() 函数

isna() 函数是用来检测一个值是否为空值，返回的是一个布尔值，代码如下：

```
pd.isna()
```

对于标量输入，返回标量布尔值。对于数组输入，返回一个布尔数组，该数组表示是否缺少某个对应的元素。

【示例 8-14】使用字典创建 DataFrame 数据结构 df，代码如下：

```
import pandas as pd
# 创建一个 DataFrame 数据结构
data = {" 营业成本 ": [30000, pd.NA, 50000, 60000], " 营业收入 ":[pd.NA, 140000,
    150000, 120000], " 营业利润 ":[40000, 80000, 60000, pd.NA]}
df = pd.DataFrame(data)
df
```

运行代码，结果如图 8-18 所示。

	营业成本	营业收入	营业利润
0	30000	<NA>	40000
1	<NA>	140000	80000
2	50000	150000	60000
3	60000	120000	<NA>

图 8-18 【示例 8-14】运行结果

【示例 8-15】判断 df 中是否存在空值，代码如下：

```
pd.isna(df)
```

运行代码，结果如图 8-19 所示。

	营业成本	营业收入	营业利润
0	False	True	False
1	True	False	False
2	False	False	False
3	False	False	True

图 8-19 【示例 8-15】运行结果

六、sort_values 数据排序

数据排序是财务数据分析过程中很基础的一项操作，一般分为升序和降序，升序是数值由小到大排列，降序是数值由大到小排列。

单列排序，即按照数据中某一列排序，使用 sort_values( ) 方法，代码如下：

```
df.sort_values(by = [" 列名 "], ascending = False)
```

by = [" 列名 "]：对哪一列进行排序操作，就填写该列索引名称；ascending = False：按照降序排列；ascending = True：按照升序排列（默认值为 True，即该参数不设置，默认升序排列）。

【示例 8-16】读取“采购表”，将数据按照“采购金额”列降序排列，代码如下：

```
df = pd.read_excel(r"C:\Users\Administrator\Desktop\采购表.xlsx")
df.sort_values(by = [" 采购金额 "], ascending = False, inplace = True)
df
```

运行代码，结果如图 8-20 所示。

根据【示例 8-16】结果可以看出，是将“采购金额”这一列数据按照降序进行排列。

多列排序的意思是首先按照指定的一列排序，遇到重复时，再按照指定的另一

	采购日期	采购物品	采购数量	采购金额
10	2021-01-26	复合机	1台	2999
0	2021-01-06	投影仪	1台	2000
11	2021-01-28	收款机	1台	1099
9	2021-01-24	办公沙发	2个	560
7	2021-01-22	文件柜	2个	360
3	2021-01-16	点钞机	1台	349
6	2021-01-21	培训椅	5个	345
1	2021-01-10	马克笔	5盒	300
2	2021-01-15	打印机	1台	298
8	2021-01-23	广告牌	4个	269
5	2021-01-20	展板	2个	150
4	2021-01-17	复印纸	2箱	100

图 8-20 【示例 8-16】运行结果

列进行排序。

【示例 8-17】读取“采购表”，将数据按照“采购数量”“采购金额”列降序排列，代码如下：

```
df=pd.read_excel(r"C:\Users\Administrator\Desktop\采购表.xlsx")
df.sort_values(by=["采购数量","采购金额"], ascending =[False, False], inplace=True)
df
```

运行代码，结果如图 8-21 所示。

	采购日期	采购物品	采购数量	采购金额
1	2021-01-10	马克笔	5盒	300
6	2021-01-21	培训椅	5个	345
8	2021-01-23	广告牌	4个	269
4	2021-01-17	复印纸	2箱	100
9	2021-01-24	办公沙发	2个	560
7	2021-01-22	文件柜	2个	360
5	2021-01-20	展板	2个	150
10	2021-01-26	复合机	1台	2999
0	2021-01-06	投影仪	1台	2000
11	2021-01-28	收款机	1台	1099
3	2021-01-16	点钞机	1台	349
2	2021-01-15	打印机	1台	298

图 8-21 【示例 8-17】运行结果

首先根据“采购数量”列，进行降序排列，该列数值相同的数据再按照“采购金额”列进行降序排列。

注 意

（1）由于采购数量是带单位的，所以即使数量相同、单位不同，依然是完全不一样的数值。

（2）在进行排序后新生成的表格数据索引是混乱的，此时需要将索引进行重置，使数据表的索引重新以 0 开头进行排序，利用 reset_index 方法可以实现这个需求。

【示例 8–18】对图 8–21【示例 8–17】的运行结果进行重置索引，代码如下：

```
df.reset_index(level = None, drop = True, inplace = True)
df
```

运行代码，结果如图 8–22 所示。

	采购日期	采购物品	采购数量	采购金额
0	2021-01-10	马克笔	5盒	300
1	2021-01-21	培训椅	5个	345
2	2021-01-23	广告牌	4个	269
3	2021-01-17	复印纸	2箱	100
4	2021-01-24	办公沙发	2个	560
5	2021-01-22	文件柜	2个	360
6	2021-01-20	展板	2个	150
7	2021-01-26	复合机	1台	2999
8	2021-01-06	投影仪	1台	2000
9	2021-01-28	收款机	1台	1099
10	2021-01-16	点钞机	1台	349
11	2021-01-15	打印机	1台	298

图 8–22 【示例 8–18】运行结果

通过对比图 8–21 和图 8–22，可以发现第一列默认的序号进行了重排列，代码中 level 参数是指如果是层次性的索引，指定第几级转化为索引；drop 是指是否删除原有索引，True 为删除；inplace 前面已经学习过，inplace = True 指直接修改现有的数据表。

往来账款分析

【任务实施】

进行客户往来账款分析。

步骤 1：导入 pandas 模块和 datetime 模块。代码如下：

```
import pandas as pd
from datetime import datetime, date
```

步骤 2：数据预处理。

（1）将数据显示样式设置为显示两位小数。代码如下：

```
# 设置 pandas 数据展示的格式为小数点后两位
pd.options.display.float_format ='{:, .2f}'.format
```

（2）读取“客户往来账”数据。代码如下：

```
# 读取数据
file = ' 客户往来账.xlsx'
df = pd.read_excel(file)
df
```

通过运行代码，可以得到运行结果如图 8-23 所示。

	客户编号	客户简称	总账账目	凭证编号	D/C	过账日期	本币金额	摘要	年	月
0	10006	东海商贸	1221010000	202012311	S	2020-12-31	35,000.00	销售货物35件	2020	12
1	10006	东海商贸	1221010000	20210605	H	2021-06-05	-3,000.00	客户回款	2021	6
2	10021	厦门万象	1221010000	20201214	S	2020-12-14	60,000.00	销售货物60件	2020	12
3	11232	中南商贸	1221010000	20200112	S	2020-01-12	25,000.00	销售货物25件	2020	1
4	20009	美嘉连锁	1221010000	20201011	S	2020-10-11	80,000.00	销售货物80件	2020	10
...	...	...	...	...	...	...	...	...	...	...
283	98001	惠福工贸	1221010000	202009301	H	2020-09-30	-60.00	客户回款	2020	9
284	98001	惠福工贸	1221010000	202009301	H	2020-09-30	-200.00	客户回款	2020	9
285	98001	惠福工贸	1221010000	202009301	H	2020-09-30	-60.00	客户回款	2020	9
286	98001	惠福工贸	1221010000	202009301	H	2020-09-30	-100.00	客户回款	2020	9
287	98001	惠福工贸	1221010000	202009301	H	2020-09-30	-200.00	客户回款	2020	9

288 rows × 10 columns

图 8-23　“客户往来账”数据

步骤 3：将应收账款数据按照客户进行分组，计算客户的应收账款余额。

按客户统计账龄，因此先对应收账款数据按客户分组，再在每个组中进行计算。这里将每个组内的逻辑打包成一个 AR 函数，通过观察数据，发现有些应收账款借方发生额其实已经回款，这部分交易不影响对应收账龄的统计。因此，只需要统计最后的应收账款余额分布在哪几笔借方发生额里，即可求得应收账款账龄。代码如下：

```
def AR(x):
    # 计算客户应收款余额
    total = x[' 本币金额 '].sum()
    # 筛选应收账款借方金额
    df_dr = x[x[' 本币金额 ']>0]
    # 按过账日期降序
```

```
    df_dr = df_dr.sort_values(by = [' 过账日期 '], ascending = False).\
    reset_index(drop = True)
    # 应收账款先进先出，因此将余额分摊在最后几笔借方交易，一旦分摊完则停止
    for index, row in df_dr.iterrows():
        if total-row[' 本币金额 ']>0:
            df_dr.loc[index, ' 实际应收 '] = row[' 本币金额 ']
        else:
            df_dr.loc[index, ' 实际应收 '] = total
            break
        total = total-row[' 本币金额 ']
    return df_dr
df2 = df.groupby(' 客户编号 ', as_index = False). apply(AR)
```

我们自定义了函数 AR() 用于应收账款余额的分摊。用 apply() 函数将 df 的多个分组数据（按“客户编号”分组）作为实际参数调用函数 AR()。

函数体内，首先，将调用的一组数据中的“本币金额”列求和，将结果赋值给 total。将调用的一组数据中“本币金额 >0”的数据行筛选出来，将结果赋值给 df_dr。然后，按照过账日期，将 df_dr 的数据降序排列并重命名索引。

接下来，将某个客户的应收账款余额分摊在最近的几笔借方交易，一旦分摊完则停止。使用 for 循环遍历 df_dr 的某一数据行，如果 total 减去该数据行中“本币金额”的值大于零，则在 df_dr 新增一列数据“实际应收”，值为该数据行中“本币金额”的值。然后执行“total = total-row[' 本币金额 ']”，继续 for 循环。如果 total 减去该数据行中“本币金额”的值小于等于零，则在 df_dr 新增一列数据“实际应收”，值为 total。执行 break，跳出循环。执行 return 语句，返回 df_dr。

执行完该函数体后，最终得到的是按照客户编码进行分组后，对各个客户将应收账款按照过账日期，由近到远进行分摊的数据表格。

步骤 4：重置索引，验证计算结果。代码如下：

```
# 重置索引
df2.reset_index(drop = True, inplace = True)
# 找一个客户验证计算结果
df2.loc[df2[' 客户编号 '] == 20009]
```

通过运行代码，可以得到运行结果如图 8-24 所示。

步骤 5：过滤实际应收为空或者为 0 的数据（表示已经清账）。代码如下：

```
# 筛选出实际应收不为空的数据和实际应收不为 0 的数据
df3 = df2[(pd.isna(df2[' 实际应收 ']) == False)&(df2[' 实际应收 ']! = 0)]
```

	客户编号	客户简称	总账账目	凭证编号	D/C	过账日期	本币金额	摘要	年	月	实际应收
3	20009	美嘉连锁	1221010000	20210608	S	2021-06-08	50,000.00	销售货物50件	2021	6	50,000.00
4	20009	美嘉连锁	1221010000	20210125	S	2021-01-25	50,000.00	销售货物50件	2021	1	50,000.00
5	20009	美嘉连锁	1221010000	20201219	S	2020-12-19	30,000.00	销售货物30件	2020	12	30,000.00
6	20009	美嘉连锁	1221010000	20201011	S	2020-10-11	80,000.00	销售货物80件	2020	10	80,000.00

图 8-24　计算应收账款余额并选取客户验证结果

```
#挑选一个客户数据，对其检验
df3.loc[df3['客户编号']==20009]
```

通过运行代码，可以得到运行结果如图 8-25 所示。

	客户编号	客户简称	总账账目	凭证编号	D/C	过账日期	本币金额	摘要	年	月	实际应收
3	20009	美嘉连锁	1221010000	20210608	S	2021-06-08	50,000.00	销售货物50件	2021	6	50,000.00
4	20009	美嘉连锁	1221010000	20210125	S	2021-01-25	50,000.00	销售货物50件	2021	1	50,000.00
5	20009	美嘉连锁	1221010000	20201219	S	2020-12-19	30,000.00	销售货物30件	2020	12	30,000.00
6	20009	美嘉连锁	1221010000	20201011	S	2020-10-11	80,000.00	销售货物80件	2020	10	80,000.00

图 8-25　过滤实际应收为空或为 0 的数据并选取客户验证结果

代码中，“pd.isna(df2['实际应收'])”的意思是判断 df2 数据表中“实际应收”列是否有缺失值，有缺失值得到 True，没有缺失值得到 False，所以最终的结果是一个包含 True 和 False 的 Series，“pd.isna(df2['实际应收'])==False”的意思是将前面得到的 Series 中的值与 False 对比，相等则得到 True，不相等则得到 False，最终也是得到一个 Series，但是值与前面的正好相反。

代码“df2['实际应收']!=0”得到的是一个包含 True 和 False 的 Series，“&”与“and”的意思相同。综上所述，本步骤第一行整句代码的意思是要从 df2 中获取既要满足实际应收不为空又要满足实际应收不为 0 的数据。

步骤 6：计算每笔实际应收账款截至 2021/6/30 的账龄，账龄以月份数据表示。代码如下：

```
#格式化结束日期
enddate=date(2021, 6, 30)
def totalmonth(startdate):
    """
    计算结束日期和开始日期的时间间隔（以月为单位计算）
    比如 2019 年 6 月 15 日 距离 2021 年 1 月 1 日相距 18.5 个月
    月份取每个月 30 天
    """
    return round((enddate.year-startdate.year)*12+(enddate.month-startdate.month)
```

```
            + (enddate.day-startdate.day)/30, 2)
df3[' 账龄 '] = df3[' 过账日期 '].map(totalmonth)
# 挑选一列数据，对其检验
df3.loc[df3[' 客户编号 '] == 20009]
```

通过运行代码，可以得到运行结果如图 8-26 所示。

	客户编号	客户简称	总账账目	凭证编号	D/C	过账日期	本币金额	摘要	年	月	实际应收	账龄
3	20009	美嘉连锁	1221010000	20210608	S	2021-06-08	50,000.00	销售货物50件	2021	6	50,000.00	0.73
4	20009	美嘉连锁	1221010000	20210125	S	2021-01-25	50,000.00	销售货物50件	2021	1	50,000.00	5.17
5	20009	美嘉连锁	1221010000	20201219	S	2020-12-19	30,000.00	销售货物30件	2020	12	30,000.00	6.37
6	20009	美嘉连锁	1221010000	20201011	S	2020-10-11	80,000.00	销售货物80件	2020	10	80,000.00	8.63

图 8-26 计算账龄并选取客户验证结果

代码中，将应收账款截至 2021/6/30 格式化为日期对象 data。自定义函数 totalmonth 用于计算账龄，账龄以月份表示，所以需要把年和日也要转换为月份。“.year”表示从日期格式数据中获取年份，“.month”获取月份，“.day”获取日数。运用 map( ) 函数，依次选取“过账日期”列中的值作为实际参数调用函数，将函数中返回的月份值赋值给新增的“账龄”列。

步骤 7：按照任务要求分段统计应收账款账龄区间。

当账龄小于等于 6 个月时，落入账龄区间 1—6 月；当账龄大于 6 个月小于等于 12 个月时，落入账龄区间 6 月—1 年；当账龄大于 12 个月小于等于 24 个月时，落入账龄区间 1—2 年；当账龄大于 24 个月时，落入账龄区间 2 年以上。代码如下：

```
def age(totalmonth):
    if totalmonth< = 6:
        age = '<6 月 '
    elif totalmonth< = 12:
        age = '6 月—1 年 '
    elif totalmonth< = 24:
        age = '1—2 年 '
    else:
        age = '2 年以上 '
    return age
df3.loc[:,' 账龄区间 '] = df3[' 账龄 '].map(age)
df3[df3[' 客户编号 '] = =20009]
```

通过运行上述代码，可以得到运行结果如图 8-27 所示。

	客户编号	客户简称	总账账目	凭证编号	D/C	过账日期	本币金额	摘要	年	月	实际应收	账龄	账龄区间
3	20009	美嘉连锁	1221010000	20210608	S	2021-06-08	50,000.00	销售货物50件	2021	6	50,000.00	0.73	<6月
4	20009	美嘉连锁	1221010000	20210125	S	2021-01-25	50,000.00	销售货物50件	2021	1	50,000.00	5.17	<6月
5	20009	美嘉连锁	1221010000	20201219	S	2020-12-19	30,000.00	销售货物30件	2020	12	30,000.00	6.37	6月—1年
6	20009	美嘉连锁	1221010000	20201011	S	2020-10-11	80,000.00	销售货物80件	2020	10	80,000.00	8.63	6月—1年

图 8-27　分段统计应收账款账龄区间并选取客户验证结果

自定义函数 age()，用于分段统计应收账款账龄区间。运用 map() 函数，依次选取“账龄”列中的值作为实际参数调用函数，当账龄 <=6 时，账龄区间就是“<6 月”。同理，得到不同账龄对应的账龄区间，最后将函数中返回的值赋值给新增的“账龄区间”列。

步骤 8：构建数据透视表，对账龄进行统计。代码如下：

```
# 账龄统计，对其结果四舍五入
# 构建数据透视表，表的索引是客户编号和客户简称列，列是账龄区间列，实际的
  值是实际应收，对实际应收求和操作，缺失值填充为 0
res = pd.pivot_table(df3, index = ['客户编号', '客户简称'], columns = ['账龄区间'],
      values = ['实际应收'], aggfunc = sum, fill_value = 0). round(2)
res.['实际应收']head()
```

通过运行代码，可以得到运行结果如图 8-28 所示。

		实际应收			
	账龄区间	1—2年	2年以上	6月—1年	<6月
客户编号	客户简称				
10006	东海商贸	0.00	0	0.00	32,000.00
10021	厦门万象	0.00	0	60,000.00	0.00
11232	中南商贸	25,000.00	0	0.00	0.00
20009	美嘉连锁	0.00	0	110,000.00	100,000.00
20118	阳光万科	0.00	0	4,260.00	0.00

图 8-28　账龄统计结果

构建的数据透视表如图 8-28 所示，“客户编号”和“客户简称”都为行索引，“账龄区间”的值为列索引，“账龄区间”为列索引的名称。数据表的值为“实际应收”的值。

步骤 9：计算并插入期末余额。代码如下：

```
# 在第一列中插入期末余额
res.insert(0, ('实际应收', '期末余额'), res['实际应收'][['<6 月', '6 月—1 年',
                                  '1—2 年', '2 年以上']].sum(axis = 1))
```

```
res.['实际应收']head()
```

运行上述代码可以看见插入的期末余额如图 8-29 所示。其中，代码“res.insert(0,('实际应收','期末余额')”表示在 res 的一维列索引“实际应收”下插入二维列索引“期末余额”，插入的位置在列索引为 0 的位置，即插入到第一列。“客户编号”和“客户简称”是行索引列，不是数据列。插入的值是 res 中，每一行四个账龄区间的加总值，也即所有账龄区间下总的应收账款期末余额。

		实际应收				
	账龄区间	期末余额	1—2年	2年以上	6月—1年	<6月
客户编号	客户简称					
10006	东海商贸	32,000.00	0.00	0	0.00	32,000.00
10021	厦门万象	60,000.00	0.00	0	60,000.00	0.00
11232	中南商贸	25,000.00	25,000.00	0	0.00	0.00
20009	美嘉连锁	210,000.00	0.00	0	110,000.00	100,000.00
20118	阳光万科	4,260.00	0.00	0	4,260.00	0.00

图 8-29　计算并插入期末余额后结果

步骤 10：按照任务要求调整索引，对数据列进行自定义排序。代码如下：

```
#选取双重索引中的第一重索引
res = res['实际应收']
#重置索引，将原索引作为普通列插入到数据中
res.reset_index(inplace = True)
#删掉列索引的名称
res.columns.name = None
#原来的数据列自定义排序
res = res[['客户编号','客户简称','期末余额','<6月','6月—1年','1—2年','2年以上']]
```

运行上述代码即可得到重置索引并自定义排序后的应收账款账龄分析表，如图 8-30 所示。

	客户编号	客户简称	期末余额	<6月	6月—1年	1—2年	2年以上
0	10006	东海商贸	32,000.00	32,000.00	0.00	0.00	0
1	10021	厦门万象	60,000.00	0.00	60,000.00	0.00	0
2	11232	中南商贸	25,000.00	0.00	0.00	25,000.00	0
3	20009	美嘉连锁	210,000.00	100,000.00	110,000.00	0.00	0
4	20118	阳光万科	4,260.00	0.00	4,260.00	0.00	0

图 8-30　重置索引

步骤 11：导出数据，代码如下：

```
# 导出数据
res.to_excel('应收账款账龄分析.xlsx')
```

【拓展提升】

datetime 模块中的类型

Python 标准库中包含 datetime、time 和 calendar 等模块用于处理时间数据。其中，datetime 用来处理日期、时间相关的需求，可以通过直接导入 datetime 模块处理，也可以通过导入 datetime 下面的 datetime 子模块处理。

【示例 8-19】使用 datetime 模块获取当前时间，代码如下：

```
from datetime import datetime
now = datetime.now()
now
```

运行代码，结果如下：

```
(2022, 2, 14)
```

datetime 既存储了其日期，也存储了细化到微秒的时间。timedelta 表示两个 datetime 对象的时间差。

【示例 8-20】

```
delta = datetime(2011, 1, 7)-datetime(2008, 6, 24, 8, 15)
delta
```

运行代码，结果如下：

```
datetime.timedelta(926, 56700)
```

表 8-3 概括了 datetime 模块中的类型。

表 8-3　datetime 模块中的类型

类型	描述
date	使用公历日历存储日历日期（年，月，日）
time	将时间存储为小时、分钟、秒和微秒
datetime	存储日期和时间
timedelta	表示两个 datetime 值之间的差（如日、秒和微秒）
tzinfo	用于存储时区信息的基本类型

任务三　材料采购分析

【任务描述】

本任务根据 A 企业“材料采购数据表”计算 2011—2020 年材料的采购价格和单位成本，对材料的单价和单位成本进行可视化展现。

【任务分析】

本任务要对 2011—2020 年的材料单价和单位成本的变动趋势进行可视化展现，需要导入 pyecharts 中的折线图。可视化之前要先计算出材料历年的单价和单位成本，需要导入 pandas 模块。

在计算材料单价和单位成本时需要用 round() 函数保留小数位数。通过观察材料采购数据表可以看到每一种材料的历年采购数据并不是连续排列的，所以在对材料单价和单位成本进行可视化展现时，需要按照材料名称进行分组，然后遍历每一种材料的采购时间及对应的单价和单位成本，将采购时间设置为 *x* 轴标签，将单价和单位成本设置为 *y* 标签，分别进行可视化展现。

【知识准备】

一、sample() 函数

sample() 函数用来随机选取若干行数据。sample() 函数允许从序列或数据帧中随机选择值。当从一个分布中选择一个随机样本时，sample() 函数非常有用。

【示例 8-21】创建 DataFrame 数据结构 df，随机显示 5 行数据，代码如下：

```
# 创建 DataFrame 数据结构
data = {" 库存商品 ": [" 签字笔 ", " 钢笔 ", " 圆珠笔 ", " 铅笔 ", " 毛笔 ", " 橡皮擦 ",
    " 三角尺 ", " 转笔刀 ", " 修改液 ", " 圆规 ", " 直尺 "], " 数量 ": [1000, 800, 890,
    1200, 680, 750, 970, 1100, 1230, 1430, 690], " 金额 ": [900, 4000, 450, 600, 2000,
    400, 780, 1100, 1500, 2000, 690]}
# 设置索引内容
df = pd.DataFrame(data, index = range(1, 12))
```

```
# 随机显示 5 行数据
df.sample(5)
```

运行代码，结果如图 8-31 所示。

	库存商品	数量	金额
1	签字笔	1000	900
7	三角尺	970	780
10	圆规	1430	2000
9	修改液	1230	1500
6	橡皮擦	750	400

图 8-31 【示例 8-21】运行结果

二、pyecharts 配置项

在项目七中，简单介绍了配置项的内容，pyecharts 的配置项通俗理解就是设置图形的工具组件。针对全部图形的，叫全局配置项，如图 8-32 所示。针对图形某一个部分的，叫系列配置项。

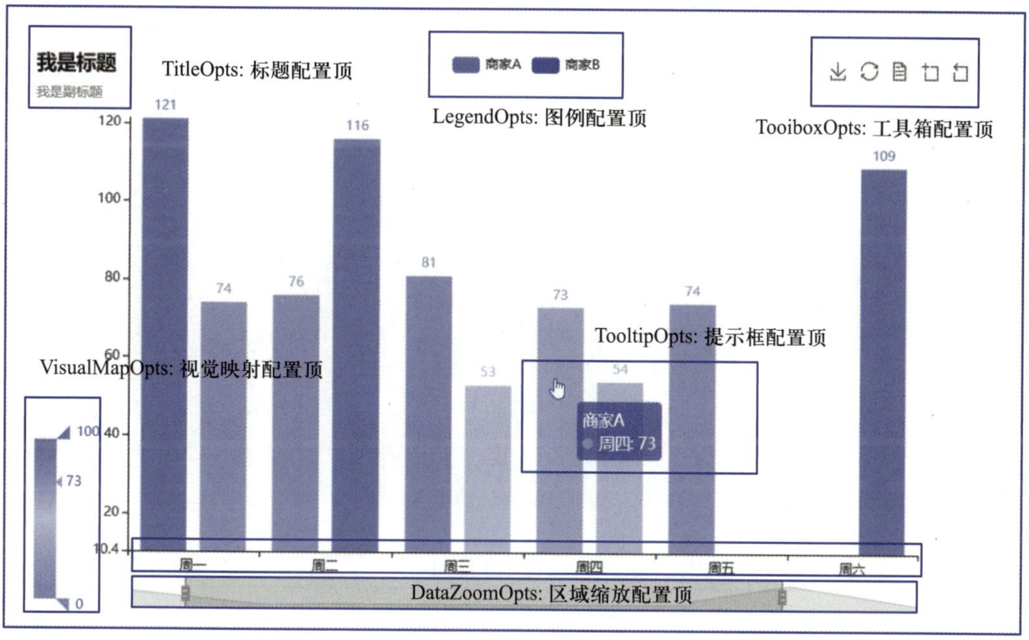

图 8-32　全局配置项各项目

（一）全局配置项

全局配置项可通过“set_global_opts”方法设置，全局配置项包含标题配置项、图例配置项、工具箱配置项等。下面介绍几种常用的配置项的使用。

1. 标题配置项 TitleOpts

标题配置项设置，代码如下：

```
set_global_opts(title_opts = opts.TitleOpts(title = ' 标题 '))
```

代码中“title_opts = opts.TitleOpts”代表应用的是标题配置项，“title = ' 标题 '”表示设置的是具体主标题内容。如果将“title”换成“subtitle”，代表设置的是副标题内容。

2. 坐标轴配置项 AxisOpts

坐标轴配置项设置代码如下：

```
set_global_opts(xaxis_opts = opts.AxisOpts(name = ' 产品种类 ',
type = 'category', axispointer_opts = Opts.AxisPointerOpts(is_show
= True, type = "shadow"), ))
```

代码中，“xaxis_opts = opts.AxisOpts”代表应用的是 x 轴坐标轴配置项，同理，设置 y 轴坐标轴配置项即“yaxis_opts = opts.AxisOpts”。参数“name = ' 产品种类 '”表示坐标轴名称，“type = 'category'”表示坐标轴类型是类目轴，适用于离散的类目数据。“axispointer_opts”代表坐标轴指示器配置项，参数 is_show = True 表示显示坐标轴指示器，type =“shadow”为阴影指示器，如图 8–33 所示。

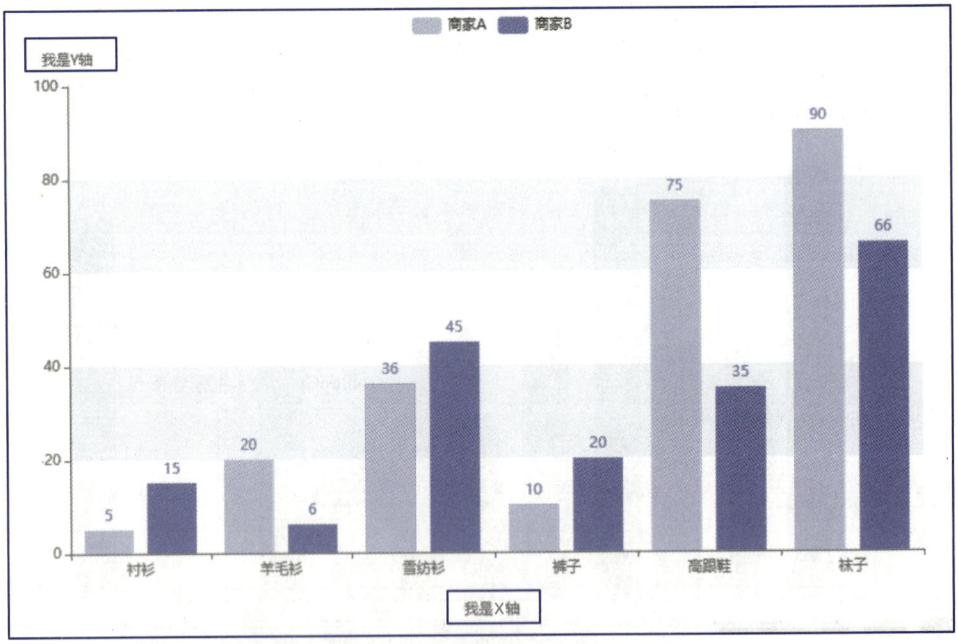

图 8–33　设置坐标轴名称

3. 图例配置项 LegendOpts

图例配置项设置代码如下：

```
set_global_opts(legend_opts = opts.LegendOpts(pos_left = '25'))
```

代码中“legend_opts = opts.LegendOpts”代表应用的是图例配置项，“pos_left =

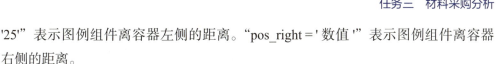

'25'”表示图例组件离容器左侧的距离。“pos_right = ' 数值 '”表示图例组件离容器右侧的距离。

除了上述代码中的内容，在图例配置项中，参数“pos_top = 'center'”表示图例组件离容器上侧的距离为居中对齐，“orient = 'vertical'”表示设置图例组件的布局朝向为垂直。

4. 提示框配置项 TooltipOpts

提示框配置项设置代码如下：

```
set_global_opts(tooltip_opts = opts.TooltipOpts(is_show = True, trigger
= 'axis', axis_pointer_type = 'cross'))
```

代码中“tooltip_opts = opts.TooltipOpts”代表应用的是提示框配置项，“is_show = True”表示显示提示框，“trigger = 'axis'”表示触发类型是坐标轴触发，主要在柱状图、折线图等会使用类目轴的图表中使用。“axis_pointer_type = 'cross'”表示使用的指示器为十字准星指示器。

（二）系列配置项

系列配置项可通过“set_series_opts”方法设置，系列配置项包含标签配置项、文字样式配置项、线样式配置项等。这里主要介绍标签配置项（LabelOpts）的使用。代码如下：

```
set_series_opts(lable_opts = opts.LabelOpts(is_show = False, position = 'right'))
```

代码中，“lable_opts = opts.LabelOpts”代表应用标签配置项，参数“is_show = False”表示不显示标签，为 True 的时候表示显示标签，如图 8-34 所示。

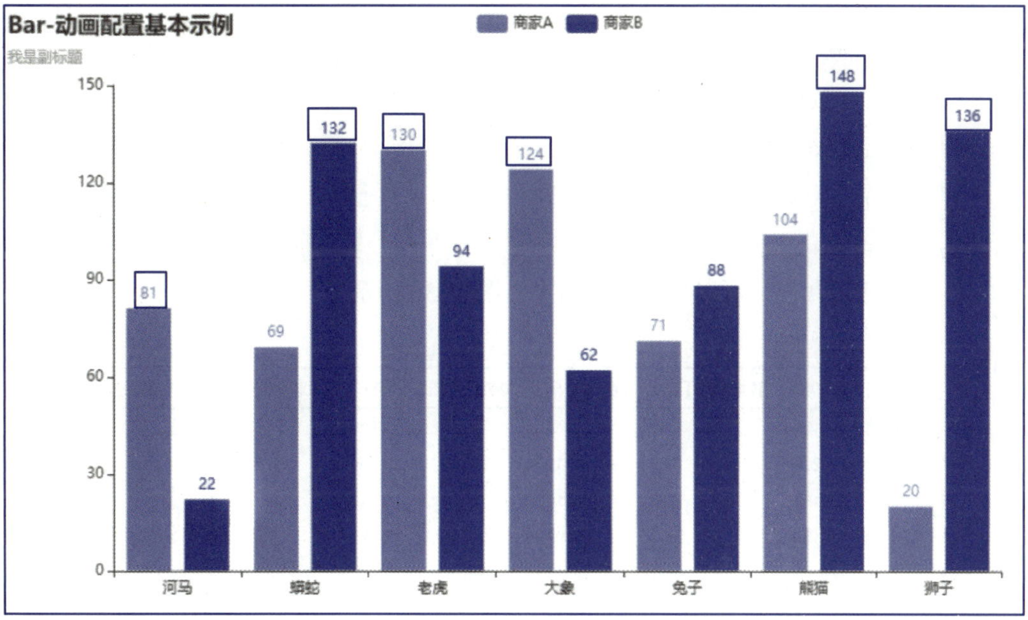

图 8-34　上侧显示标签

参数“position = 'right'”表示标签的位置为右侧，如图 8-35 所示。

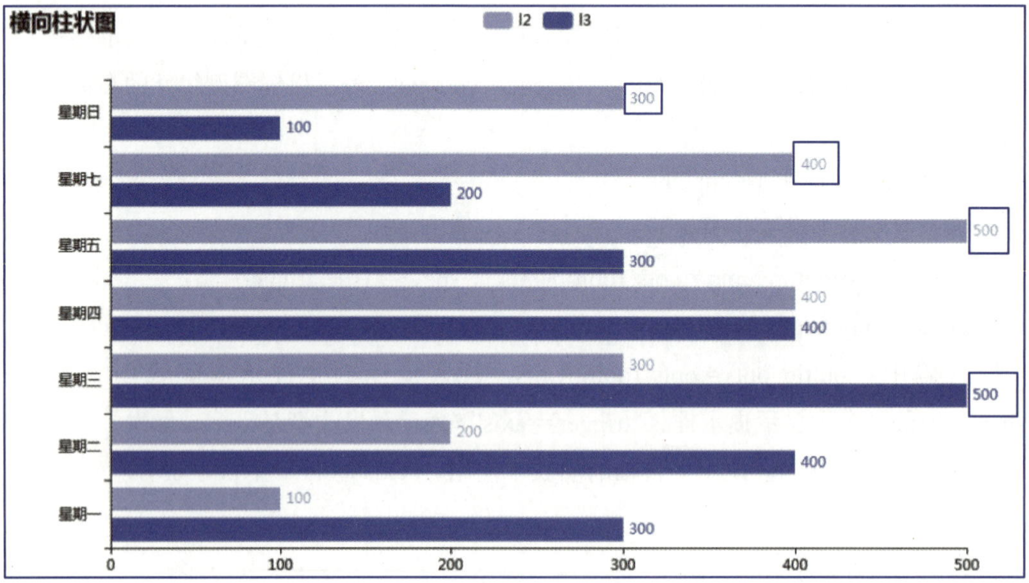

图 8-35　右侧显示标签

【任务实施】

材料采购分析

步骤 1：导入 pandas 模块和 pyecharts 的折线图，代码如下：

```
import pandas as pd
import pyecharts.options as opts
from pyecharts.charts import Line
```

步骤 2：读取“材料采购数据表”，代码如下：

```
df = pd.read_excel(' 材料采购数据表.xlsx')
# 随机显示 5 行数据
df.sample(5)
```

通过运行代码，可以得到运行结果如图 8-36 所示。

	材料	采购时间	期初数量（千克）	期初成本（元）	本期采购数量（千克）	本期采购金额（元）	本期领用数量（千克）
50	白砂糖	2019年	2349	9372.51	72819	427250.92	72266
57	山梨酸钾	2020年	1239	39511.71	38409	1156575.65	38425
25	红茶	2015年	265	64516.90	8215	1903213.41	8268
26	白砂糖	2015年	2132	6801.08	66092	301901.65	66235
59	桂圆	2020年	891	15922.17	27621	433066.90	27532

图 8-36　读取并预览“材料采购数据表”前五行数据

步骤 3：计算材料 2011—2020 年的单价和单位成本。代码如下：

```
''' 某种材料某年的单价 = 该材料当年的本期采购金额 / 本期采购数量，计算结果
四舍五入保留两位小数 '''
df[' 单价 '] =(df[' 本期采购金额 ( 元 )']/df[' 本期采购数量 ( 千克 )']).round(2)
# 某种材料某年的单位成本 =( 该材料当年的期初成本 + 本期采购金额 )/
( 期初数量 + 本期采购数量 ), 计算结果四舍五入保留两位小数
df[' 单位成本 '] = ((df[' 期初成本 ( 元 )'] + df[' 本期采购金额 ( 元 )'])
                /(df[' 期初数量 ( 千克 )'] + df[' 本期采购数量 ( 千克 )'])).round(2)
# 随机显示 5 行数据
df.sample(5)
```

通过运行代码，可以得到运行结果如图 8-37 所示。

	材料	采购时间	期初数量（千克）	期初成本（元）	本期采购数量（千克）	本期采购金额（元）	本期领用数量（千克）	单价	单位成本
56	白砂糖	2020年	2902	14829.22	89962	540923.51	90043	6.01	5.98
24	蜂蜜	2015年	1521	103108.59	47151	3427425.05	47283	72.69	72.54
58	小苏打	2020年	1251	3865.59	38781	85830.11	39134	2.21	2.24
4	小苏打	2011年	1223	1858.96	37913	49658.45	37812	1.31	1.32
34	小苏打	2016年	1178	2096.84	36518	70362.88	36407	1.93	1.92

图 8-37　材料单价和单位成本计算结果

步骤 4：可视化展现材料 2011—2020 年的单价，代码如下：

```
line = Line()
# 设置 x 轴标签
line.add_xaxis(df[df[' 材料 '] == ' 红茶 '][' 采购时间 '].tolist())
for name, data in df[[' 材料 ', ' 采购时间 ', ' 单价 ']].groupby(' 材料 '):
    line.add_yaxis(name, data[' 单价 '].round(2).tolist())
line.set_series_opts(label_opts = opts.LabelOpts(is_show = False))
line.set_global_opts(title_opts = opts.TitleOpts(title = " 材料单价走势图 "),
legend_opts = opts.LegendOpts(pos_left = "40%"))
line.render_notebook()
```

通过运行上述代码，可以得到运行结果如图 8-38 所示。

代码中，首先将材料的采购时间即年份设置为 x 轴标签，tolist() 表示把数据转换成列表形式。然后遍历每一种材料的名称、采购时间以及单价，按照材料的名称对材料进行分组，将每种材料的单价设置为 y 轴标签。最后进行相关配置项的设置：将标签配置项参数设置为不显示标签、添加标题为“材料单价走势图”、设置图例组件离容器左侧的距离。

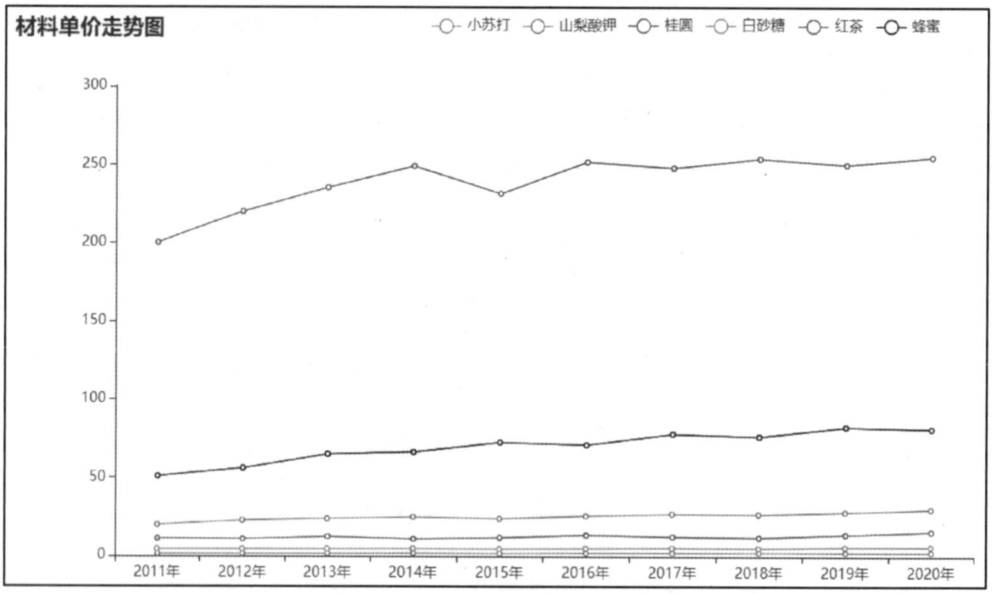

图 8-38 材料单价走势图

步骤 5：可视化展现材料 2011—2020 年的单位成本。代码如下：

```
line = Line()
line.add_xaxis(df[df[' 材料 '] = = ' 红茶 '][' 采购时间 '].tolist())
for name, data in df[[' 材料 ', ' 采购时间 ', ' 单位成本 ']].groupby(' 材料 '):
    line.add_yaxis(name, data[' 单位成本 '].round(2).tolist(),)
line.set_series_opts(label_opts = opts.LabelOpts(is_show = False))
line.set_global_opts(
     title_opts = opts.TitleOpts(title = " 材料单位成本走势图 "),
     legend_opts = opts.LegendOpts(pos_left = "40%"),
     tooltip_opts = opts.TooltipOpts(trigger = "axis"),
     xaxis_opts = opts.AxisOpts(type_ = "category"),
  )
line.render_notebook()
```

通过运行代码，可以得到运行结果如图 8-39 所示。

与材料单价的可视化代码相比，材料单位成本的可视化代码对提示框配置项进行了设置，“trigger = 'axis'” 表示触发类型是坐标轴触发。同时对坐标轴配置项（AxisOpts）进行了设置，将 x 轴类型设置为类目轴。

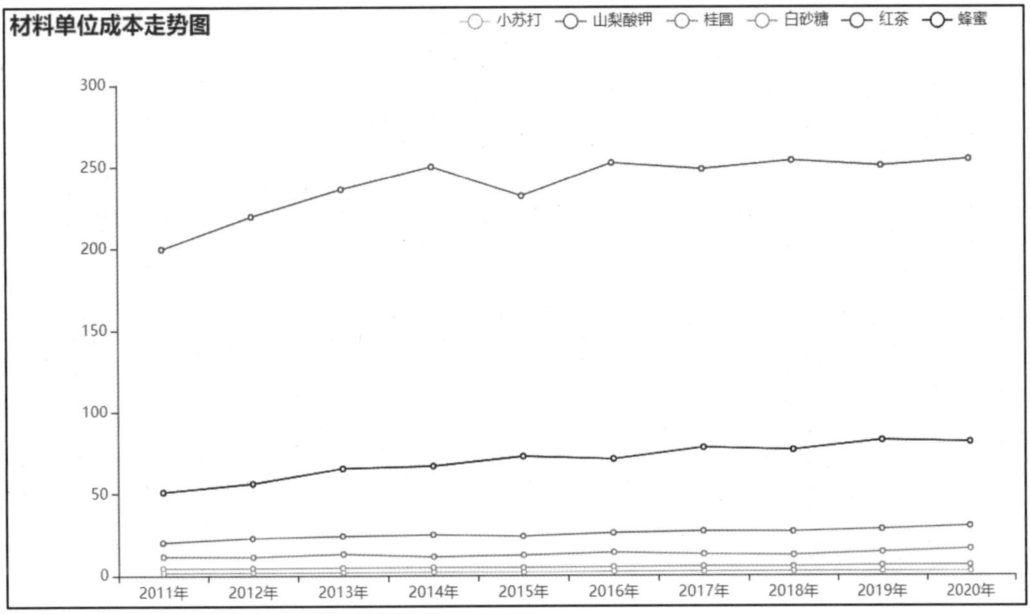

图 8-39　材料单位成本走势图

【拓展提升】

设置图形主题风格

不同的图形有不同的主题颜色，pyecharts 提供了 10 多种不同的风格，可以通过在全局配置项里的初始化配置项设置图形的主题风格。

设置配置项，以柱状图为例，设置主题风格为 LIGHT。代码如下：

```
bar = Bar(init_opts = opts.InitOpts(theme = ThemeType.LIGHT))
```

代码中，“init_opts = opts.InitOpts” 代表应用初始化配置项，参数 “theme = ThemeType.LIGHT” 表示应用的主题。

pyecharts 内置提供了 10 多种不同的风格，另外也提供了便捷的定制主题的方法，要使用时需要先从 pyecharts 中调用。代码如下：

```
from pyecharts.globals import ThemeType
```

调用后，就可以使用初始化配置项设置主题风格，然后在该主题风格的模板上根据自己的需要进行修改制图。DARK 主题图例如图 8-40 所示。

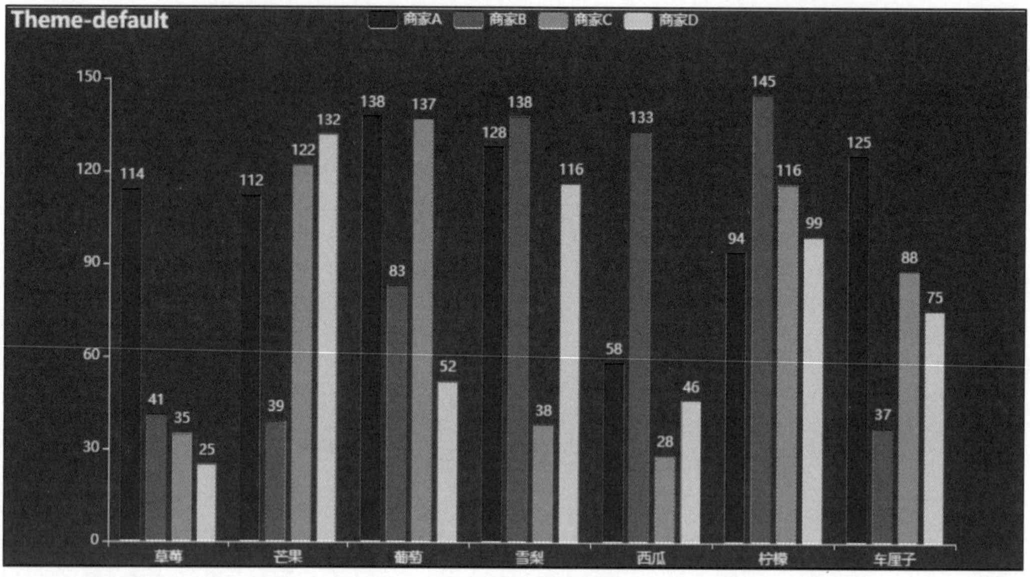

图 8-40　DARK 主题图例

任务四　生产成本分析

【任务描述】

本任务根据 A 企业“生产成本费用明细表”和“生产汇总表”计算 2019 年和 2020 年各产品单位销售成本以及单位销售成本变动率、各产品当期生产成本中单位产品耗用材料成本、单位产品耗用人工成本、单位产品分摊制造费用以及这三项的变动率。A 企业无期初在产品。

【任务分析】

本任务生产成本分析主要涉及相关成本数据指标的计算以及选取其中部分数据指标进行可视化呈现。因此在运用 pandas 模块进行数据分析计算的同时，还需要调用 pyecharts 模块相关功能进行可视化展现。

在计算成本数据指标时同时用到了“生产成本费用明细表”和“生产汇总表”的数据，为了方便计算，在读取数据后，可以用 merge() 函数对两个表格数据进行合并。然后根据任务要求依次计算相关指标，计算过程中注意小数位数保留问题，计算变动率时最后的结果要用百分比表示。

在数据可视化时，只需要将单位销售成本变动排名前 10 的产品进行可视化展现。所以首先要根据单位销售成本变动率绝对值进行降序排列，找出单位生产成本变动率排名前十的 10 个产品，这里会用到 sort_values( ) 函数进行排序，利用 lambda 函数以及 abs( ) 函数对变动率进行绝对值处理，然后将找出的这 10 个产品 2019 年和 2020 年的单位销售成本进行可视化。这里采用的是柱状图（Bar），需要注意坐标轴数据的设置以及相关配置项的设置。具体任务执行流程如图 8-41 所示。

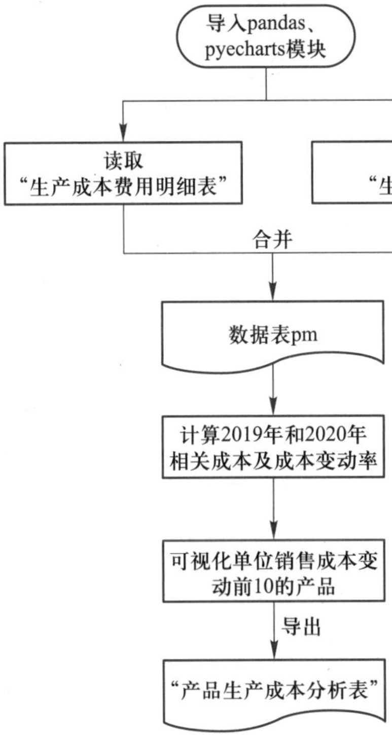

图 8-41　生产成本分析任务执行流程图

【知识准备】

一、set_option( ) 函数

set_option( ) 是 pandas 里的一个函数，用法为 pandas.set_option(pat, value)，主要作用是设置一些指定参数的值。代码如下：

```
# 表示显示最大的行数为 10
pd.set_option('display.max_rows', 10)
# 表示显示最大的列数为 10
```

```
pd.set_option('display.max_columns', 10)
```

如果超额会显示省略号，指的是多少个 DataFrame 的列。

【示例 8-22】读取“生产成本费用明细表”，最多显示 5 列数据，代码如下：

```
import pandas as pd
df1 = pd.read_excel(' 企业经营数据表.xlsx', sheet_name = ' 生产成本费用明细表 ')
# 设置数据最多显示 5 列
pd.set_option('display.max_columns', 5)
df1.head(2)
```

运行代码，结果如图 8-42 所示。

	生产车间	产品	...	2019年车间管理人员薪酬、社保及福利	2020年车间管理人员薪酬、社保及福利
0	水系列产品生产车间	纯净水	...	58946.21	98232.78
1	水系列产品生产车间	苏打水	...	170702.54	148346.91

2 rows × 14 columns

图 8-42 【示例 8-22】运行结果

二、abs() 函数

abs() 函数是 Python 的数字函数，用以返回数字的绝对值。abs() 函数的参数只能是数字，返回值是一个不小于 0 的数字（参数的绝对值）。当参数为其他进制数时，abs() 函数返回其对应十进制的绝对值。

【示例 8-23】对四则运算结果取绝对值，代码如下：

```
abs(10−100 + 60/2)
```

运行代码，结果如下：

```
60.0
```

三、astype() 函数

在 Python 中，astype() 函数可用于转化 DateFrame 某一列的数据类型，astype() 后面的括号里指明要转换的目标类型即可。

```
df[' 列名 '].astype(type)
```

【示例 8-24】创建数据表 df，将“增长率”列数据类型转换为整数类型。代码如下：

```
import pandas as pd
# 创建一个 DataFrame 数据结构
data = {" 数量 ": [30000, 40000, 50000], " 单价 ": [10.12, 20.21, 34.57],
```

```
        "增长率":[1.12, 0.15, 3.21]}
df = pd.DataFrame(data)
df['增长率'] = df['增长率'].astype('int')
df
```

运行代码，结果如图 8-43 所示。

	数量	单价	增长率
0	30000	10.12	1
1	40000	20.21	0
2	50000	34.57	3

图 8-43 【示例 8-20】运行结果

四、翻转 XY 轴

在图形制作过程中，经常会遇到 x 轴标签过多而无法完全展示出来的情况，这时，就可以使用"reversal_axis()"通过将 x 轴和 y 轴翻转来解决问题，如图 8-44、图 8-45 所示。

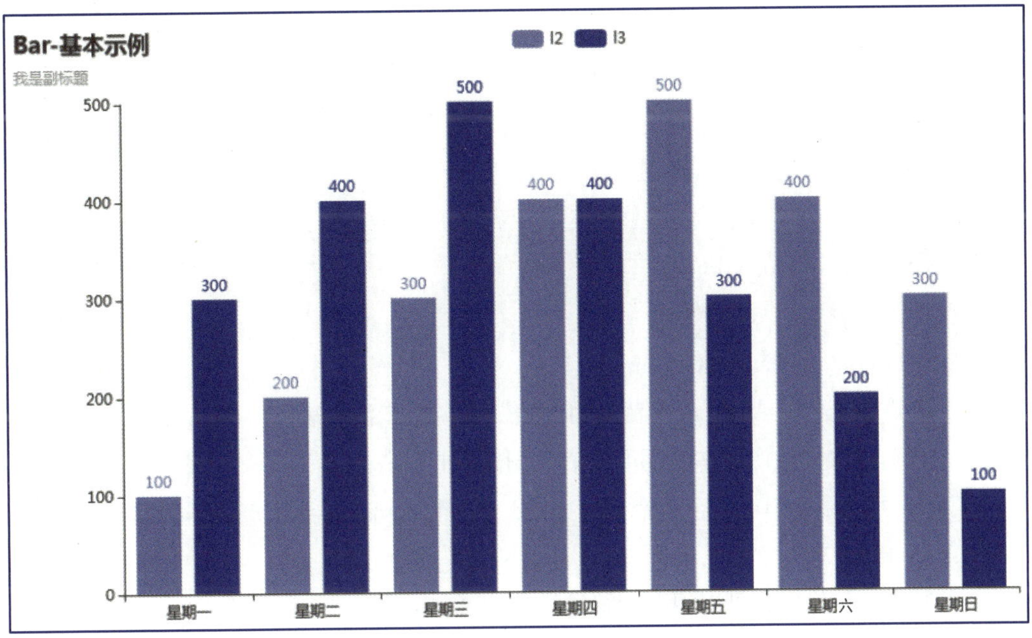

图 8-44　翻转前柱状图

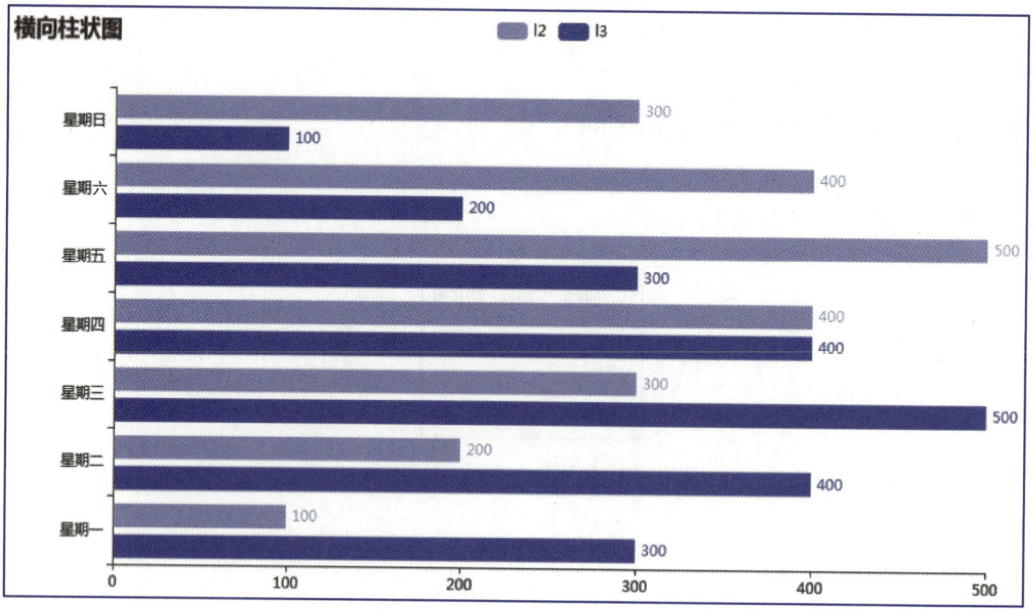

图 8-45 翻转后柱状图

生产成本分析

【任务实施】

步骤 1：导入 pandas 模块和 pyecharts 的柱状图，代码如下：

```
import pandas as pd
from pyecharts import options as opts
from pyecharts.charts import Bar
# 导入 pyecharts 的主题类型
from pyecharts.globals import ThemeType
# 设置数据最多显示 15 列
pd.set_option('display.max_columns', 15)
```

步骤 2：读取“生产成本费用明细表”和“生产汇总表”。

（1）读取“生产成本费用明细表”，代码如下：

```
df_sccb = pd.read_excel(' 企业经营数据表.xlsx', sheet_name = ' 生产成本费用明细表 ')
df_sccb.head(2)
```

通过运行代码，可以得到运行结果如图 8-46 所示。

	生产车间	产品	2019年材料成本	2020年材料成本	2019年人工成本	2020年人工成本	2019年辅料费	2020年辅料费	2019年电费	2020年电费	2019年折旧费	2020年折旧费	2019年车间管理人员薪酬、社保及福利	2020年车间管理人员薪酬、社保及福利
0	水系列产品生产车间	纯净水	816485.82	824754.84	1797763.96	1010007.67	32154.87	54112.79	87236.18	136156.23	84580.71	143512.64	58946.21	98232.78
1	水系列产品生产车间	苏打水	1514058.43	1763482.53	2610260.36	2438909.62	83364.61	51349.28	256316.19	251121.28	239298.41	229824.91	170702.54	148346.91

图 8-46　读取生产成本费用明细表

（2）读取“生产汇总表”，代码如下：

```
df_schz = pd.read_excel(' 企业经营数据表.xlsx', sheet_name = ' 生产汇总表 ')
df_schz.head(2)
```

通过运行代码，可以得到运行结果如图 8-47 所示。

	生产车间	产品	2019年期初数量	2019年期初成本	2019年生产数量	2019年生产成本	2019年销售量	...	2019年期末成本	2020年生产数量	2020年生产成本	2020年销售量	2020年销售成本	2020年期末数量	2020年期末成本
0	水系列产品生产车间	纯净水	390800	332180.0	3494991	2877167.75	3496121	...	321835.77	3927404	2266776.95	3937404	2360954.22	379670	227658.50
1	水系列产品生产车间	苏打水	286400	458240.0	3104570	4874000.54	3105651	...	448659.10	3093829	4883034.53	3100829	4892555.82	278319	439137.81

2 rows × 16 columns

图 8-47　读取生产汇总表

步骤 3：合并“生产成本费用明细表”和“生产汇总表”，代码如下：

```
# 合并生产成本费用明细表和生产汇总表
pm = pd.merge(df_sccb, df_schz, on = [' 生产车间 ', ' 产品 '])
pm.head(2)
```

通过运行代码，可以得到运行结果如图 8-48 所示。

	生产车间	产品	2019年材料成本	2020年材料成本	2019年人工成本	2020年人工成本	2019年辅料费	...	2019年期末成本	2020年生产数量	2020年生产成本	2020年销售量	2020年销售成本	2020年期末数量	2020年期末成本
0	水系列产品生产车间	纯净水	816485.82	824754.84	1797763.96	1010007.67	32154.87	...	321835.77	3927404	2266776.95	3937404	2360954.22	379670	227658.50
1	水系列产品生产车间	苏打水	1514058.43	1763482.53	2610260.36	2438909.62	83364.61	...	448659.10	3093829	4883034.53	3100829	4892555.82	278319	439137.81

2 rows × 28 columns

图 8-48　合并数据表

使用 merge() 函数以“生产车间”和“产品”两列为公共列，合并“生产成本费用明细表”和“生产汇总表”。

步骤 4：根据任务要求依次计算相关指标。

（1）依次计算 2019 年和 2020 年的单位销售成本、单位销售成本变动率。计算公式如下：

某产品单位销售成本 =（该产品期初成本 + 本期生产成本）÷（期初数量 + 本期生产数量）

某产品单位销售成本变动率 =（该产品本期单位销售成本 − 上期单位销售成本）÷ 上期单位销售成本

代码如下：

```
pm['2019 年单位销售成本 '] = ((pm['2019 年期初成本 '] + pm['2019 年生产成本 '])/
(pm['2019 年期初数量 '] + pm['2019 年生产数量 '])).round(2)
pm['2020 年单位销售成本 '] = ((pm['2019 年期末成本 '] + pm['2020 年生产成本 '])/
(pm['2019 年期末数量 '] + pm['2020 年生产数量 '])).round(2)
pm[' 单位销售成本变动率 '] = ((pm['2020 年单位销售成本 ']
−pm['2019 年单位销售成本 '])/pm['2019 年单位销售成本 ']).round(4)
```

（2）依次计算 2019 年和 2020 年的单位产品耗用材料成本、单位产品耗用材料成本变动率。计算公式如下：

某产品本期耗用的单位材料成本 = 该产品本期材料成本 ÷ 本期生产数量

某产品本期耗用的单位材料成本变动率 =（该产品本期耗用的单位材料成本 − 上期耗用的单位材料成本）÷ 上期耗用的单位材料成本

代码如下：

```
pm['2019 年单位产品耗用材料成本 '] = (pm['2019 年材料成本 ']/
                                    pm['2019 年生产数量 ']).round(2)
pm['2020 年单位产品耗用材料成本 '] = (pm['2020 年材料成本 ']/
                                    pm['2020 年生产数量 ']).round(2)
pm[' 单位产品耗用材料成本变动率 '] = ((pm['2020 年单位产品耗用材料成本 ']−
pm['2019 年单位产品耗用材料成本 '])/pm['2019 年单位产品耗用材料成本 ']).
round(4)
```

（3）依次计算 2019 年和 2020 年的单位产品耗用人工成本、单位产品耗用人工成本变动率。计算公式如下：

某产品本期耗用的单位人工成本 = 该产品本期人工成本 ÷ 本期生产数量

某产品本期耗用的单位人工成本变动率 =（该产品本期耗用的单位人工成本 − 上期耗用的单位人工成本）÷ 上期耗用的单位人工成本

代码如下：

```
pm['2019 年单位产品耗用人工成本 '] = (pm['2019 年人工成本 ']/
```

```
                              pm['2019 年生产数量 ']).round(2)
pm['2020 年单位产品耗用人工成本 '] = (pm['2020 年人工成本 ']/
                              pm['2020 年生产数量 ']).round(2)
pm[' 单位产品耗用人工成本变动率 '] = ((pm['2020 年单位产品耗用人工成本 ']-
pm['2019 年单位产品耗用人工成本 '])/pm['2019 年单位产品耗用人工成本 ']).round(4)
```

（4）依次计算 2019 年和 2020 年的单位产品分摊制造费用、单位产品分摊制造费用变动率。计算公式如下：

$$\text{某产品本期耗用的单位制造费用} = (\text{该产品本期辅料费} + \text{本期电费} + \text{本期折旧} + \text{本期车间管理人员薪酬、社保及福利}) \div \text{本期生产数量}$$

$$\text{某产本期耗用的单位制造费用变动率} = (\text{该产品本期耗用的单位制造费用} - \text{上期耗用的单位制造费用}) \div \text{上期耗用的单位制造费用}$$

代码如下：

```
pm['2019 年单位产品分摊制造费用 ']= pm[['2019 年辅料费 ', '2019 年电费 ',
'2019 年折旧费 ', '2019 年车间管理人员薪酬、社保及福利 ']].sum(axis = 1)
pm['2020 年单位产品分摊制造费用 ']= pm[['2020 年辅料费 ', '2020 年电费 ',
'2020 年折旧费 ', '2020 年车间管理人员薪酬、社保及福利 ']].sum(axis = 1)
pm[' 单位产品分摊制造费用变动率 '] = ((pm['2020 年单位产品分摊制造费用 ']-
pm['2019 年单位产品分摊制造费用 '])/pm['2019 年单位产品分摊制造费用 '])
.round(4)
pm.head(2)
```

通过运行代码，可以得到运行结果如图 8-49 所示。

	生产车间	产品	2019年材料成本	2020年材料成本	2019年人工成本	2020年人工成本	2019年辅料费	...	单位产品耗用材料成本变动率	2019年单位产品耗用人工成本	2020年单位产品耗用人工成本	单位产品耗用人工成本变动率	2019年单位产品分摊制造费用	2020年单位产品分摊制造费用	单位产品分摊制造费用变动率
0	水系列产品生产车间	纯净水	816485.82	824754.84	1797763.96	1010007.67	32154.87	...	-0.0870	0.51	0.26	-0.4902	262917.97	432014.44	0.6432
1	水系列产品生产车间	苏打水	1514058.43	1763482.53	2610260.36	2438909.62	83364.61	...	0.1633	0.84	0.79	-0.0595	749681.75	680642.38	-0.0921

2 rows × 40 columns

图 8-49　步骤 4 相关指标计算结果

步骤 5：可视化单位销售成本变动率绝对值排名前十的产品。

（1）根据单位销售成本变动率的绝对值进行排序，取绝对值最大的前 10 个产品，即单位销售成本变动最大的 10 个产品。代码如下：

```
# 排序，取排序后结果的前 10 个产品中题目要求的三列数据
```

```
zst = pm.sort_values(by = [' 单位销售成本变动率 '], key =
lambda x: abs(x), ascending = False).head(10)[[' 产品 ', '2019 年单位销售成本 ',
'2020 年单位销售成本 ']]
```

上述代码表示，指定按照 pm 数据表的“单位销售成本变动率”列进行排序，具体排序时按照“单位销售成本变动率”列值的绝对值进行降序排列，然后取排序后数据表的 ' 产品 ' '2019 年单位销售成本 ' 和 '2020 年单位销售成本 ' 这三列数据的前 10 行。

（2）将单位销售成本变动最大的 10 个产品的 2019 年和 2020 年的单位销售成本可视化。代码如下：

```
# 添加主题 ROMA
bar  = (Bar(init_opts = opts.InitOpts(theme = ThemeType.ROMA))
     .add_xaxis(zst[' 产品 '].tolist( ))
     .add_yaxis('2019 年单位销售成本 ', zst['2019 年单位销售成本 '].tolist( ))
     .add_yaxis('2020 年单位销售成本 ', zst['2020 年单位销售成本 '].tolist( ))
     .reversal_axis( )        # x 轴 y 轴转换，标签位置为右侧
      .set_series_opts(label_opts = opts.LabelOpts(position = 'right'))
)
bar.render_notebook( )
```

通过运行代码，可以得到运行结果如图 8-50 所示。

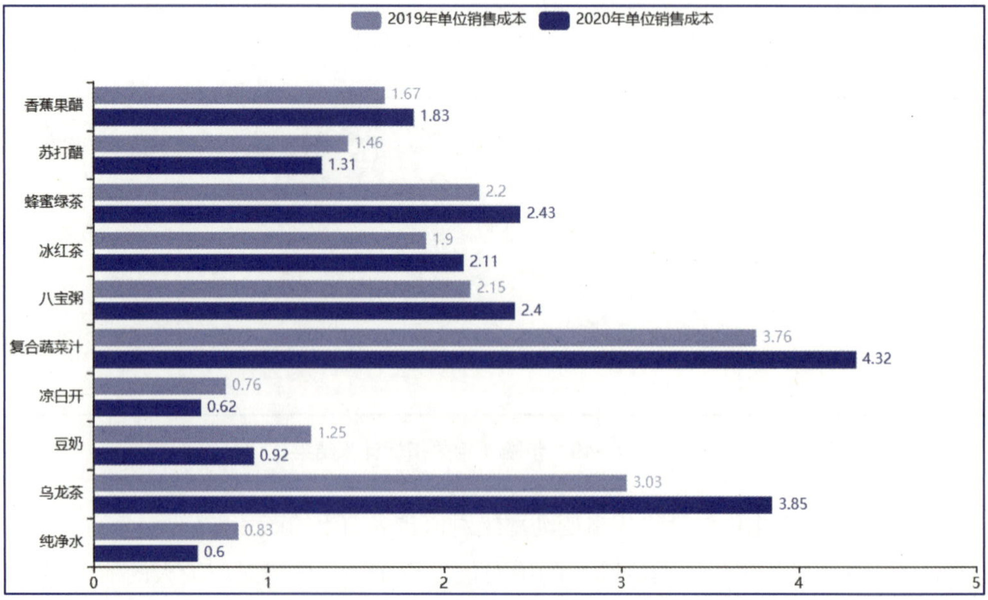

图 8-50　单位生产成本变动柱状图

步骤 6：根据任务要求汇总相关计算指标，导出“生产成本分析表”。代码如下：

```
# 遍历 pm 的所有列，找出带有“率”的列名
col = []
for t in pm.columns:
    if '率' in t:
        col.append(t)
# 找出的带有“率”的列，先乘以 100，然后四舍五入保留两位小数，再转换成字符串，与“%”拼接
pm[col] = (pm[col]*100).round(2).astype(str) + '%'
# 将相关指标计算结果导出 excel 格式
pm[['产品', '2019 年单位销售成本', '2020 年单位销售成本',
'单位销售成本变动率', '2019 年单位产品耗用材料成本', '2020 年单位产品耗用材料成本',
'单位产品耗用材料成本变动率', '2019 年单位产品耗用人工成本',
'2020 年单位产品耗用人工成本', '单位产品耗用人工成本变动率',
'2019 年单位产品分摊制造费用', '2020 年单位产品分摊制造费用',
'单位产品分摊制造费用变动率']].to_excel('生产成本分析表.xlsx', index = False)
pm.head(1)
```

通过运行代码，可以得到运行结果如图 8-51 所示。

	生产车间	产品	2019年材料成本	2020年材料成本	2019年人工成本	2020年人工成本	2019年辅料费	...	单位产品耗用材料成本变动率	2019年单位产品耗用人工成本	2020年单位产品耗用人工成本	单位产品耗用人工成本变动率	2019年单位产品分摊制造费用	2020年单位产品分摊制造费用	单位产品分摊制造费用变动率
0	水系列产品生产车间	纯净水	816485.82	824754.84	1797763.96	1010007.67	32154.87	...	-8.7%	0.51	0.26	-49.02%	262917.97	432014.44	64.32%

1 rows × 40 columns

图 8-51　生产成本分析表

【拓展提升】

设置工具箱配置项 ToolboxOpts

有时候对于生成的可视化图表，用户可能需要下载使用，那么通过设置工具栏，可以将可视化下载到本地，或者查看可视化的底层数据等。

工具箱配置项的代码如下：

```
.set_global_opts(toolbox_opts = opts.ToolboxOpts(orient = 'vertical',
```

```
pos_left = '93%', pos_top = 'middle'))
```

代码中“toolbox_opts = opts.ToolboxOpts”代表应用的是工具箱配置项，“orient = 'vertical'”表示设置工具箱的布局朝向为垂直，如果将 vertical 换成“horizontal”，则表示设置工具箱的布局朝向为水平；“pos_left = '93%'”表示工具栏组件离容器左侧的距离。“pos_top = 'middle'”表示工具栏组件离容器上侧的距离，'middle' 表示居中对齐，如图 8-52 所示。

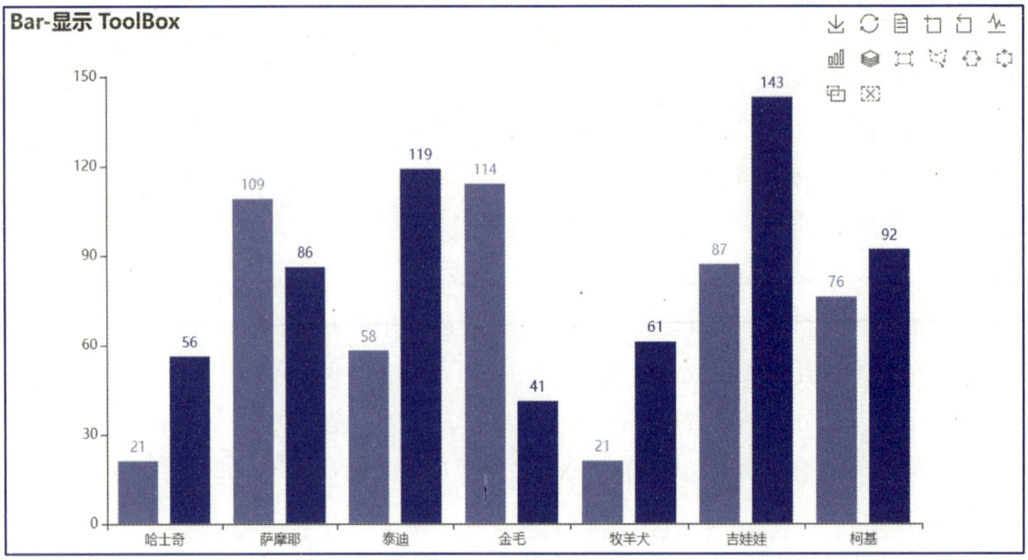

图 8-52　工具箱示例图

任务五　销售收入分析

【任务描述】

本任务根据“销售明细表”，按照产品种类汇总计算 2019 年和 2020 年每一类产品在（东北、西北、华北、西南、华东、东南）不同市场上的销售收入总额并可视化。按照产品种类汇总计算 2019 年和 2020 年每一类产品的销售收入总额并可视化。分别计算 2019 年和 2020 年各类产品在每个渠道的销售收入占该渠道全部产品销售收入的比重并可视化。分别计算 2019 年和 2020 年每类产品占当年所有产品销售收入总额的比重并可视化。

【任务分析】

本任务是对销售收入进行分析，主要涉及不同维度销售收入的汇总以及占比的计算，同时还要进行相应的可视化展现。所以不仅要用到 pandas 模块进行数据处理和运算，还需要调用 pyecharts 模块相关功能比如柱状图、饼图、多图选项卡和主题等进行可视化展现。

读取销售明细表后，通过观察数据可以看到每类产品都有 3 至 4 种产品，每个产品既有不同区域市场的销售收入，又有不同销售渠道的销售收入。所以需要根据任务要求按照不同的项目将销售明细表的数据进行分组汇总。按照“产品种类”分组汇总，即生成每类产品不同销售渠道的销售收入总额数据；按照“产品种类”和“区域市场”分组汇总，即生成每类产品不同区域市场的销售收入总额数据；按照“产品种类”分组汇总后，在数据表添加 '2019 年销售总收入 ' 和 '2020 年销售总收入 ' 列，即生成年度收入的汇总数据。

在进行可视化展现时可以选择不同的主题。比如选用 ROMA 主题，使用柱状图将各类产品不同区域销售收入可视化展现，每类产品不同区域收入堆叠展示，可以使用坐标轴指示器配置项，这样在将鼠标放到某一类产品的柱状图上时，会在该位置显示横向的悬浮线和纵向的阴影区域。

选用 ROMA 主题，使用柱状图将各类产品总销售收入可视化展现，可以将柱状图进行 x 轴和 y 轴的转换设置，在有限的空间里可以更方便查看。

对于不同渠道各类收入占比的可视化，需要使用选项卡进行选择查看，可以使用圆环形的饼图可视化展示。选项卡的名称为每一个销售渠道，每个选项卡下是不同类产品收入占该渠道全部产品总收入比例的饼图。单击某一个选项卡，就会显示该选项卡下的收入占比饼图。

对于年度销售收入占比可视化，同样可以使用圆环形的饼图。因为不需要区分如渠道或者区域的项目，所以不需要选项卡的设置。

具体任务执行流程如图 8–53 所示。

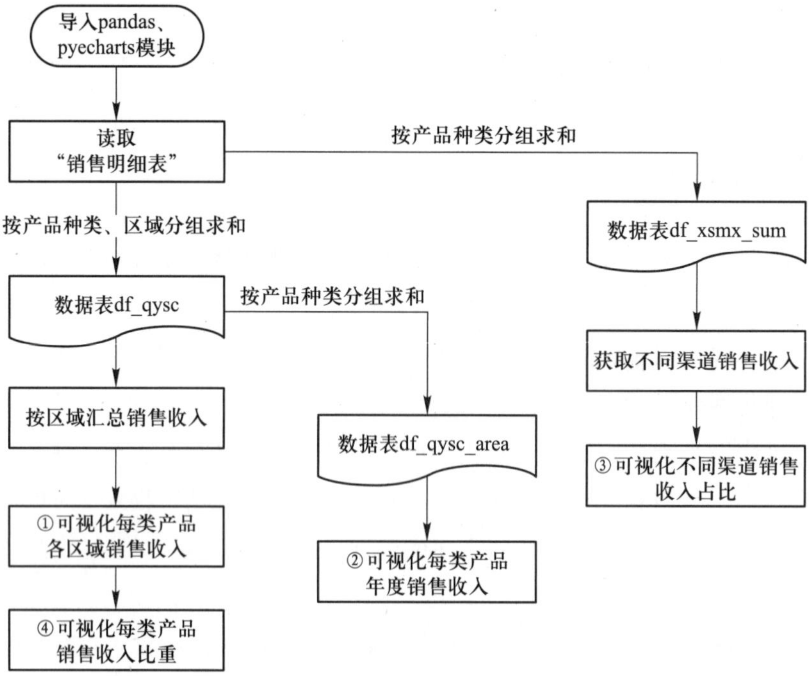

图 8-53　销售收入分析任务执行流程图

【知识准备】

一、to_dict() 函数

pandas 处理数据的基本类型为 DataFrame，数据清洗时必然会关系到数据类型转化问题，其中经常利用 DataFrame.to_dict() 函数将其他数据类型转化为字典类型。除了转化为字典之外，pandas 还提供向 json、html、latex、csv 等格式的转换。

```
DataFrame.to_dict(orient = 'dict', into = <class'dict'>)
```

函数中只需要填写一个参数 orient 即可，但对于写入 orient 的不同，字典的构造方式也不同，官网一共给出了 6 种方式，其中一种是列表类型。

① orient ='dict', 是函数默认的，转化后的字典形式为 {column(列名): {index(行名): value(值)}}；

② orient ='list', 转化后的字典形式为 {column(列名): [values](值)}；

③ orient ='series', 转化后的字典形式为 {column(列名): Series(values)(值)}；

④ orient='split', 转化后的字典形式为 {'index': [index], 'columns': [columns], 'data': [values]}；

⑤ orient ='records', 转化后的列表形式为 [{column(列名): value(值)}…{column: value}]；

⑥ orient ='index', 转化后的字典形式为 {index(值): {column(列名): value(值)}}。

【示例 8-25】创建数据表 df，将 df 转化为字典形式，代码如下：

```
import pandas as pd
df = pd.DataFrame({'col1': [1, 2], 'col2': [0.5, 0.75]}, index = ['row1', 'row2'])
# 将 df 转化为字典形式
df.to_dict()
```

运行代码，结果如下：

```
{'col1': {'row1': 1, 'row2': 2}, 'col2': {'row1': 0.5, 'row2': 0.75}}
```

【示例 8-26】令【示例 8-25】中 to_dict() 参数 orient ='list'，代码如下：

```
df.to_dict('list')
```

运行代码，结果如下：

```
{'col1': [1, 2], 'col2': [0.5, 0.75]}
```

二、items() 函数

Python 中的 items() 函数用于遍历字典中的键值对。items() 函数语法如下：

```
dict.items()
```

【示例 8-27】使用 items() 函数将字典 d 中的键值对返回，代码如下：

```
# 创建字典
d = {' 销售收入 ': 100000, ' 销售成本 ': 50000, ' 销售毛利 ': 50000}
# 返回字典中的键值对
d.items()
```

运行代码，结果如下：

```
dict_items([(' 销售收入 ', 100000), (' 销售成本 ', 50000), (' 销售毛利 ', 50000)])
```

【示例 8-28】结合 for 循环语句，遍历 d.items() 并输出结果，代码如下：

```
for key, value in d.items(): # 当两个参数时
    print(key, value)
```

运行代码，结果如下：

```
销售收入 100000
销售成本 50000
销售毛利 50000
```

三、坐标轴指示器配置项 AxisPointerOpts

坐标轴指示器配置项代码如下：

```
set_global_opts(xaxis_opts = opts.AxisOpts(name = ' 产品种类 ',
type = 'category', axispointer_opts = opts.AxisPointerOpts(is_show = True,
type = 'shadow')))
```

代码中，“axispointer_opts = opts.AxisPointerOpts”代表应用坐标轴指示器配置项，参数“is_show = True”表示显示坐标轴指示器，“type = 'shadow'”表示指示器为阴影指示器，如图 8–54 所示。

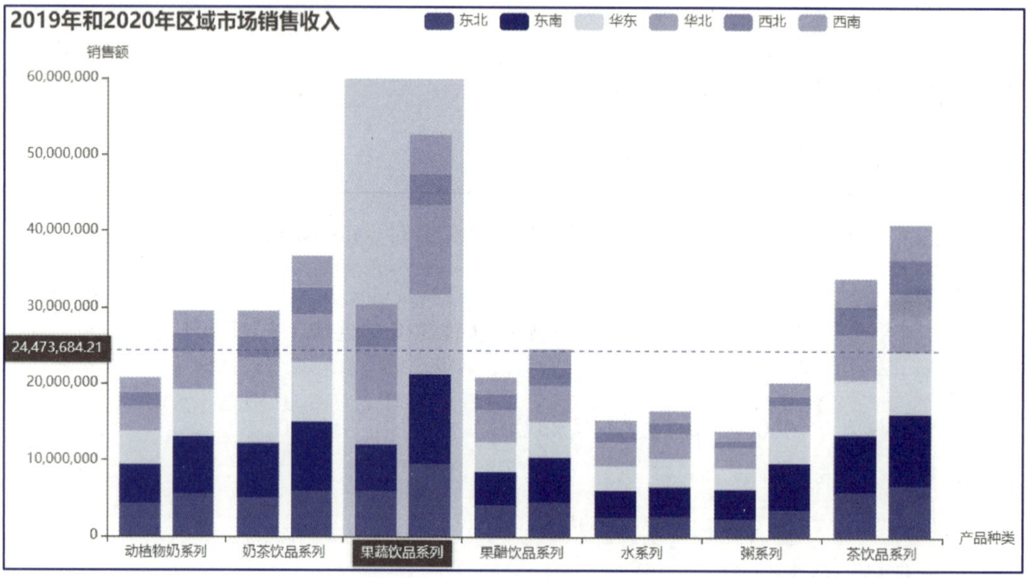

图 8–54　设置坐标轴指示器

四、选项卡 Tab

选项卡由多个（2 个或以上）选项标签和所控制的内容组成。当用户不需要同时看到多个选项标签中的内容时，可以考虑使用选项卡组件。tab 切换就是点击不同的标签，显示不同的内容。

在 pyecharts 中，通过设置选项卡，设置多个图表，需要查看时点击查看。代码如下：

```
# 创建选项卡
tab = Tab( )
# 设置图形类型和选项卡名称
tab.add(bar_datazoom_slider( ), "bar-example")
```

```
# 展示到 notebook 中
tab.render_notebook()
```

在上述代码中，第一行代码表示创建选项卡。第二行代码中，第一个参数 bar_datazoom_slider() 表示在选项卡中创建的图形类型，第二个参数 "bar-example" 表示选项卡的名称。第三行代码表示将该选项卡保存到 notebook 中（配置环境为 Anaconda 时），如图 8-55 所示。

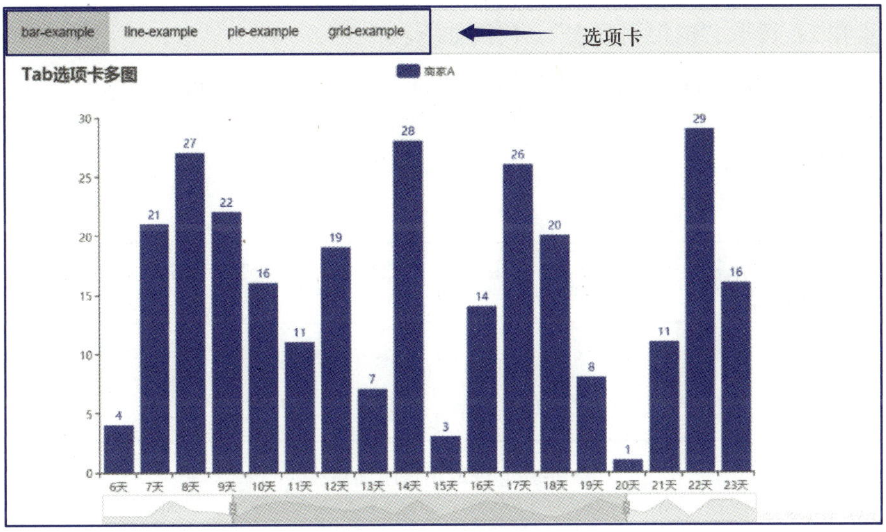

图 8-55　设置选项卡

五、formatter

formatter 是标签内容格式器，支持字符串模板和回调函数两种形式，字符串模板与回调函数返回的字符串均支持用 \n 换行。模板变量有 {a}，{b}，{c}，{d}，{e}，分别表示系列名、数据项名、数值等。

在饼图、仪表盘、漏斗图中，{a} 表示系列名称，{b} 表示数据项名称，{c} 表示数值，{d} 表示百分比。代码如下：

```
formatter: '{b}: {d}%'
```

代码表示将标签格式化为“数据项：数值 %”的形式。

【任务实施】

步骤 1：导入 pandas 模块和 pyecharts 相关模块，代码如下：

```
import pandas as pd
# 导入配置项
```

销售收入分析

```
from pyecharts import options as opts
# 导入柱状图、饼图、多图选项卡
from pyecharts.charts import Bar, Pie, Tab
# 导入 pyecharts 的主题类型
from pyecharts.globals import ThemeType
# 设置数据最多显示 15 列
pd.set_option('display.max_columns', 15)
```

步骤 2：读取“销售明细表”，代码如下：

```
df_xsmx = pd.read_excel(' 企业经营数据表.xlsx', sheet_name = ' 销售明细表 ')
df_xsmx.head(2)
```

通过运行代码，可以得到运行结果如图 8-56 所示。

	产品种类	产品	区域市场	2019年批发商销售量	2019年批发商销售收入	2020年批发商销售量	2020年批发商销售收入	...	2019年直营店销售收入	2020年直营店销售量	2020年直营店销售收入	2019年线上平台销售量	2019年线上平台销售收入	2020年线上平台销售量	2020年线上平台销售收入
0	水系列	纯净水	东北	190242	203558.94	213400	236874.0	...	96078.81	87902	131853.0	85971	119413.72	148730	200785.5
1	水系列	纯净水	西北	126335	135178.45	144680	160594.8	...	22727.79	19182	28773.0	46727	64903.80	80010	108013.5

图 8-56 读取销售明细表

步骤 3：汇总计算每类产品不同销售区域的销售收入。

（1）按区域市场、产品种类分组汇总。代码如下：

```
# 按区域市场求和
df_qysc = df_xsmx.groupby([' 产品种类 ', ' 区域市场 '], as_index = False).sum()
df_qysc.head(2)
```

通过运行代码，可以得到运行结果如图 8-57 所示。

	产品种类	区域市场	2019年批发商销售量	2019年批发商销售收入	2020年批发商销售量	2020年批发商销售收入	2019年经销商销售量	...	2019年直营店销售收入	2020年直营店销售量	2020年直营店销售收入	2019年线上平台销售量	2019年线上平台销售收入	2020年线上平台销售量	2020年线上平台销售收入
0	动植物奶系列	东北	523700	1230856.07	585757	1415671.74	427966	...	1208983.07	504785	1699253.90	252236	692085.30	450685	1389275.05
1	动植物奶系列	东南	577028	1370625.62	695713	1703112.31	509028	...	1464141.19	597963	2045507.02	340362	958004.76	601338	1888708.78

图 8-57 按区域市场分组求和

（2）按区域汇总销售收入。代码如下：

```
''' 新增一列“2019 年销售总收入”，然后把带有“2019”和“收入”的列按行求 \
和，axis = 1 表示按照行求和，不加该参数就是默认按照一列求和 '''
a = []
for i in df_qysc.columns：
    if '2019' in i and ' 收入 ' in i：
        a.append(i)
df_qysc['2019 年销售总收入 '] = df_qysc[a].sum(axis = 1)
b = []
for j in df_qysc.columns：
    if '2020' in j and ' 收入 ' in j：
        b.append(j)
df_qysc['2020 年销售总收入 '] = df_qysc[b].sum(axis = 1)
df_qysc.head(3)
```

通过运行代码，可以得到运行结果如图 8-58 所示。

	产品种类	区域市场	2019年批发商销售量	2019年批发商销售收入	2020年批发商销售量	2020年批发商销售收入	2019年经销商销售量	...	2020年直营店销售收入	2019年线上平台销售量	2019年线上平台销售收入	2020年线上平台销售量	2020年线上平台销售收入	2019年销售总收入	2020年销售总收入
0	动植物奶系列	东北	523700	1230856.07	585757	1415671.74	427966	...	1699253.90	252236	692085.30	450685	1389275.05	4264122.22	5530149.27
1	动植物奶系列	东南	577028	1370625.62	695713	1703112.31	509028	...	2045507.02	340362	958004.76	601338	1888708.78	5175332.73	7595979.03
2	动植物奶系列	华东	521881	1238548.24	607040	1474897.82	427900	...	1615391.68	293626	784518.12	510897	1536277.57	4339667.98	6146619.78

图 8-58　每类产品区域销售收入合计

上述代码中，使用 for 循环遍历数据表 df_qysc 的列索引，将同时包含“2019”和“收入”字样的列索引存储到列表 a 中，然后将数据表 df_qysc 中，列索引在列表 a 中的所有列按行求和，将值添加给新增列“2019 年销售总收入”。同理，新增 '2020 年销售总收入 ' 列。

步骤 4：可视化每类产品不同销售区域的销售收入。代码如下：

```
# 添加主题 ROMA
line = Bar(init_opts = opts.InitOpts(theme = ThemeType.ROMA))
```

```
# 添加行标签
x_l = [' 动植物奶系列 ', ' 奶茶饮品系列 ', ' 果蔬饮品系列 ', ' 果醋饮品系列 ', ' 水系
列 ', ' 粥系列 ', ' 茶饮品系列 ']
line.add_xaxis(x_l)
''' 按照区域市场分组 , 然后对其遍历。把整个表划分成一个一个区域市场的表 \
(name 是 "区域市场" 列的值 ( 例如东北 )), gp 对应的是划分出来的一个个市场区 \
域表 '''
for name, gp in df_qysc.groupby(' 区域市场 '):
    gp = gp[gp[' 产品种类 '] = = x_l]
    # 添加列表签
    line.add_yaxis(name, gp['2019 年销售总收入 '].round(2).tolist( ), stack = 1)
    line.add_yaxis(name, gp['2020 年销售总收入 '].round(2).tolist( ), stack = 2)
# 设置隐藏图例标签
line.set_series_opts(label_opts = opts.LabelOpts(is_show = False))
# 添加标题 ;
line.set_global_opts(
    title_opts = opts.TitleOpts(title = "2019 和 2020 年区域市场销售收入 "),
    # 设置显示提示框组件 , 坐标轴触发 , 十字准星指示器
    tooltip_opts = opts.TooltipOpts(is_show = True, trigger = "axis",
                                    axis_pointer_type = "cross"),
    # 设置距离容器左侧 40%
    legend_opts = opts.LegendOpts(pos_left = "40%"),
    ''' 设置 x 轴的标题为 " 产品种类 ", 类目刻度显示 , x 轴指示器为阴影 , y 轴的 \
标题为 "销量" '''
    xaxis_opts = opts.AxisOpts(
        name = " 产品种类 ",
        type_ = "category",
        axispointer_opts = opts.AxisPointerOpts(is_show = True, type_ = "shadow"),
    ),
    yaxis_opts = opts.AxisOpts(name = " 销量 "),
)
line.render_notebook( )
```

通过运行代码，可以得到运行结果如图 8-59 所示。

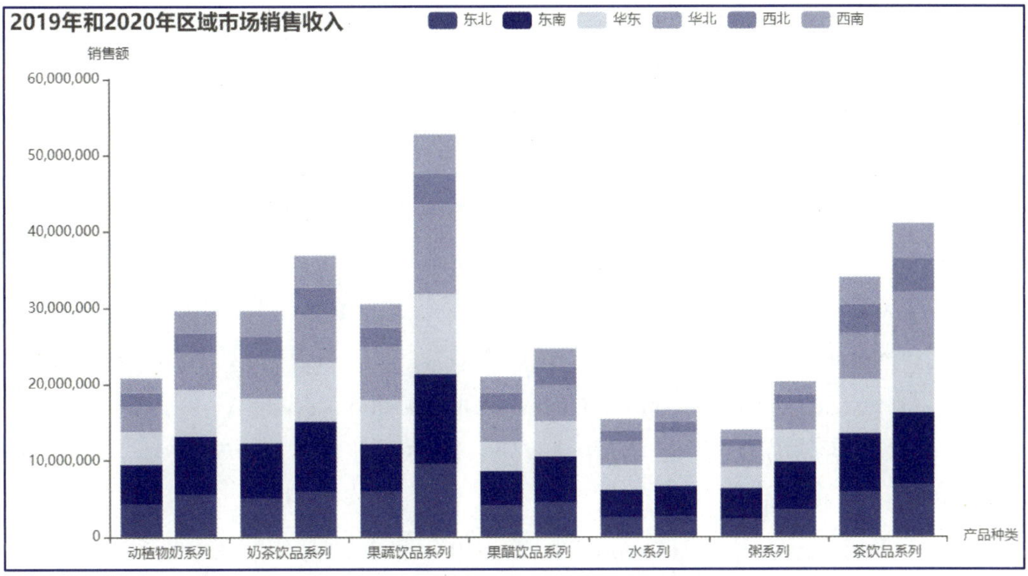

图 8-59　2019 年和 2020 年区域市场销售收入

步骤 5：汇总计算每类产品实现的年度销售收入并进行可视化。

（1）汇总每类产品的年度销售收入，代码如下：

```
df_qysc_area = df_qysc.groupby(' 产品种类 ', as_index = False).sum()
df_qysc_area.head(3)
```

通过运行代码，可以得到运行结果如图 8-60 所示。

	产品种类	2019年批发商销售量	2019年批发商销售收入	2020年批发商销售量	2020年批发商销售收入	2019年经销商销售量	2019年经销商销售收入	...	2020年直营店销售收入	2019年线上平台销售量	2019年线上平台销售收入	2020年线上平台销售量	2020年线上平台销售收入	2019年销售总收入	2020年销售总收入
0	动植物奶系列	2414810	5721535.27	2877019	6999052.17	2002865	5394597.63	...	8321165.17	1371229	3720671.29	2420714	7345686.90	20784954.42	29578304.58
1	奶茶饮品系列	2768277	9769307.78	3043019	10728436.29	2283024	8721548.40	...	8406705.29	1283656	4833138.16	2120714	8431975.38	29573479.27	36794124.40
2	果蔬饮品系列	1420597	7869164.65	2305583	13162023.81	1274960	7513839.50	...	13573692.34	1100620	5951577.77	1921864	12262724.50	30462014.85	52690253.37

图 8-60　每类产品年度销售收入

（2）将每类产品的年度销售收入进行可视化，代码如下：

```
# 添加主题 ROMA
bar =(
```

```
    Bar(init_opts = opts.InitOpts(theme = ThemeType.ROMA))
    .add_xaxis(df_qysc_area[' 产品种类 '].tolist( ))
    .add_yaxis( "2019 年销售总收入", df_qysc_area['2019 年销售总收入 ']
    .round(2).tolist( ))
    .add_yaxis( "2020 年销售总收入", df_qysc_area['2020 年销售总收入 ']
    .round(2).tolist( ))
    # x 轴 y 轴转换，标签位置为右侧
    .reversal_axis( )
    .set_series_opts(label_opts = opts.LabelOpts(position = 'right'))
    # 添加图表标题，图例组件距离容器左侧 25%，设置工具箱配置项
    .set_global_opts(
        title_opts = opts.TitleOpts(title = "2019 年和 2020 年年度销售收入 "),
        legend_opts = opts.LegendOpts(pos_left = "35%"),
        toolbox_opts = opts.ToolboxOpts( ),
    )
)
bar.render_notebook( )
```

通过运行代码，可以得到运行结果如图 8-61 所示。

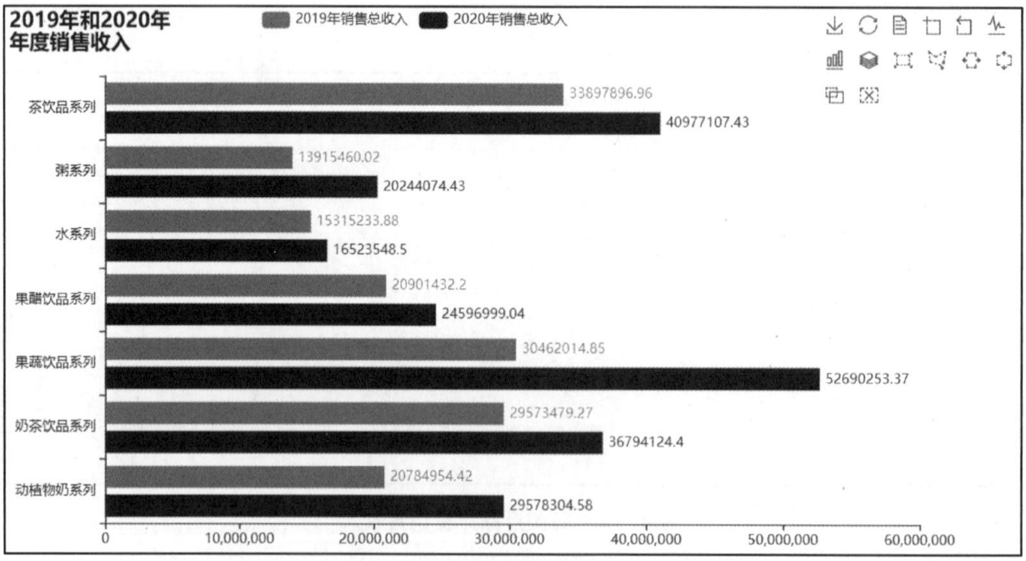

图 8-61　2019 年和 2020 年年度销售收入

步骤 6：计算每类产品在每个渠道的销售收入占该渠道全部产品销售收入的比重并进行可视化。代码如下：

（1）将“销售明细表”按产品种类分组汇总。代码如下：

```
df_xsmx_sum = df_xsmx.groupby(' 产品种类 ').sum( )
df_xsmx_sum.head(1)
```

通过运行代码，可以得到运行结果如图 8–62 所示。

	2019年批发商销售量	2019年批发商销售收入	2020年批发商销售量	2020年批发商销售收入	2019年经销商销售量	2019年经销商销售收入	2020年经销商销售量	...	2019年直营店销售收入	2020年直营店销售量	2020年直营店销售收入	2019年线上平台销售量	2019年线上平台销售收入	2020年线上平台销售量	2020年线上平台销售收入
产品种类															
动植物奶系列	2414810	5721535.27	2877019	6999052.17	2002865	5394597.63	2530790	...	5948150.23	2508099	8321165.17	1371229	3720671.29	2420714	7345686.9

图 8–62　销售明细按产品种类分组汇总

（2）获取不同销售渠道下各类产品收入。代码如下：

```
# 创建字典方便图片取数
dt = {}
''' 遍历列，对列名 name 切片；将 gp 数据转换成列表中的元组的形式，添加到 dt 字 \
典中 '''
for name, gp in df_xsmx_sum.items( ):
    if ' 收入 ' not in name:
          continue
# 对列名按照 [5: −4] 进行切片
  tmp = name[5: −4]
  # 在字典 dt 中增加键值对
  dt[tmp] =  dt.get(tmp, []) + [[(k, v)for k, v in gp.round(2). to_dict( ).items( )]]
```

代码解析：

代码中，“for name, gp in df_xsmx_sum.items( ):”，表示遍历数据表 df_xsmx_sum 中的列，转化为含有列名 name 和 gp 的 Series 数据结构。对列名 name 按照 [5:−4] 进行切片，得到“批发商”的字符串。

“dt.get(tmp, [])”，如果字典 dt 中包含键 tmp，就返回 tmp 的值，如果不含键 tmp，则返回空列表。

“[[(k, v)for k, v in gp.round(2).to_dict( ).items( )],]”表示在将 gp 的值保留两位小数后，将 gp 转化成字典形式，例如 {“奶茶”：2345}，items( ) 函数把前面的字典中每对 key 和 value 组成一个元组，例如（“奶茶”，2345），并把这些元组以 dict_items 的数据类型返回。用 k 和 v 遍历列表，结果返回（k，v），k 表示 Series 的索引，

v 表示 Series 的值，在 gp 中，索引是产品种类，值是某列的值。

将“dt.get(tmp, [])”的结果与“[[(k, v)for k, v in gp.round(2).to_dict( ).items( )],]”的结果进行拼接，以第一次运行该句代码的结果为例，运行得到的结果如下：

```
{'批发商': [[('动植物奶系列', 5721535.27),
('奶茶饮品系列', 9769307.78),
('果蔬饮品系列', 7869164.65),
('果醋饮品系列', 5013397.86),
('水系列', 5005458.33),
('粥系列', 4276439.35),
('茶饮品系列', 11550375.47)]]}
```

键为“批发商”，值为包含多个元组的双重列表。当继续进行 for 循环时，会陆续加入其他的键值对，直到循环结束。

（3）将各类产品在每个渠道的销售收入占该渠道全部产品销售收入的比重可视化。代码如下：

```
# 创建选项卡
tab = Tab( )
''' 遍历字典 dt 中的键和值，设置图表画布宽度为 1000px, 高度为 400px, \
主题为 WHITE'''
for name, item in dt.items( ):
    p = Pie(init_opts = opts.InitOpts(width = '1000px', height = '400px',
    theme = ThemeType.WHITE))
    p.add(
        name,
        # 项目一
        item[0],
        # 饼图中心坐标，相对于容器宽度是 28%, 相对于容器的高度是 50%
        center = ["28%", "50%"],
        ''' 饼图的半径，内半径相对于容器的高度是 25%, 外半径相对于容 \
        器的高度是 45%'''
        radius = ["25%", "45%"],
        # 设置标签样式为 "{b}: {d}%"
        label_opts = opts.LabelOpts(formatter = "{b}: {d}%")
    )
    p.add(
        name,
```

```
            item[1],
            center = ["72%", "50%"],
            radius = ["25%", "45%"],
            label_opts = opts.LabelOpts(formatter = "{b}: {d}%")
        )
        # 副标题为 '左：2019, 右：2020'
        p.set_global_opts(
            title_opts = opts.TitleOpts(title = "{} 销售收入占比 ".format(name),
            subtitle = ' 左：2019, 右：2020'),
            # 图例组件离容器左侧的距离
            legend_opts = opts.LegendOpts(pos_left = "20%"),
        )
# 填充选项卡
tab.add(p, "{} 销售收入占比 ".format(name))
tab.render_notebook( )
```

通过运行代码，可以得到运行结果如图 8-63 至图 8-66 所示。

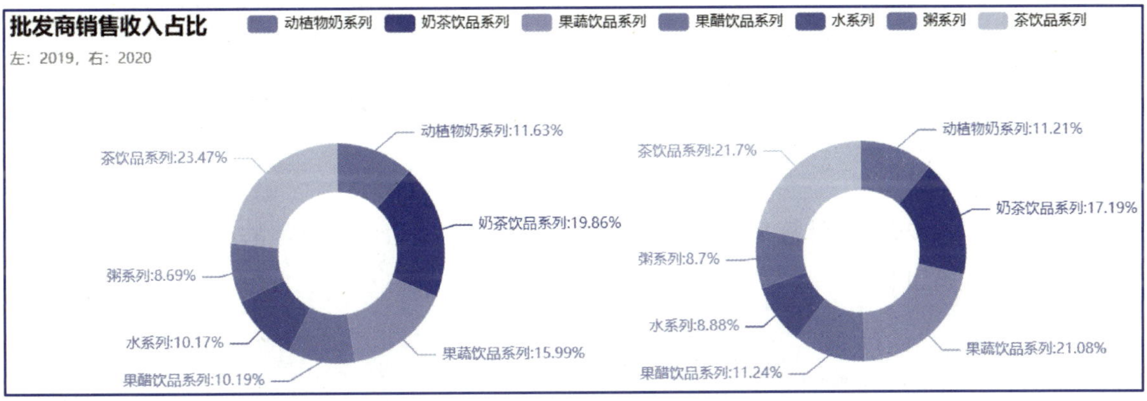

图 8-63　批发商销售收入占比

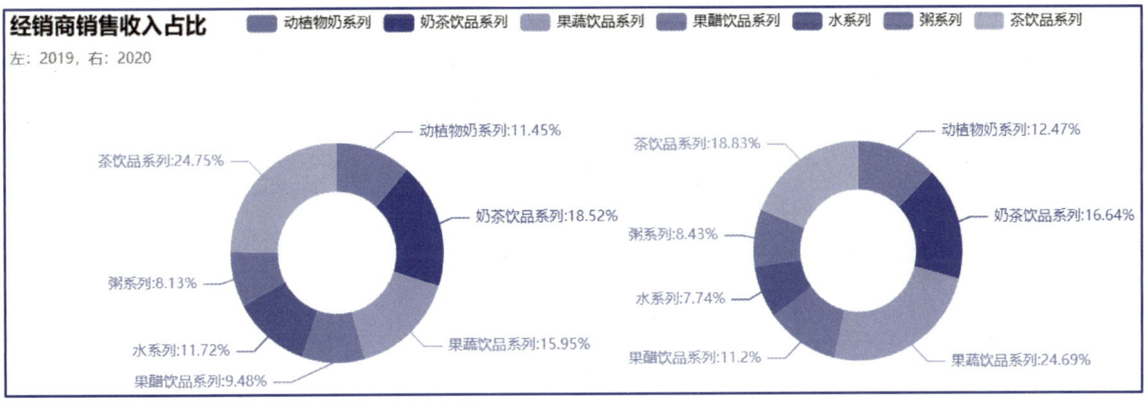

图 8-64　经销商销售收入占比

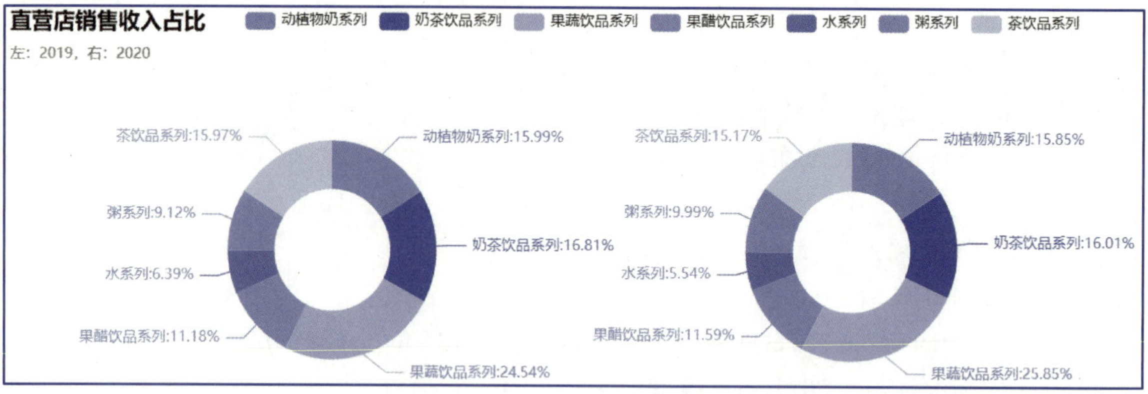

图 8-65　直营店销售收入占比

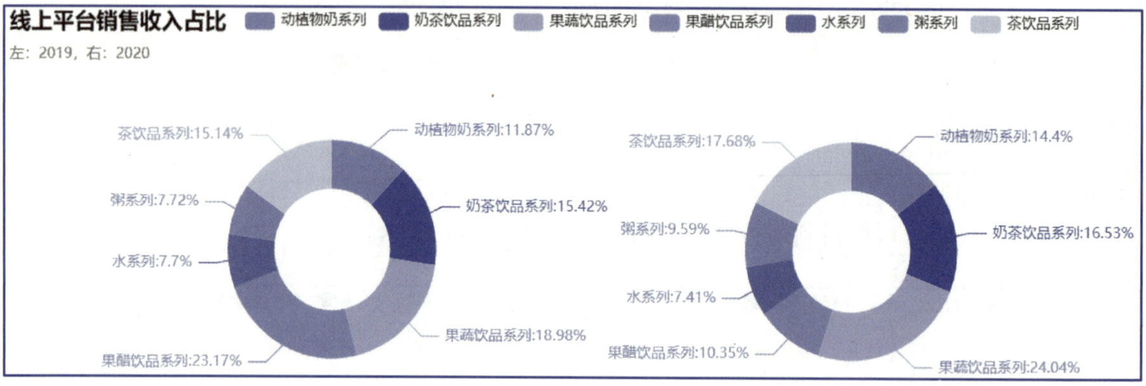

图 8-66　线上平台销售收入占比

步骤 7：计算每类产品的销售收入占当年销售收入总额的比重并进行可视化。代码如下：

```
p = Pie(init_opts = opts.InitOpts(width = '1000px', height = '400px',
theme = ThemeType.WHITE))
p.add(
    name,
    [(k, v)for k, v in df_qysc[[' 产品种类 ', '2019 年销售总收入 ']].groupby(
    ' 产品种类 ').sum()['2019 年销售总收入 '].round(2).to_dict().items()],
    center = ["28%", "50%"],
    radius = ["25%", "45%"],
    label_opts = opts.LabelOpts(formatter = "{b}: {d}%")
)
p.add(
    name,
```

```
    [(k, v)for k, v in df_qysc[[' 产品种类 ', '2020 年销售总收入 ']].groupby(
    ' 产品种类 ').sum()['2020 年销售总收入 '].round(2).to_dict().items()],
    center = ["72%", "50%"],
    radius = ["25%", "45%"],
    label_opts = opts.LabelOpts(formatter = "{b}: {d}%")
)
p.set_global_opts(
    title_opts = opts.TitleOpts(title = " 产品年度销售收入占比 ",
    subtitle = ' 左：2019, 右：2020'),
    legend_opts = opts.LegendOpts(pos_left = "20%"),
)
p.render_notebook()
```

通过运行代码，可以得到运行结果如图 8-67 所示。

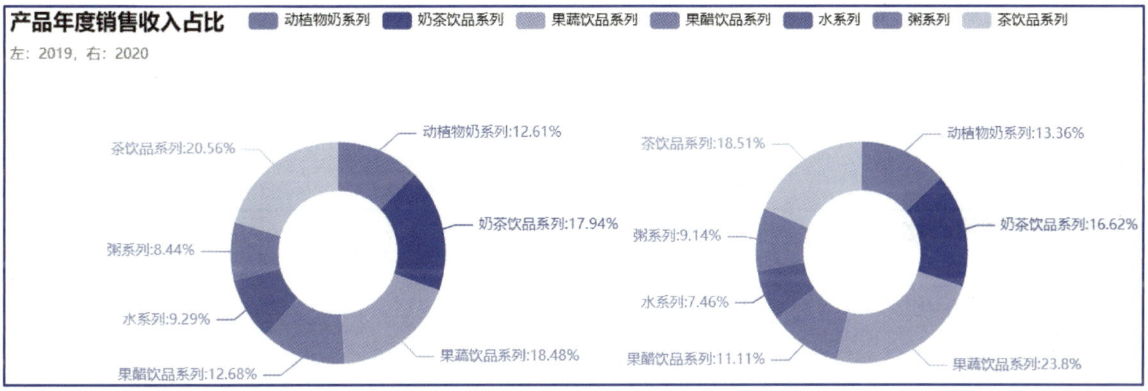

图 8-67　产品年度销售收入占比

【拓展提升】

Pie 饼形图参数展示成南丁格尔图

饼形图除了可以展示为环形图，还可以展示为南丁格尔图。通过半径区分数据大小，南丁格尔图有 radius（半径）和 area（面积）两种模式。

（1）rosetype = "radius"：扇区圆心角展现数据的百分比，半径展现数据的大小，如图 8-68 所示。

（2）rosetype = "area"：所有扇区圆心角相同，仅通过半径展现数据大小，如图 8-69 所示。

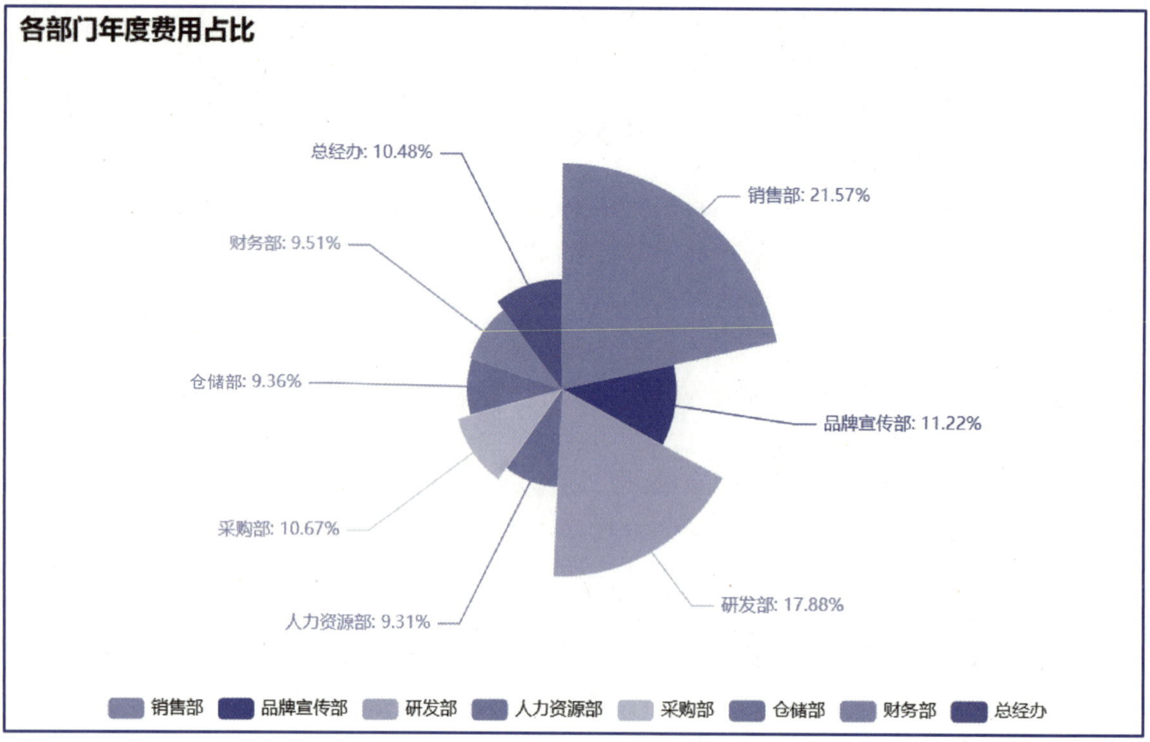

图 8-68　南丁格尔图

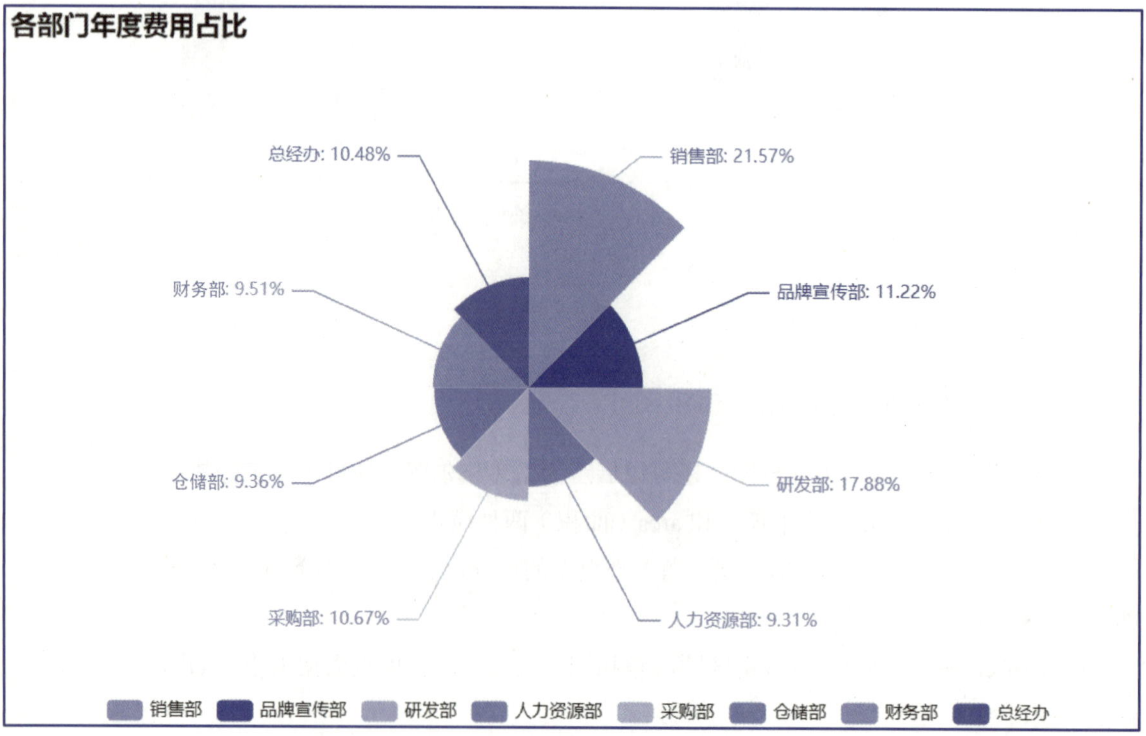

图 8-69　南丁格尔图

任务六 部门费用分析

【任务描述】

本任务根据A企业“各部门费用明细表”，计算各部门2019年和2020年的费用合计数并可视化。对销售费用进行归集，分别计算2019年和2020年销售费用各明细项目占销售费用总额的比重并可视化。对管理费用进行归集，分别计算2019年和2020年管理费用各明细项目占管理费用总额的比重并可视化。

【任务分析】

本任务是对企业生产部门以外的其他部门的费用进行分析和可视化，即主要对销售费用和管理费用进行计算分析和可视化呈现。首先导入pandas库和pyecharts库的相关功能模块。为了方便后续计算，在读取数据后首先对缺失值进行填充。

在汇总各部门的费用合计数时，可以按照年份将各部门费用明细表中的数据分成2019年和2020年两张表，通过遍历这两张表的数据计算各部门费用合计数。可视化呈现可以采用柱状图，将各部门名称设置为x轴标签，各部门费用合计数设置为y轴标签。为了数据显示的清晰美观，可以对x轴、y轴标签进行翻转以及设置柱状图的数据标签显示位置、主标题、提示框配置项等全局配置项设置。

在计算销售费用和管理费用各自的明细项目占比时同样可以按照年份将各部门费用明细表中的数据分成2019年和2020年两张表，通过遍历这两张表的数据来进行后续费用明细项目占比的计算，同时在遍历这两张表的数据时，要用到enumerate( )函数。在计算时要注意的是研发费用和宣传费不属于销售费用，广告费和电商费不属于管理费用。可视化呈现可以采用饼图，为了数据显示的清晰美观，饼图可以采用南丁格尔图的'radius'模式，设置主题、宽度、高度以及其他的系列配置项和全局配置项的相应设置。

【知识准备】

一、enumerate( )函数

enumerate( )是Python中的内置函数，用于将一个可遍历的数据对象（如列表、

元组或字符串）组合为一个索引序列，同时列出数据和数据下标，一般用在 for 循环当中。基本语法如下：

```
enumerate(sequence, [start = 0])
```

其中：① Sequence：一个序列、迭代器或其他支持迭代对象。

② Start：下标起始位置，默认从 0 开始。

返回 enumerate（枚举）对象。

【示例 8-29】使用 enumerate() 函数遍历 listl 列表，代码如下：

```
listl =['库存现金','银行存款','应收账款','应收票据']
for index, item in enumerate(listl):
    print(index, item)
```

运行代码，结果如下：

```
0 库存现金
1 银行存款
2 应收账款
3 应收票据
```

enumerate() 函数也可以接收第二个参数，用于指定索引起始值。

【示例 8-30】使用 enumerate() 函数遍历 listl 列表，并指定索引起始值，代码如下：

```
listl =['库存现金','银行存款','应收账款','应收票据']
for index, item in enumerate(listl, 1):
    print(index, item)
```

运行代码，结果如下：

```
1 库存现金
2 银行存款
3 应收账款
4 应收票据
```

二、drop() 函数

删除表中的某一行或者某一列的方法是使用 drop() 函数，它不改变原有的数据表中的数据，而是返回另一个 DataFrame 来存放删除后的数据。代码如下：

```
drop(labels = None, axis = 0, index = None, columns = None, level = None, inplace = False,
errors = 'raise')
```

其中：① labels：一个字符或者数值，加上 axis，表示带 label 标识的行或者列，如（labels= 'A', axis = 1）表示 A 列；② axis: axis = 0 表示行，axis = 1 表示列；

③ columns：列名；④ index：表示 DataFrame 的 index，如 index = 1，index = a；⑤ inplace：True 表示删除某行后原 DataFrame 变化，False 表示不改变原始 DataFrame。

【示例 8-31】创建数据表 df，删除 df 中的两列数据，代码如下：

```
import pandas as pd
df = pd.DataFrame({' 年份 ': [2018, 2019, 2020], ' 费用项目 ': [' 差旅费 ', ' 电商费 ',
' 办公费 '], ' 部门 ': [' 销售部 ', ' 采购部 ', ' 生产部 '], ' 金额 ': [2000, 50000, 30000]})
# 删除年份和部门两列
df.drop([' 年份 ', ' 部门 '], axis = 1)
```

运行代码，结果如图 8-70 所示。

	费用项目	金额
0	差旅费	2000
1	电商费	50000
2	办公费	30000

图 8-70 【示例 8-31】运行结果

三、行列互换

行列互换（又称转置），就是将行数据转换到列方向上，将列数据转换到行方向上。直接在源数据上调用 .T 方法即可得到源数据转换表转置后的结果。格式如下：

```
df.T   #df 表示 DataFrame 数据表
```

【示例 8-32】创建数据表 df，进行行列互换，代码如下：

```
import pandas as pd
df = pd.DataFrame({' 年份 ':[2018, 2019, 2020], ' 费用项目 ':[' 差旅费 ', ' 电商费 ',
' 办公费 '], ' 部门 ':[' 销售部 ', ' 采购部 ', ' 生产部 '], ' 金额 ':[20000, 50000, 30000]})
# 将 df 的数据进行行列互换
df.T   # 行列互换
```

运行代码，结果如图 8-71 所示。

	0	1	2
年份	2018	2019	2020
费用项目	差旅费	电商费	办公费
部门	销售部	采购部	生产部
金额	2000	50000	30000

图 8-71 【示例 8-32】运行结果

set_index() 能将 DataFrame 中的列转化为行索引。当列变成行索引之后，原来的列就没有了。把 set_index() 与 .T 结合使用，在行列互换的同时将列转化为行索引。

【示例 8-33】创建数据表 df，进行行列互换，列索引转化为行索引，代码如下：

```
import pandas as pd
df = pd.DataFrame({' 年份 ':[2018, 2019, 2020], ' 费用项目 ': [' 差旅费 ', ' 电商费 ',
' 办公费 '], ' 部门 ':[' 销售部 ', ' 采购部 ', ' 生产部 '], ' 金额 ':[20000, 50000, 30000]})
# 将"年份"列转换为行索引，同时进行行列互换
df = df.set_index(' 年份 ').T
df
```

运行代码，结果如图 8-72 所示。

年份	2018	2019	2020
费用项目	差旅费	电商费	办公费
部门	销售部	采购部	生产部
金额	20000	50000	30000

图 8-72 【示例 8-33】运行结果

四、isin() 函数

isin 是 Series 中的一个函数，用于查看某列中是否包含某个字符串，返回值为布尔 Series，来表明每一行的情况。

【示例 8-34】创建一个 Series，判断数据中是否有 A 和 D 的存在。代码如下：

```
import pandas as pd
data = pd.Series(['a', 'm', 'D', 'b', 'A'])
data.isin(['A', 'D'])
```

运行代码，结果如下：

```
0    False
1    False
2    True
3    False
4    True
dtype: bool
```

部门费用分析

【任务实施】

步骤 1：导入 pandas 模块并调用 pyecharts 相关模块。代码如下：

```
import pandas as pd
from pyecharts options as opts
from pyecharts.charts import Bar, Pie, Tab
from pyecharts.globals import ThemeType
```

首先导入 pandas，后面依次引入 pyecharts 的 options 包、柱状图、饼图、选项卡多图以及主题。

步骤 2：读取“各部门费用明细表”并进行缺失值填充。代码如下：

```
df_fymx = pd.read_excel('企业经营数据表.xlsx', sheet_name = '各部门费用明细表')
# 填充缺失值
df_fymx.fillna(value = 0, inplace = True)
df_fymx.head()
```

通过运行代码，可以得到运行结果如图 8-73 所示。

	年份	费用项目	销售部	品牌宣传部	研发部	人力资源部	采购部	仓储部	财务部	总经办
0	2019	广告费（元）	415564.57	0.00	0.0	0.0	0.00	0.0	0.0	0.0
1	2019	宣传费（元）	0.00	236457.85	0.0	0.0	0.00	0.0	0.0	0.0
2	2019	电商费（元）	121763.34	0.00	0.0	0.0	0.00	0.0	0.0	0.0
3	2019	差旅费（元）	232516.31	0.00	0.0	0.0	156478.27	0.0	0.0	0.0
4	2019	业务招待费（元）	120456.30	0.00	0.0	0.0	0.00	0.0	0.0	0.0

图 8-73　读取各部门费用明细表

步骤 3：汇总计算各部门的费用并进行可视化。代码如下：

```
# 定义 x 轴标签
x = ['销售部','品牌宣传部','研发部','人力资源部','采购部','仓储部',
  '财务部','总经办']
# 定义一个柱状图
bar = Bar()
# 添加 x 坐标轴数据
bar.add_xaxis(x)
"""
按照年份将 df_fymx 表里的数据分成 2019 年和 2020 年两张表，遍历这两张表，
删除“年份”这一列，将“费用项目”设置为索引并进行行列互换，然后按列求和
计入“费用总计”
"""
for year, gp in df_fymx.groupby('年份'):
    gp.drop(columns = ['年份'], inplace = True)
```

```
    gp_n = gp.set_index(' 费用项目 ').T
    gp_n[' 费用总计 '] = gp_n.sum(axis = 1)
    # 添加 y 轴数据，即选取每一年每个部门的“费用总计”作为 y 轴数据
    bar.add_yaxis('{} 年度费用汇总 '.format(year), gp_n.loc[x, ' 费用总计 ']
      .round(2).tolist())
# 翻转 x 轴、y 轴数据
bar.reversal_axis()
# 设置数据标签的位置为靠右显示
bar.set_series_opts(label_opts = opts.LabelOpts(position = "right"))
''' 设置全局配置项：主标题、提示框配置项（显示提示框组件、坐标轴触发、\
十字准星指示器）、坐标轴名称 '''
bar.set_global_opts(
    title_opts = opts.TitleOpts(title = " 各部门年度费用汇总 "),
    tooltip_opts = opts.TooltipOpts(is_show = True, trigger = "axis",
    axis_pointer_type = "cross"),
    xaxis_opts = opts.AxisOpts(name = " 费用（元）", ),
    yaxis_opts = opts.AxisOpts(name = " 部门 "),
)
# 展示图片
bar.render_notebook()
```

通过运行代码，可以得到运行结果如图 8-74 所示。

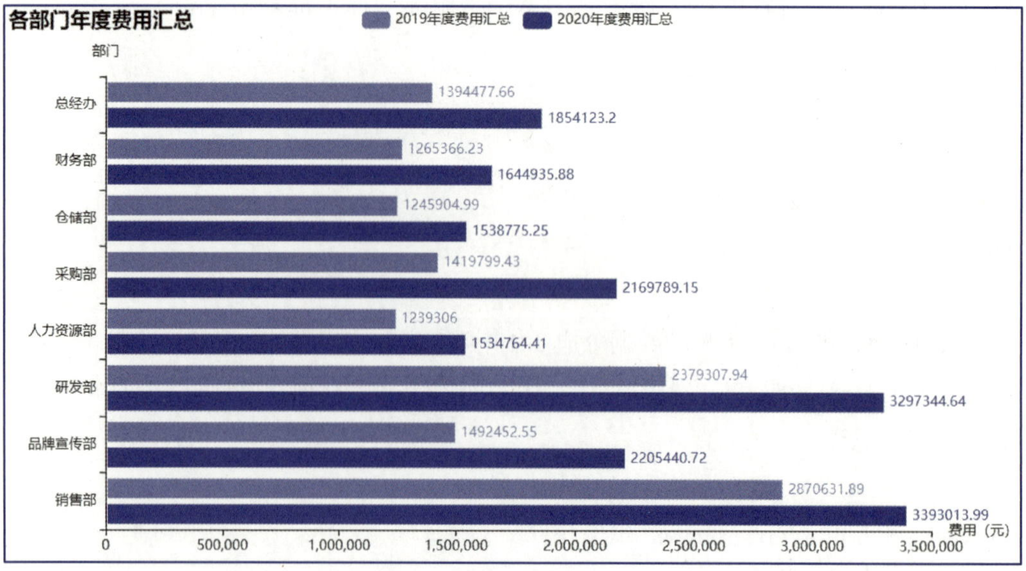

图 8-74　各部门费用可视化

步骤 4：计算销售费用各明细项目占销售费用总额的比重并进行可视化。

```
# 定义饼图 , 初始化配置项 : 设置主题，设置宽度和高度
pie = Pie(opts.InitOpts(theme = ThemeType.SHINE, width = '1500px',
height = '600px'))
"""
按照年份将 df_fymx 表里的数据分成 2019 年和 2020 年两张表 , 遍历这两张表 , 判
断“研发费用”和“宣传费用”是否在 gp 的费用项目中并将其删除
"""
for index, (year, gp)in enumerate(df_fymx.groupby(' 年份 ')):
    gp.drop(gp[gp[' 费用项目 '].isin([' 研发费用 ( 元 )', ' 宣传费 ( 元 )'])]
    .index, inplace = True)
    """
  添加饼图的图例名称、属性名称及对应的值 ( 将销售部的费用项目名称和对应的
数值转换成列表形式 )、饼图的中心 ( 圆心 ) 坐标、饼图的半径、饼图的展现形式 ,
设置数据的大小、设置系列配置项及标签样式 , b 表示数据项名称 , d 表示百分比
    """
    pie.add(str(year) + ' 销售费用占比明细 ', list(zip(*gp[[' 费用项目 ',
    ' 销售部 ']].to_dict(orient = 'list').values( ))),
        center = ["25%", "50%"]if index  = =  0 else["75%", "50%"],
        radius = "70%",
        rosetype = "radius",
        label_opts = opts.LabelOpts(formatter = "{b}: {d}%")
  )
# 设置主标题和副标题、设置图例距离错侧主标题的位置
pie.set_global_opts(
    title_opts = opts.TitleOpts(title = " 年度销售费用项目占比 ",
    subtitle = ' 左 : 2019, 右 : 2020'),
    legend_opts = opts.LegendOpts(pos_left = "15%"),
)
# 展示图片
pie.render_notebook( )
```

通过运行代码，可以得到运行结果如图 8-75 所示。

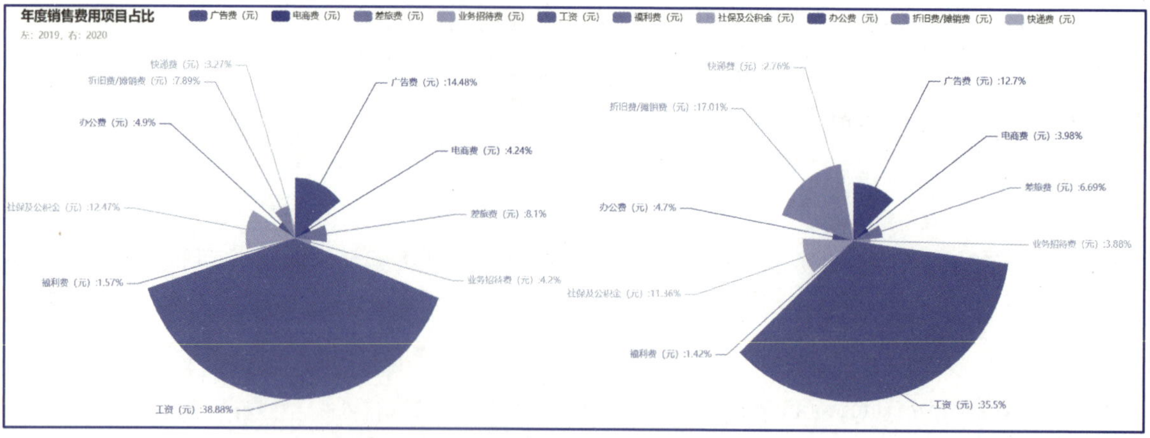

图 8–75　销售费用占比可视化

步骤 5：计算管理费用各明细项目占管理费用总额的比重并进行可视化。

```
#定义一个饼图，初始化配置项：设置主题，设置宽度和高度
pie = Pie(opts.InitOpts(theme = ThemeType.SHINE, width = '1500px',
height = '600px'))
"""
  按照年份将 df_fymx 表里的数据分成 2019 年和 2020 年两张表，遍历这两张表，
删除“年份”这一列，设置“费用项目”为行索引，删除“销售部”这一列，删除
“广告费”和“电商费”这两行数据，按列求和计入“费用总计”
"""
for index, (year, gp)in enumerate(df_fymx.groupby('年份')):
    gp.drop(columns = ['年份'], inplace = True)
    gp.set_index('费用项目', inplace = True)
    gp.drop(columns = '销售部', inplace = True)
    gp.drop(labels = ['广告费(元)', '电商费(元)'], inplace = True)
    gp['费用总计'] = gp.sum(axis = 1)
    """
    添加饼图的图例名称、属性名称及对应的值(将不包括销售部的其他部门的每
    项费用项目的名称和对应的费用总计数值转换成列表形式)、饼图的中心(圆
    心)坐标、饼图的半径、饼图展现形式，半径展现数据的大小、设置系列配置
    项及标签样式，b 表示数据项名称，d 表示百分比
    """
    pie.add(str(year) + '费用占比明细',
        [(k, v)for k, v in gp['费用总计'].round(2).to_dict().items()],
```

```
        center = ["25%", "50%"]if index == 0 else["75%", "50%"],
        radius = "60%",
        rosetype = "radius",
        label_opts = opts.LabelOpts(formatter = "{b}: {d}%"))
# 设置主标题和副标题、设置图例距离左侧主标题的位置
pie.set_global_opts(
    title_opts = opts.TitleOpts(title = " 年度管理费用项目占比 ",
    subtitle = ' 左 : 2019, 右 : 2020'),
    legend_opts = opts.LegendOpts(pos_left = "15%"),
)
# 展示图片
pie.render_notebook( )
```

通过运行代码，可以得到运行结果如图 8-76 所示。

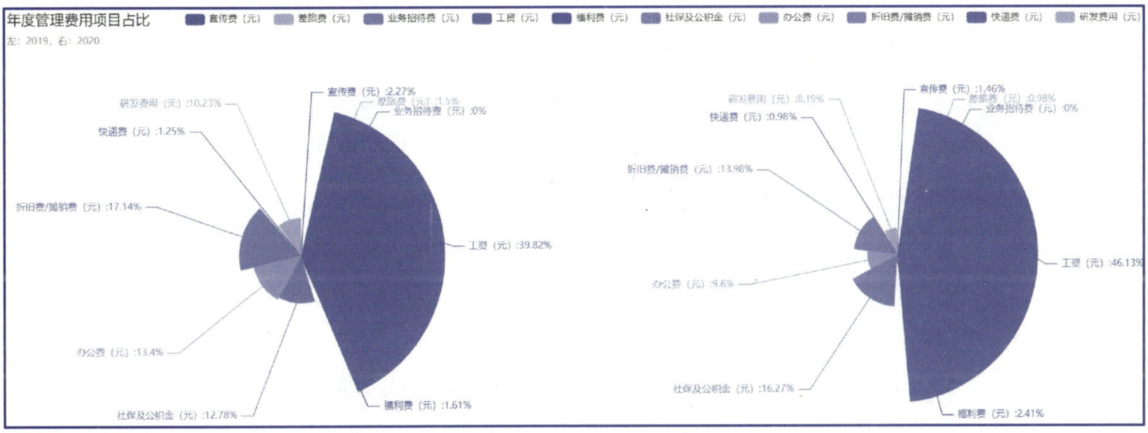

图 8-76　管理费用占比可视化

【拓展提升】

数据可视化的本质在于通过数据的分析和可视化呈现反映业务存在的问题，进而指导业务本身。而对不同的数据，选择恰当的图表类型十分关键，我们通过一张图来学习如何选择正确的图表类型，如图 8-77 所示。

数据通常包含五种相关关系：构成、比较、趋势、分布 / 地理及联系。

（1）构成。主要关注每个部分所占整体的百分比，如果表达的信息包括：“份额”“百分比”以及“预计将达到百分之多少”，这时候可以用到饼图。

（2）比较。可以展示事物的排列顺序——“大于”“小于”或者“大致相当”都

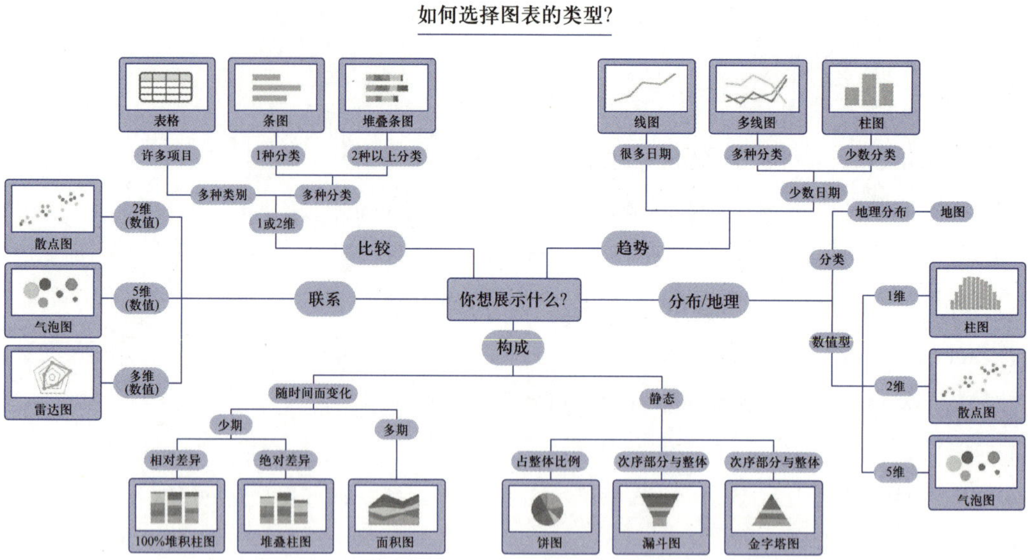

图 8-77　如何选择图表类型

是比较相对关系中的关键词，当有比较关系时首选条形图。

（3）趋势。最常见的一种时间序列关系，当数据随着时间变化而变化，每周、每月、每年的数据变化趋势是增长、减少、上下波动或基本不变，使用线条图能更好地表现指标随时间呈现的趋势。

（4）分布 / 地理。关心各数值范围内各包含了多少项目，典型的信息会包含：“集中”“频率”与“分布”等，这时候可以使用柱状图；同时，还可以根据地理位置数据，通过地图展示不同分布特征。

（5）联系。主要查看两个变量之间是否表达出我们预期所要证明的模式关系，比如预期销售额可能随着折扣幅度的增长而增长，这时候可以用气泡图来展示，用于表达“与……有关”“随……而增长”“随……而不同”变量间的关系。

以上就是图表基本使用原则，适用于日常工作中大多数的图表制作。

技能实训 >>>

一、单选题

1. 用于生成和计算出新的数值的一段代码称为（　　）。

A. 表达式　　　　B. 赋值语句

C. 生成语句　　　　D. 标识符

2. 如果函数没有使用 return 语句，则函数返回的是（　　）。

A. 0　　　　B. None 对象

C. 任意的整数　　D. 错误！函数必须要有返回值

3. 以下代码输出结果为（　　）。

```
result = lambda x: x*x
print(result(5))
```

A. lambda x: x*x　　B. 10

C. 25　　D. 5*5

4.（　　）函数用于将指定序列中的所有元素作为参数调用指定函数，并将结果构成一个新的序列返回。

A. lambda　　B. map

C. filter　　D. zip

5. 以下可以终结一个循环的执行的语句是（　　）。

A. break　　B. if

C. input　　D. exit

6. 以下代码输出结果为（　　）。

```
def Foo(x):
    if(x == 1):
        return 1
    else:
        return x + Foo(x-1)
print(Foo(4))
```

A. 10　　B. 24

C. 7　　D. 1

7. 以下代码输出结果为（　　）。

```
numbers = [1, 3, 6]
newNumbers = tuple(map(lambda x: x, numbers))
print(newNumbers)
```

A. [1, 3, 6]　　B. (1, 3, 6)

C. [2, 6, 12]　　D. (2, 6, 12)

8.（　　）表达式是一种匿名函数，是从数学里的 λ 得名。

A. lambda　　B. map

C. filter　　D. zip

9. 下列函数不是 pandas 的统计计算函数的是（　　）。

A. mean() 函数　　B. sum() 函数

C. max() 函数　　D. print() 函数

10.（ ）函数以一系列列表作为参数，将列表中对应的元素打包成一个个元组，然后返回由这些元组组成的列表。

A. lambda　　B. map

C. filter　　D. zip

11. 以下描述中错误的是（ ）。

A. 在遍历列表的同时可以修改列表本身，例如如下的代码可以做到。

```
words = ['I', 'love', 'Python']
for w in words:
    if len(w)>4:
        words.insert(0, w)
```

B. 当在序列中循环访问元素时，如果要获取元素的下标，可以使用 enumerate() 函数，例如 for i in enumerate（list）。

C. 如果要倒序遍历访问序列中的元素，可以对该序列使用 reversed() 函数，例如 for i in reversed（list）

D. 对字典进行遍历访问时，可以通过 items() 函数同时得到 key 值和 value 值。例如 for k，v in scores.items()

二、实训题

1. 根据给定的固定资产明细表，依次计算 2022 年 6 月每项固定资产的本期月折旧额、期末累计折旧额以及期末固定资产净值。按部门汇总计算固定资产净值率，以及各部门应计入制造费用、管理费用、销售费用的本期折旧额。

要求：

（1）将计算出的 2022 年 6 月固定资产的当月折旧额、期末累计折旧额以及期末固定资产净值保存为 Excel 格式并导出，Excel 命名为：固定资产折旧计算表，内容包含：固定资产编码、固定资产名称、使用部门、开始使用日期、资产原值、当月折旧额、期末累计折旧额、期末固定资产净值。

（2）将计算出的各部门固定资产净值率以及计入制造费用、管理费用、销售费用的本月折旧额保存为 Excel 格式并导出，Excel 命名为：固定资产分析表，内容包含部门、固定资产原值、期末固定资产净值、固定资产净值率、制造费用、管理费用、销售费用。

2. 根据给出的“生产汇总表”“销售明细表”，计算 2021 年和 2022 年每种产品的销售收入总额、销售毛利、销售毛利率，计算这两年的销售收入差额、销售收入变动率、销售毛利差额、销售毛利变动率、销售毛利率差额、销售毛利率变动率。

某产品销售收入变动率 = 该产品 2021 年与 2020 年销收入差额 ÷ 该产品 2020

年销售收入

某产品销售毛利变动率＝该产品2021年与2020年销售毛利差额÷该产品2020年销售毛利

某产品销售毛利率变动率＝该产品2021年与2020年销售毛利率差额÷2020年销售毛利率

要求：

（1）将上述计算结果生成名为“产品销售毛利分析表”的Excel表格并保存。内容包含：产品、2020年销售收入、2021年销售收入、销售收入差额、销售收入变动率、2020年销售毛利、2021年销售毛利、销售毛利差额、销售毛利变动率、2020年毛利率、2021年毛利率、毛利率差额、毛利率变动率。

（2）根据（1）的计算结果，选取销售毛利变动率绝对值排名前五的5种产品，以柱状图显示这5种产品2020年和2021年的销售毛利。

参考文献

[1] 高丽萍. 财务会计实务 [M]. 4版. 北京：高等教育出版社，2021.

[2] 高翠莲，乔冰琴，王建虹. 财务大数据基础 [M]. 北京：高等教育出版社，2021.

[3] 刘宇宙，刘艳. Python3.7从零开始学 [M]. 北京：清华大学出版社，2018.

[4] 明日科技. Python从入门到精通 [M]. 北京：清华大学出版社，2018.

[5] 刘浪. Python基础教程 [M]. 北京：人民邮电出版社，2015.

[6] 张俊红. 对比Excel，轻松学习Python数据分析 [M]. 北京：电子工业出版社，2019.

[7] 杨则文. 企业财务分析 [M]. 北京：中国财政经济出版社，2020.

作者简介

李德建，教授，贵州财经职业学院党委委员、副院长，贵州省财政干部培训中心副主任。兼任中国职业技术教育学会智慧财经专业委员会副主任委员、贵州省财政学会理事兼副秘书长、贵州省财经职业教育集团副理事长兼秘书长，贵州省首批职教名师。曾先后获得职业教育国家级教学成果奖二等奖、贵州省职业教育省级教学成果奖一等奖等多项教学成果，主编、主审教材4部，公开发表学术论文30余篇。

石林艳，副教授，会计师，贵州财经职业学院金融专业带头人，全国职业院校技能大赛专家库专家。长期从事会计信息化和公司金融的教学与研究，贵州省职业院校技能大赛优秀指导教师。主编、参编教材6部。

读者意见反馈

为收集对教材的意见建议，进一步完善教材编写并做好服务工作，读者可将对本教材的意见建议通过如下渠道反馈至我社。

咨询电话　400-810-0598

反馈邮箱　gjdzfwb@pub.hep.cn

通信地址　北京市朝阳区惠新东街 4 号富盛大厦 1 座

　　　　　高等教育出版社总编辑办公室

邮政编码　100029

防伪查询说明

用户购书后刮开封底防伪涂层，使用手机微信等软件扫描二维码，会跳转至防伪查询网页，获得所购图书详细信息。

防伪客服电话　（010）58582300

网络增值服务使用说明

授课教师如需获取本书配套教辅资源，请登录“高等教育出版社产品信息检索系统”（http://xuanshu.hep.com.cn/），搜索本书并下载资源。首次使用本系统的用户，请先注册并进行教师资格认证。

高教社高职会计教师交流及资源服务 QQ 群（在其中之一即可，请勿重复加入）：

QQ3 群：675544928　QQ2 群：708994051（已满）

QQ1 群：229393181（已满）

岗课赛训

- 基础会计实训
- 财务会计实训
- 成本会计实训
- 出纳岗位实训
- 审计综合实训
- 税务会计实训
- 管理会计实训
- 会计综合实训
- 数字金融业务实训
- 会计信息化实验

高等职业教育财经类专业群

岗课赛证

- 智能财税
- 金税财务应用
- 财务共享服务
- 业财一体信息化应用
- 财务数字化应用
- 数字化管理会计
- 智能估值
- 智能审计
- 财务机器人应用